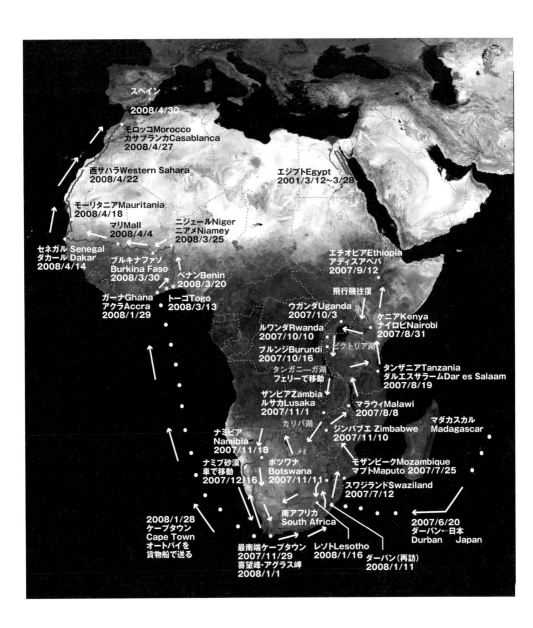

スペイン
2008/4/30

モロッコMorocco
カサブランカCasablanca
2008/4/27

西サハラWestern Sahara
2008/4/22

エジプトEgypt
2001/3/12~3/28

モーリタニアMauritania
2008/4/18

マリMali
2008/4/4

ニジェールNiger
ニアメNiamey
2008/3/25

エチオピアEthiopia
アディスアベバ
2007/9/12

セネガル Senegal
ダカール Dakar
2008/4/14

ブルキナファソ
Burkina Faso
2008/3/30

ベナンBenin
2008/3/20

飛行機往復

ケニアKenya
ナイロビNairobi
2007/8/31

ガーナGhana
アクラAccra
2008/1/29

トーゴTogo
2008/3/13

ウガンダUganda
2007/10/3

ビクトリア湖

ルワンダRwanda
2007/10/10

ブルンジBurundi
2007/10/16

タンザニアTanzania
ダルエスサラームDar es Salaam
2007/8/19

タンガニーガ湖
フェリーで移動

ザンビアZambia
ルサカLusaka
2007/11/1

マラウィMalawi
2007/8/8

マダカスカル
Madagascar

ナミビア
Namibia
2007/11/18

カリバ湖

ジンバブエ Zimbabwe
2007/11/10

ナミブ砂漠
車で移動
2007/12/16

ボツワナ
Botswana
2007/11/11

モザンビークMozambique
マプトMaputo 2007/7/25

スワジランドSwaziland
2007/7/12

2008/1/28
ケープタウン
Cape Town
オートバイを
貨物船で送る

南アフリカ
South Africa

2007/6/20
ダーバン←日本
Durban Japan

最南端ケープタウン
2007/11/29
喜望峰・アグラス岬
2008/1/1

レソトLesotho
2008/1/16

ダーバン(再訪)
2008/1/11

アフリカ編の走行ルート

マラウイ・ゲストハウスにて
2007 年 8 月 14 日　撮影

「オートバイ地球ひとり旅」これまでの記録日記 12 冊と地図帳」

はじめのいいわけとお詫びと御礼

　ここはどこだ！　旅の始まりは病院のベッドの上だった。オランダ・アムステルダムに日本から着いたその日の朝ビスケットをもらって食べたらマリファナ入りビスケットだった。オランダでは怖くて不安で夜も眠れない夜が続いた。しゃべりもできず聴くことも出来ず、メニュー見てもわからず聞いてもわからずコケコッコ、モー、メヘヘーン、鼻をおさえてブーブー。レストランでは鳴き声で注文。各国大使館でのビザ申請は「すみません」「わかりません」「よろしくお願いします」日本語ひらがなで記入、国境でも日本語・佐賀嬉野弁で 200 ヵ所以上越えて来た。

　2000 年 10 月 56 才から 2019 年 9 月 75 才までオートバイ・ワルキューレ 1500cc 一台で地球の旅。140 ヵ国・オートバイでは 118 ヵ国・39 万 km 走ることができた。ここまで走れるとは思ってもいなかった。19 年間書きとめた日記を出版することにしました。

　その国の人たちを信用しないと次の国、その次の国国境を越えられなかった。見知らぬ世界の人たちに親切にしてもらい、泣いたこともある。

　一番安全だと思っていたアメリカ、天から人が降って来るニューヨーク・マンハッタン「9.11 ビル爆破事件」に遭遇。ヘリコプターで運ばれるアラ

スカでの交通事故。平均標高 4000m のチベット、ヒマラヤ山脈越えて最後はエベレストベースキャンプ 5200m まで駆け上がった。初めて充実感を体験。こりゃ死ぬぞー砂嵐で道が消えたアフリカ・サハラ砂漠では「蛍の光」を歌った。死ぬことはこんなにも恐ろしいものなのかと震えた。

　コロナ・ウィルス騒動。2020 年に入るとあっという間に全世界に広がって動きを止められてしまった。その直前に旅を終えることができてギリギリセーフ、ラッキーだった。世界の人たちにはお世話になりました。日本の仲間の人たちにもお世話になりました。ひとり旅と言いながら一人ではとても出来ないオートバイひとり旅だった。

　世界地図帳だけで走ってよく戻ってこられたものだと自分でも思っている。泊まって、飲んで食ってガソリン代入れて一日 5000 円の予算をたてた。ヨーロッパやアメリカ、オーストラリアでは足りなかったがほかの国では安く上がったので助かった。

　約 50 年前、1968 年（当時 20 才）でなんとアフリカ大陸から走り始め世界を制覇、ガンガン今も走り続けている鉄人ライダー賀曽利隆さん。オートバイ旅を生業にして約 30 年海外ツーリング歴も長く世界を走破。日本女性の先駆的存在。大の動物好き、荒木（滝野沢）優子さん。お二人に推薦していただきました。ほんとうに感謝しています。ありがとうございました。

　今回出版するにあたり 7 分冊になるらしい。出だしの①から順番とはせずに旅の中でもっとも印象が深かったアフリカの旅から書き出していこうと決めた。そのあと順次出版できればいいと考えている。文中の名前、写真など日記のまま載せています。どうかお許しください。お詫び申し上げます。

　日記は自分で読んでもお粗末ではずかしいかぎりである。しかしこれしか書けなかった。誤字脱字であっても一字一句削りたくはない。ウソじゃない自分の歩んできた道、必死で走ってきた、自分の人生。ここまできたら最後まで笑われて終ろう。

はじめに

笑われて・笑わせて・道に迷い・親切に泣いた
ワルキューレ 1500ccオートバイ地球ひとり旅 19 年
140 ヵ国・オートバイのみ 118 ヵ国・39 万km

オートバイでこれまで走ってきたルート19年・140ヵ国・39万キロ

ほんとうに走ることができるのだろうか

　オートバイ地球ひとり旅 19 年間の旅……無事に帰って来ることができた。

　うわーっ定年後、あと 20 年で 80 才か、もう生きてないぞ。酒好きだからいつ倒れるかわからん。今は元気だ、じゃ今の元気なうちに走ろう。56 歳で早期退職、75 才まで 19 年間。140 ヵ国、オートバイでは 118 ヵ国、39 万キロ、地球 9 周。赤道直下 4 ヵ所、北の果て 2 ヵ所、南の果て 2 ヵ所、国境・238 ヵ所。日本語佐賀嬉野弁で国境越えて来た。

誰もやってないことをやってやろう

　海外をオートバイで走ることなどわたしにとって壮大でとてつもない冒険に思えて、ましてひとりで走れるなんてことは夢にも思っていなかった。また出来るものではないと思っていた。だいいち言葉がわからん、英語は野球の用語ぐらい、地理もわからん。オートバイの修理などまったくできない。それが定年間際になって一度の人生、人のやらないことをやって見ようとの考えに変わった。

　しかし、はたして走ることが出来るのだろうか不安だらけ。2000 年（平成 12 年）10 月誕生日 56 才で早期退職・退職と同時にオートバイの旅を始めた。オートバイは二ヵ月前に船で送っている。オランダからスタート、走れるのはヨーロッパと北アメリカぐらいだろうなと走る前は思っていた。ヨーロッパを走り始めると、せっかくここまで来たのだからとなりの国も走ってみようと広がってだんだん走る国の数は増えていく。そして中東、アフリカまで広がっていく。

走りはじめ

　56 才で早期退職 38 年間働き続けた国鉄 → JR を 2000 年 10 月、56 歳で退職した。国鉄から JR への移行の時国労組合車掌区役員だった。専務車掌から突然降職された 42 歳（1986 年）。駅の売店、競輪・競馬場などいそがしい駅の応援雑務種の仕事。自宅から直接仕事場へ雑務種の仕事を続ける一方「元の専務車掌に戻せ」と裁判闘争を続けた 15 年間は「退職」で時間切れになる。

裁判官も人の子だった

　裁判官も人の子自分の身を守るためには政権党の方針をくつがえすことはできないのは致し方ないことであろう。実際わたしたちに有利になる判決（毎日新聞）を出そうとしたが一転却下された。裁判官は東京地裁から新潟地裁に飛ばされたとかずーっとあとから聞かされた。「窓際族」どころか窓から落とされ 15 年間「軒下族」で過ごしてきた。結局退職期を迎え裁判闘争は「戦い続け」「負け続け」に終わった。

　退職したら「何をして暮らそうか」と漠然と過ごしていた 55 才のころ。ふっーと前を見た。「エーあと 20 年で 80 歳！」「もう生きてないぞ！」あとのない自分を感じる。周りには定年間近の人が病に倒れていく姿を何人も見ている。自分も酒飲みだからいつ倒れるかわからない。今は元気だ、じゃあ元気な今のうちに「オートバイで世界を走ってみよう」と決めた。

オートバイを海外に送る手続きはどうするのか

　どこの運送会社が海外に送る手続きをしてくれるのか、電話案内で運送会社の電話番号を調べた。2000 年の頃ネット環境などまだ個人ではほとんど持てない時代。ネットの「ネ」の言葉さえ知らなかった。新潟からロシアへの貨物船を当たったりしたが手掛かりはなし。インドへの輸送について大使館に問い合わせした。大使館の車でも受け取るのに半年以上かかるとの話だった。中国は 125cc までは送れるが中国では運転できないこともわかった。（チベットを除いて現在 2019 年も中国は走ることができない）

　まず家の近くを走る運送会社をメモって、よく見る「○通」「西○運輸」「クロネコヤマト」へ FAX を送った。ワルキューレ、オートバイは 1500cc、重量 330kg 荷物を積むと 450kg、高さ 120cm 幅 100cm 長さ 250㎝を測って送った……するとクロネコヤマトからその日折り返し見積書が即返ってきた。「おーすごいなー」と対応の速さに感心するとともにありがたかった。すぐにクロネコヤマトにお願いすることにする。大井ふ頭のクロネコヤマト会社に持ち込んだ。

　オートバイの船輸送のネット情報は少なく、わたしもインターネットそのものを知らない時期だった。実はこの時オートバイで世界を走るのは自分ひとりだけと思っていた（笑）。世界地図も今はネットで簡単に見ることはできるがわたしは中学生が使うような冊子世界地図を買った。地図帳からノートに書き写しながら走ることになる。最後まで分厚い地図帳のお世話になった。

旅の始まりは病院のベッドの上だった（オランダ）

　退職と同時に 2000 年 10 月「ヨシッ」と日本を飛び出す。オートバイは

スタートするオランダへ二ヵ月前に船で送っている。オランダ・アムステルダム駅に日本から着いた。その日の朝、気がついたのは病院のベッドの上だった。中年の男からもらってたべた一枚のビスケット。強力な睡眠薬マリファナが入っているビスケット強盗だったのである。日本円1万5000円盗られていた。しかしパスポート、カードは無事だった。

アメリカ・マンハッタン9・11ビル爆破遭遇

　不安で夜眠れない日が続くオランダから走り始める。反対方向に走った。吹雪にあった。迷った。転倒は数え切れない。ピレネー山脈やトルコの峠ですべった雪道はもっと怖かった。ヨルダンの砂漠の真ん中でのエンストも怖かった。一番安全だと思っていたアメリカでは2001年9月11日同時ビル爆破事件に遭遇した。びっくりおどろいた。

アラスカ・交通事故　ヘリコプターで入院

　アラスカではヘリコプターで運ばれる交通事故。頭10針、鎖骨骨折、肋骨10本、肺にささり、脇腹を切って血を抜いた。入院費用640万円請求に驚くが保険でまかなった。
　じゃりみち泥道続きのシベリアではなんでこんなところに来たのかと泣きたくなった。灼熱のインドでは50℃の暑さに負けてたまるかと挑戦の覚悟。川に橋がない平均標高4000mチベットはダートばかり1日に何回も転倒最後くすりゆびを骨折。イヤーまいった。エベレスト、ベースキャンプに向かって走る。ヒマラヤ山脈5000mの峠5、6個越える。オートバイは高所のためエンスト。ラサまでトラックで運ぶ。

サハラ砂漠……こりゃあ死ぬぞー蛍の光

　最悪のダートでは「必死の」覚悟だった。最後は標高5200mエベレストベースキャンプまで登りきった。アフリカ・サハラ砂漠10日間は砂嵐で道が消え地獄を見た。まわりは砂ばかり―蛍の光を歌いながら「きょうだけは何としても生きて見せる」「きょうだけは生きてやる」と必死で走った。死ぬことはこんなに恐ろしいことなのかと震えた。ノルウェイの大自然はよかった。最初見たフランスの凱旋門は感動。

サハラ砂漠・砂嵐で道が消えてわからなくなる

　地球で一番低い湖イスラエルの「マイナス **410m**」の誰もおぼれない塩分が強い「死海」。泳いでつぎの日手足がしわしわになった。アンデス山脈、アマゾン川の南米の大自然に驚き。見たことのないパキスタン・カラコラムハイウェイや中国チベット、ヒマラヤ山脈の雪山は他とは違う景色に感激した。

わたしが走った中では一番高い場所・5200m チベット・エベレストベースキャンプ。背後はエベレスト。60 年間で一番感動した瞬間。

エベレスト、ベースキャンプ標高5200mまで走る

　わたしの走った中では一番高いところエベレストベースキャンプ標高5200m。太陽に照らされたエベレストだけがキラキラ白く光り輝くのを目の前にしたときの感動。オートバイの上にあがって両手を上げ「やったぁ」。なんともいえぬ体じゅうに「じわーっと頭から足の方に流れていく」「これが充実感」というものなのか初めて身体中で感じた。ここまで来れるとは思っていなかったので人生60年の中で一番感動した瞬間だった。

70才記念アラビア半島から

　ヨーロッパから走りはじめて42ヵ国走ってきた。これだったら何とかこれからも走れそうだとの思いに変わる。アメリカ北米、中米、南米から北上アラスカを走り終えてシベリア横断、中央アジアを走り大きな大陸の島オーストラリアを走り終える。アフリカは走ることができるだろうかとちゅうちょ、不安を持ったままおそるおそるアフリカを一年かけて走った。ここまできたらと70才を過ぎた記念にアラビア半島アラブ首長国から老人は走り始める。

75才になった……オートバイの旅を終わりにしよう

　この時は走り残した国を走るのが目的だった。ヨーロッパ、中東、東欧など走り残した国をほとんどつぶしながら走る。さらに走り残した最後の大陸、東南アジアはブータンで旅は終えた。キューバ、ジャマイカ、ドミニカなど中米、カタール、クウェート、バーレーンなどオートバイなし、中東は単独空身のバックパッカー旅、アイスランドも回った。ここまで140ヵ国2019年9月。75才になっている。いったんここで旅の区切りをつけよう。

旅の流れに身をまかせ……

　走り始めてからこれまで面倒な手続きの国境も日本語で「陸路・海・湖」238ヶ所を越えてきた。また「最北端」はノルウェイ「ノールカップ岬」とアラスカの「ブルドーベイ」。「最南端」はアルゼンチン「ウシュアイア」とチリ「プエルトウイリアムス」。そしてアフリカの最南端、「喜望峰」や「アグラス岬」など「世界の果てを見てみたい」と思っていたのを実現できた。

オートバイひとり旅で変わった自分のこと……

　ある国ではとなりの町にも行けない人にも出会った。わたしが世界を走っていることに「うらやましい」気持ちなど彼らは感じさせなかったばかりでなく自然に接してくれたことに「どうしてだろう」「どこからこの気持ちが出てくるのだろう」と不思議に思った。「よく見られたい」「よく思われたい」とまわりばかり気にしながらいままで自分を装って過ごしてきたわたしは恥ずかしかった。

ウズベキスタン・サマルカンドレギスタン広場。
この広場前に三蔵法師のお坊さんも寄って食べたと思われる旧い食堂があった。

　シルクロードの交差点。ウズベキスタン・サマルカンド、青色のタイルで造り上げられたレギスタン広場。孫悟空のモデルと言われる「玄奘三蔵」「三蔵法師」お坊さんが中国からインドに向かう途中立ち寄ったところでもあると聞いていた。そのレギスタン広場前に木造で作られた大きい旧い食堂があった。なにかなんとなく空気が違うこの食堂で約1500年前の頃、玄奘三蔵はここにきて座ったはずに違いないと思いを巡らせた。「歴史がグーッと身近」に感じられた。

　大使館でのビザ申請書や国境越えの「申請書」は「すみません」「わかりません」「よろしくお願いします」など日本語ひらがなで書いて渡した。それでパスポートにビザをもらった。国境でもダメだと追い返されたことは一度もなかった。これまで140国を訪問した。オートバイで走ったのは118

ヵ国。言葉もしゃべれない、話させない、見ず知らずのこのわたしに世界の国の人たちにはほんとうに親切にしてもらった。お世話になった。

　どこの国に行っても「信用すれば信用される」「疑えば疑われる」「人間と人間だなー」とつくづく思う。親切におさえきれず泣いたこともあった。ひとり旅だといいながらひとりではとても出来ないオートバイのひとり旅だった。出会ったお世話になった世界の人たちに感謝の気持ちでいっぱいである。振り返ると、笑われるかもしれないが自分でもウソではないかと思うほど「よく走ってきたなー」とおもう。

　全7巻の出版予定である。今回の出版はこれまで19年間のオートバイの旅で、印象に残り感銘を受けたアフリカ編から入ることにした。

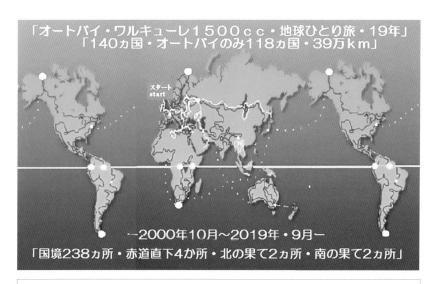

地図の左側にもアメリカ大陸を描いた「世界合併地図」
アフリカと南米が意外に近いことが分かる

オートバイ地球ひとり旅　アフリカ編
目　次

オートバイ地球ひとり旅

19年140ヵ国・39万キロ

バイクの松尾

笑われて・笑わせて・道に迷い・親切に泣いた
陸路国境238ヶ所　赤道直下4ヵ所・南の果て2ヵ所・北の果て2ヵ所

⑤ 2007年6月19日〜2008年4月27日
アフリカ編

アフリカ編
なんとしても今日だけは生きてやる……サハラ砂漠

ワルキューレ 1500cc オートバイ地球ひとり旅 19 年
笑われて、笑わせて、道に迷い、親切に泣いた
140 ヵ国・39 万キロ・地球 9 周・赤道直下 4 ヵ所・
北の果て 2 ヵ所・南の果て 2 ヵ所
日本語嬉野弁で越えた陸路国境 238 ヵ所

　荷物の準備は一ヵ月前から少しずつそろえている。身体を洗う「あか」こすり用のタオル、バスタオルの代わりにマイカーの「水切り人工スポンジ」、くすりも入れた。最後は今使っている洗面道具を入れればおしまい。本人しか使えないトラベルチェック（旅行小切手）と小額ドル紙幣の交換もシティバンクで終わらせた。トラベルチェック（T/C）は盗られた場合再発行してくれるので安心だ。（このトラベルチェックは 2014 年で発行停止になった）

　マリファナ睡眠薬入りビスケット強盗にはあったが今まで本格的強盗に会ったことがない。ちょっと怖いが一度は強盗にあって経験して見たいと思っている……どうなるか。まいったなぁ、海外で使う「シティバンクカード」の磁気が使えないことが判明……再発行のカードは出発したあとの 22 日になってしまった。うーん、こまった……自宅からアフリカへ郵送してもらうのだが、うまく到着するかどうかが心配。

　毎回毎回シティバンクには泣かされっぱなしだ。7 年目にして海外には初めて持っていくパソコンもうまく現地で使いこなせるかどうかも心配。そのため森山さん、マケドニアようこさんにブログを作ってもらい特訓中、写真の取り込みもやらなきゃならない、「うーん出来るかな大丈夫だろうか」と心配顔の二人。わたしのオートバイ、ホンダワルキューレ 1500cc は（2007 年 6 月に）南アフリカ・ダーバンにすでに船で送ってある。

　あさって 19 日成田空港から南アフリカ、ダーバンに向かう。「あきらめ

ない　なげださない地球の旅人」の仲間たちで壮行会を開いていただいた。
（6月15日原宿　竹下口　さくら水産）ありがとうございました。

さいたま市から住所変更→新住所を「南アフリカ」に移して……

　旅に備えてやらなきゃならない身辺整理……2007年（平成19年）度国民健康保険納税通知書が来ている147500円の請求書……うわぁー払えないぞー……払うのがなんかもったいないなー……アフリカへ「亡命しよう」冗談半分の気持ちで市役所へ。

　松尾「明日から1年ほどは日本にいないんです、アフリカを旅します」
　市役所「海外での保険は大丈夫ですか」
　松尾「『海外旅行傷害保険』に入っています」
　市役所「そうですか、わかりました」

　住民票移動手続きは今住んでいる「住民票」から「新住所」欄に「南アフリカ」とだけ書いた、住所などいらなかった。たったこれだけでいいんだ……いとも簡単に手続きは終わった。でもって、国民健康保険一期分21500円だけ払って「南アフリカ」住民になりもうした……残り12万円程は払わなくてすんだ。当然選挙権はなし、あとはなにか困ることはなさそう。まずはあたってみるもんだなーなにか、すっきりした気持ちで自転車をこいで自宅に戻った。2007.6.18

「あぁーこなきゃよかった……」
上空からアフリカ大陸を見る。果たして「オートバイで走ることができるんだろうか」震えるような怖さが出てきて……降りないで日本に引き返したい気持ちになる。

東アフリカへ出発

2007 年 6 月 19 日火曜　　　　はれ　　　　暑い

　朝 7 時 30 分朝食……家内は仕事が休みなので成田空港まで見送りに行くという。9 時に北浦和駅に。ブログに乗せるからといつもパソコンでお世話になっている森山勝一さんはすでに駅に来てもらっていた。すでにこれから「アフリカの旅」は「日本の中継基地」として「お世話になります」と森山さんにお願いしてある。日暮里駅乗換京成電車で成田へ……日暮里駅で下車したが事故で大幅に遅れているとのこと……。

　しかたがない東京駅で総武電車に乗り換えう回して成田に向かう。乗り換えのわからない若い女性も日暮里からついてきた……東京駅 10 時 3 分特急に乗る。車内ではオーストラリアの若いカップルと同じ席……お互いに旅の話になるわたしは日本語英語。わたしはいつものようにオートバイの旅の自慢話。11 時に成田第 2 ターミナルに到着。格安航空券→受け取りカウンター……チェックイン。

　昼飯は冷やしそばを「かーさん」と食べる。12 時 30 分を過ぎていたので母さんが心配している……きのうまでの顔が打って変ってやさしい……いつもこうだといいんだがなー。じゃー行ってくるよ。格安航空券はこれから上海経由そしてモルジブ経由南アフリカ・ヨハネスブルク……国内線乗り換え、ダーバンまでの飛行の旅になる。ほぼ定刻に飛行機は成田をはなれた。日本の上空はくもりばかりで下は見えない。

　上海に到着……10 年前ぐらいの空港とはがぜん変わっている。度肝をぬくドデカイ空港にさま変わりしている、上海は晴れている。ここで乗り換え……ヨハネスブルク行き 23 時 50 分発まで約 10 時間の待ち時間。乗り換え口のロビーがわからずうろうろ……。日本人ツアー 10 人ぐらいの人たち……しかし行き先が違うようだ。閑散とした乗り換えロビーで到着手続きも終了。

　空港の外に出てみたいが上海市内まで行って戻ってくるのには時間がかか

りそうなので空港内で時間をつぶすことにする。レストランでチキンとそう
ーめん？　ラーメン……紹興酒一本注文。早めにヨハネスブルク行きの手続
きをすませよう……NO16ヨハネスブルク行き待合所へ。アーッヘルメット
がない……入り口の通関検査を終えて……忘れてきたのだ、急いで戻る。南
口には「ない」……そうだ北口から入ったのだ……。

　北口にまわった。「あのーヘルメットを」「忘れた」……「あった」係官が
持ってきてくれた、あーよかった、よかったー。

アフリカ・ダーバンで最初に
泊ったゲストハウス
「Happy・hoppy」「ハッピー・
ホッピ」屋上にはムギワラ屋
根を使った変わった建物が
……

　荷物が多い人は出発時に忘れていく旅行者が多いのかもしれないなと思う。
早め早めに手続きを終わらせていてよかった……ぎりぎりだとおそらく飛行
に乗ってから「アー忘れた」と気づいたかもしれない。まだまだ時間があり
すぎる……椅子に横になってひと眠り。ようやく搭乗時間になった。成田を
出て12時間たっている。飛行機に乗るとすぐの食事になる……自宅7時半、
成田12時半、上海18時半これで4回目の食事。

　上海に続いて2回目の乗り換えはインドのそばに小さい島モルジブ・マ
リ空港に着いた……外は真っ暗……何人もいないロビーいったん降りてから
再搭乗の手続き……日本人はおれ一人。ドル現金は「いくら持っているか」
ジャケットにドルを移し替えたばかりだった。「スモール・ドーラ」係官は
それ以上は問いかけなかった。途中雲におおわれていたが晴れ間から陸が見
えてきた……アフリカ上空かと思っていたが海が出てきた。

　最初ビクトリアの湖かと思っていたが違ってマダガスカルの上空を飛んでいたようだ。

　ヨハネスブルクに到着した。いよいよアフリカに着いたぞ。11時を過ぎている。国内線乗り換えだ……通関を終わって……女性係官が「荷物を受け取ったら」ここにくるようにと話す。荷物を持って係官のところへ……。その女性は「こっちへ」と国内線・ダーバン行きの場所までついてきてくれた。

　ついてきてくれなかったら国際線をうろうろしたに違いない……。時間がなかったので本当に助かった……ありがとう。歩いて10分ぐらいだろうか国内線空港からダーバン行飛行機に乗る。ヨハネスブルクは犯罪が多いと……降り立ったダーバンで知った。あとから考えれば女性係官がついてきてくれたのは「犯罪に巻き込まれない」ようにとの気づかいだったのかもしれないなと思う……ありがとう、感謝だ。

ゲストハウス「happy・hippo」「幸せなカバ」のことだろうか……
スタッフのみなさん

　晴れた上空からアフリカ大陸を見る……上空から見るのは最初で最後の景色になるであろう。上空から写真も撮った……大陸をずーっとながめ続ける、道がどうなっているのかも探る。ダーバンに近づくにつれ本当にアフリカを走ることができるだろうかと、恐ろしくなって、できれば引き返したい強い気持ちになってきた。ドキンドキンする……ダーバンに17時到着、気温5℃と聞いたが聞き間違いだったのだろう。

　15℃ぐらいではなかろうか。空港のインフォメーションで安宿を聞いて

みよう。「ソーリ、デスカウント安宿ホテル」「ワンナイト 100 〜 200 ランド」……。あった 150 ランド 3000 円のホテル。ポイントという地区のゲストハウスだ。空港からタクシーに乗った 50 ランド。ゲストハウスに着いた……なんか倉庫のあとを改造したようなガランとした建物。まぁ安いのだから仕方ない。アフリカは宿が高いとキャンプ場でも 5000 円する……とかの話を聞いたこともある。

　成田空港を出てから 34 時間……疲れた。宿から歩いて 5 分ぐらいのところのレジャーランド、レストランでステーキ 300g70 ランド……1500 円を喰って早々とベッドに入った……日本時間夜中の 2 時である。

2007 年 6 月 21 日木曜　　　　はれ　　　　快晴

　アフリカ最初の朝……夜中に 3 回も起きた、時差の関係だろう……。きょうやらなければならいこと三つ　①銀行カードとメガネをホテルまで送ってもらうため自宅にゲストハウスのアドレスを FAX する。一回目は FAX がダメだったが……家内が帰った 21 時頃、ダーバン時刻 14 時二回目の FAX で送れてほっとする。　②オートバイを受け取る……オフィスの場所を確かめる。オフィスのアドレスを見せて宿のライトバンで送ってもらった。

　なんと 5 分ぐらいのところだった。オートバイ受け取りの会社責任者ポール・パールさんと会う。オートバイは 28 日か 29 日になるとの話。受け取り費用 8 万円。うへー輸送代 24 万円 + 受け取り 8 万円トータル 32 万円にもなるのか……まいったなー。ゲストハウスから荷受け会社までの送り迎え往復 80 ランド、1600 円・タクシー代ちって歩いて……強盗にあい全額失うよりタクシーを使えと聞いていたので「よし」としよう。

　③パソコンで「写真」の取り込み……海外は 200 ボルトがほとんど。日本で買ってもってきた「万国共通のコンセント」を部屋のコンセントに差し込んでパソコンに取り込んでみた。意外とスムーズに取り込むことができてホッとする。歩いていけるレストランや商店が集まっている巨大なレジャーランドのコダックカメラ店に 3 台あるパソコン……コードを自分のパソコ

ンにつないでもらったら日本語で見ることができた……よしよしいいぞ。

　2時間も打っていた……50ランド・1000円……たけーな。帰りにレスト
ランによって200gステーキとビール1000ランド2000円。とりあえずやら
なければならならない三つのことは思っていた以上に早く片付いてまずは気
持ちも落ち着いた。

ネット屋に宿から毎日通ってい
たレストランや商店街……流れ
るプールなど遊園地も併設して
いるレジャーランドの入り口

2007年6月22日金曜

　朝起きたら左の奥歯がぐらぐらしてうっとうしい……ゲストハウスのスタ
ッフに治療代を聞くと50ランド1000円ぐらいだろうと話す。いずれ抜か
なければならないだろうから早めに抜いた方がいいと決断した。さっそくタ
クシーを頼んでダーバン市内の歯医者さんまで40ランド800円。2、3人お
客さんが待っていた。お客さんに写真に撮ってもいいですか……と聞いて撮
らせてもらった。

南アフリカ・ダーバン「ノマズ・
ゲストハウス」に泊まっている人
たち

　麻酔注射をしてすぐに終了……抜いた「歯」は「喜望峰」に着いた時捨てよう……治療代 2000 円だった。海外で歯を抜くのはギリシャ 7000 円、マケドニア 2700 円に次いで三回目になった。帰りにバンクによってドルを両替……円安で 4000 円ほどもうかった。ゲストハウスに戻ったのは 12 時。夕方自宅に電話したら円安になっていると家内が話す……それで少し預金が増えているのか……。

2007 年 23 日土曜　　　　はれ　　　　一日中快晴

　Happy Hippo ゲストハウスが満杯のためきょうは宿の移動をしなければならない。紹介してくれた宿は「Nomads ノマズ、ゲストハウス」へ。「呑まず、食わず」ゲストハウス?　は覚えやすい。10 時過ぎにノマズの人が車で迎えに来てくれた。20 分ぐらいで着いた……いかにも安宿の雰囲気……木の塀に囲まれている。中庭には小さいプールもついている。迎えに来てくれたドライバーは「日本人」も泊まっていると話した。

　レセプションで 48 ランド 960 円……送迎車代 30 ランド含んだ料金。日本人は留学している横浜出身マツザキさん 22 歳。今年信州大学を卒業、大学院に籍を置いて、今は休学していると……。彼はダーバンに来て 2、3 ヵ月たったころ強盗にあった……ちょっと慣れたころ油断してやられた……二人連れの男に抵抗しようとしたらピストルを構えられたのでギブアップ。怪我はなかったが現金とカードを盗られたと話す。

　最近はパーティ会場に強盗が入り数人が殺された。90 歳のおじいさんもやられたとか……いい話は本当に伝わってこない。異国での情報は未知だから余計に怖さを感じるな。そう言えば 2000 年 10 月ヨーロッパを走り始めたころ、中近東と名前を聞いただけでビビっていたことを思い出す。東欧しかり、アメリカから中米に入る時も本当に大丈夫だろうかとびくびくしながら走っていたことを思い出す。

　ただ走り始めるとどうにかなるものだと……気持ちの余裕が出てくる。迎えに来てくれた宿の運転手さんはバスの運転手だと聞いた。スワジランドや

レソトの入り口など……景色のいいところなどおそわった。少しの情報だけ
でも気持ちを落ち着かせてくれるのでありがたい。少しずつ希望が持てるよ
うになってきた。ここのゲストハウスの近くにはスーパーがあり、昼も夜も
安いステーキ肉を買ってきて食べている。

2、300g 二枚で 300 円と、とにかく安い、うれしい限りである。あした
ヒッポー「カバ」ゲストハウスに戻るときもステーキ肉を買って戻ろう。

ヒッポーゲストハウスの屋上に
建てられているなかなかユニー
クの麦わら屋根レストラン＆
バー

2007 年 6 月 24 日　　　　　はれ　　　　快晴

　やっぱり昼は汗ばむぐらいの暑さになる……昼は 20℃をこえていること
だろう。朝 10 時過ぎにノマズ、ゲストハウスからヒッポーゲストハウスに
戻った。戻る前にスーパーで肉、塩、ケチャップ 160 円、ステーキ 3 枚 540
円。送迎車代 50 ランド 1000 円。ゲストハウスヒッポーの宿きょう 24 日か
ら 29 日まで 6 日分×150 ランド→ 900 ランド 18000 円支払う。30 日はまた
満杯らしい。

　まぁオートバイがついたら他に移ってもいいし……日本から郵便物が着い
たらその時に考えよう。けさ 9 時（日本時間 16 時）に自宅に電話を入れた
ら郵便物は 24 日に送ったとのこと……ひとまず安心だ。無事に着いてほし
いものだ。いつもお手数かけるかあさんに感謝、ありがとう。買ってきた肉
さっそく焼いて食べた……うまかった。その前に近くのお店で玉ねぎ 1 個、
トマト 2 個……120 円。小瓶ビール 3 本 600 円。

　昼寝したあと夕方いつものネット屋「コダック・カメラ店」へ……いつものお姉さんがいなくて……ネットになかなかつながらない。そばにいた青年がソケットを持ってきてくれて **OK** になった。あと 30 分、6 時で閉店……自分のネットを見ただけでおしまい。きょうはご飯を喰いたくなったので帰りに魚フライとライス 540 円持ち帰りにした。この店はいつも混んでいるなー。会計で 50 ランドを渡すと 20 ランドしかおつりが戻らない……

　そばにいた兄さんがキチンとおつりを戻すようにうながす。ここらあたりはチップを置いて行くのがマナーだと聞いていた……てっきりそうなのかと思っていたが兄さんがおつりを返すように言ってくれたことは気持ちがよかった。でもっても……チップは置かない……渡さないで店を出る。日本人はケチと思われるかもしれない……どうしたらいいものだろうか。俺はもったいなくて払いたくないし……なにか損した気分になるからなー。

　日本人の恥さらしを許しておくれ……。ショッピングの周りには大きな流れるプールがある。そこで泳いできたのだろうか家族連れで水着のまま歩いている。

ゲストハウスに 1 週間間ほど泊りに来ていた子供たち

2007 年 6 月 25 日月曜　　　　はれ　　　　暑い
　夜中に 3 回もトイレに起きた……どうしてこんなにトイレが近くなったのだろうか。午前中「アフリカ」の本を読む……少しでも情報を仕入れたいのだ……今になってあせってきた。

　7時に起きて無料のコーヒを飲みベッドで本や地図とにらめっこ……12時前に昼飯は2、3日肉ステーキ続いているが飽きない、肉には必ずケチャップを付けて食べているからだろうか……わたしにはケチャップが一番あう、トマト、玉ねぎ半分づつ。

　夕方ネット屋へ2時間50ランド1000円高いけどしょうがない……みなさんのメールを見るのが楽しみでもある……初めてアフリカの写真をメールで送った。宿に戻って6時……シャワーを使ったあと初めて買ってきた「お米」を炊いてみた。時間かけてもなかなかやわらかくならない……1時間も煮ていた。現地の人が作っているのは「そば粥」みたいな米の粉みたいなものを使っている……

　少しもらって食べたらこっちの方がうまい。見た感じでは餅をついたようなものだった。炊き終わったお米に塩をかけて梅干しももったいないから一個だけ入れて食べる。久しぶりに梅干しはうまかった。母さんが漬けた梅干しうまく漬かっている……8時過ぎ夕食を終わる。この時アフリカのお米を炊く時「水」はお米の2倍入れることをはじめて知る。そうなのか……。

2007年6月26日　　　　くもり

　はっきりしない天気で……風が強く曇っている。お昼まで本「アフリカ」を読む。肉を焼いて玉ねぎ、アレーッ……トマトがない……なくなっている。しょうがないあるものですまそう。ビール3本、きのう買っていた菓子パンを食べる。マーケットまで歩いて20分と聞き午後歩いてみた。その途中肉の専門店があった。中に入ってステーキ用肉250gが220円と安い2枚買った。物価が安くいていいなー。

　肉を買う時牛の鳴き声「モーモー」というと回りの人がみんな笑っている。でもこの方がいいんだ気安くなれるからね。そう言えばきのう夕食をつくっている時黒人の男に軽蔑されているような感じを受けた。黒人のそばにいたドイツ人女性が「ダメですよ」「そんなこと言っちゃ」みたいなやりとりを見ておそらく軽蔑の言葉だったのだろうと推測できた。女性がだまっていれ

ばわたしにはわからずにすんだかもしれないのに。

　自分のことジャパン・モンキーと言っているんだから軽べつされてもかまわないんだが。人々に軽べつされても腹立つことがないようになりたいものだね。きょう夕方4時ごろから1時間ネットを見た……わたしの日本の情報基地・さいたまパソコン教室森山勝一さんが6月21日ホームページを新しく更新してくれていた。だいぶすっきりした感じになっていた。日本を出発する時マケドニアようこさんにもブログを立ち上げてもらっている。

7年目にして初めてアフリカの旅でパソコンを持ち込んだ。南アフリカ・ダーバン Hippo ゲストハウスの部屋

　皆さんに感謝しなければと思う。まわりがなんとなくにぎやかになってきた。オートバイが港についているかどうか知りたくてフロントに港の会社に「電話してもらえないか」と頼んだが自分で電話カード使って「かけてくれ」と……当り前の返事が返ってきた。一回かけるだけで20ランド400円はもったいないのでやめにした「せこい・ケチだな……」。昼間「地獄の黙示録」「闇の奥」コンラッド著読み始める。

2007年6月27日水曜　　　一日中雨・風

　昨夜から強い風を伴って雨になってきた……突風もある荒れ模様。午前中フロントのオーナーにオートバイの受け取りに29日大丈夫かどうか聞いてほしいと頼んだ。こころよくオーナーは電話してくれる。オートバイは風雨のため29日はダメになった7月2日か3日になるとのことだった……まぁしょうがない。電話代は……いらないと……ありがとう。

　ついでに連泊を頼むと30日から7月3日までは満杯でダメ……、第2hippo に手配してくれた。いつもの肉屋でわたしの顔を見るなり「おしー」とおばさんたちや子供も言ってくる……「おしん」「おしん」とこれまで中央アジアや東南アジアで言われてきたので最初 NHK ドラマ「おしん」のことなのかと思っていた。どうも違うようだ……「おいしい」と飲料水かなんか日本のコマーシャルではないかと思ったがわからずじまい。

道端に咲く花・ダーバン市内

　肉ステーキ1キロ、4切れ540円。ウィスキー300円ワイン260円……そしていつものように玉ねぎ、トマトを買う。朝方フロントでは女性スタッフ二人がオーナーの奥さんになにか説明を受けている……神妙なサンシャインとノーザンの二人しおらしく……かしこまって聞いている。使われる人はどこの国でも同じだな……。そう言えばここのオーナーには二人の奥さんがいるようだ……時々、第二婦人の子供を連れてきている。

　面倒見るのはメイドさん。南アフリカは一夫多妻の国のようだ。「一夫多妻についてどう思うか」と聞いたところ帰ってきた言葉は「やっぱりいやだって言ってた」と日本人女性ライダー滝野沢さんは聞いた話をわたしに話してくれたことがある……そうだろうな。ステーキはちょっと硬かったな。ワインはちょっとすっぱ味が残っていてわたしはうまく感じた。ウィスキー43度にしては軽やかさで薄い感じ。一日中雨が強くなったり弱まったり。

銀行カード・メガネ郵便到着

2007 年 6 月 28 日木曜　　　くもり　　　夕方雨の降り様な雲行き

　雨は上がってくもり空……時おり強い風。10 時を過ぎネット屋へスカイプを使って森山さんと初めて話すことができた……「いつもお世話になっています、頼りになるさいたまパソコン教室の森山さんがいるのでアフリカでも安心して過ごすことができています」スカイプは顔を見ながらそれも無料で話すことができるので大助かりである。パソコンのことくわしいのですぐに相談できる。

　気持ちの余裕ができてこれまでの旅とは違ってきた。12 時すぐに宿第一 hippo に戻るとフロントの女性は荷物が届いていると紙袋を受け取る、ついに「銀行カード」と「メガネ」が到着したのだ。6 月 24 日に日本から送ったのできょう 28 日。5 日目に着いたことになる。国際スピード郵便（EMS）213g1700 円かかっていた。かあさんありがとう。アフリカ 15 時→日本 22 時……到着したことを電話で知らせる。昼めしのあと夕方ネット屋へ。

日本から南アフリカ・ダーバンに届いた「銀行カード」と「メガネ」

　途中 BANK・ATM テストしてみよう。カードを使ってお金を下ろそうと入れた……「NO」とカードが戻ってきた。暗証番号がちがった？「変えた……変えない」……頭の中がこんがらかってきた。とうとうダメだ……また不安がふえたな。カードが送られてきて喜んだのも、つかの間……まぁあした日本のシティバンク銀行に電話してみよう。

2005 年 6 月 29 日金曜　　　　はれ　　　　快晴　　　　昼間暑い

　また天気は快晴に戻ったようだ……朝から真っ青な空。9 時 30 分大きな銀行でカードの確認をしてみよう。タクシー代 25 ランド 500 円で銀行に着いた。ATM 一回目ダメ。列に並んでカウンターで手続きを待つがここでも引き受けてくれない。ATM 二回目に挑戦……やっぱりダメ。しょうがない二階に上がってドルをランドに両替しよう……300 ドルを窓口の女性に渡す。

　女性は何回か数えて直して「270 ドルか」……うん？　ノウ 300$ だ。数え直して 300$「OK」と……なんか、おれを試したのかいな……270$OK と言ったらそのままねこばばするつもりだったのかなぁー危ない……あぶない。300 ドル 4 万円分の両替になった。日本で 123 円は 36900 円→アフリカ・ダーバン 40050 円差し引き 3150 円もうかったようだ。帰りのタクシーをつかまえるのに一苦労……。

　宿に着いたのは 11 時過ぎていた。森山さんと 11 時「スカイプ」の約束をしていたのであやまりのメールをあとで入れよう。昼飯を食ってネット屋に向かう。途中日本のシティバンクに電話を入れた……暗証番号が「3 回」違っていたので「ロック」されているとのことだった。あーそうだったのか……「解除」しておくからこれという暗証番号を入れてみてダメだったらもう一回電話するようにと……。

　ショッピングセンター内の ATM でテスト的にゆっくり暗証番号を入れてみたがやっぱりダメだ。暗証番号どれだったかな……これまで使っていた暗証番号でやって見るがダメだ。あきらめてネット屋で 1 時間過ごす 30 ランド 600 円。帰り際……あと一回ためしてみようこれで 3 回目だ……これでダメだったらアウトでまたロックされてしまう。うん……さぁーてどうなるか……ATM の機械が反応した……ううん、なんとお金が出てきた。よかったぁー……。

　これでカードが使えることになって不安がひとつ解消された、あぁーよかったー。しっかり暗証番号を控えとこう。あした宿の移動だ……肉屋に行き

今夜と明日の昼の分ステーキ2枚500円、トマト3個、お米を買って戻る。16時になった福島・南相馬市は家内の実家いとこのかよちゃんに結婚式のメッセージをパソコンに打ち込んで送ろう。

2007年6月30日土曜　　　快晴

　朝9時前に地元？　の子供たちがゲストハウスにやってきた。10歳から14歳まで……学校の行事らしい、なんと10日間も泊って過ごすと先生は話す。ええーッ日本じゃそんなに泊っての行事はないなー。子供たちで満杯になる……わたしは第2「HIPPO」に移ることになる。タクシーを頼むと来るのに50分も……かかると話す。それじゃ近くのレジャーランドにいつも並んでいるタクシーをつかまえよう。

ダーパンに来て3軒目のゲストハウス第2Hippoに泊る

　などと言っているうちにタクシーが来た……15分だったのか。15と50……ヒフティーン……ヒフテェが……どうも聴く瞬間聞きとるのがわたしには難しくいつもとまどう。前回泊まったノマズ・ゲストハウスに長そでシャツを忘れていたので取りに寄って見た……がなかった。第2「HIPPO」ゲストハウスは郊外の丘の上であった。とたんに涼しく感じる……どころか寒ささえ感じる。12人部屋ドミトリーは久しぶりの大部屋に泊ることになった。

　女性もいっしょアメリカ人女性2人、アメリカ男性4人、そのほかはわからない。同じアメリカ人でもグループは3人だけのようだ。残りはすべてひとり旅っぽい……バックパーカーみたいだ。食事は泊り客……全員同じ

部屋である。アメリカの人たちといっしょに食事する、その中の一人だけ横柄な態度のアメリカ人はちょっと気にくわない。オーストラリア、イングランド女性もいる。

　食事しながらわたしは「アメリカ」「ノーブッシュ」「ノーヲォー」と言う……女性も男も「ノーブッシュ」と応えてくれた。このゲストハウスは森の中にありドミトリーのほかにダブル、シングルの部屋を離れにロッジ風の小屋を造っている。本屋の中にも何部屋かある。

　ここはこじんまりとしたゲストハウス。変わっているのは冷蔵庫の中のビール、ワインはノートに自分で書き込んでチェックアウトのとき清算するシステム……。

丘の上にある第2hippo のゲストハウス。離れにもシングル・ダブルのロッジ風の小屋もあった

　お客……いや人間を信用しているのだろう。スーパーマーケットは歩いて10分ぐらいのころにある……ステーキ肉、タマゴ6個、ソーセージ、トマトを買う。夕食の前にパソコンに写真を取り込んで2時間遊ぶ……これを取り込んでおけばこれから退屈しなくてすむし気晴らしに一番だ……。

2007 年 7 月 1 日日曜　　　　快晴

　ぐっと冷えて寒くなってきた……夜は毛布2枚……日本は夏だが季節が違うのだ。久しぶりにドミトリーの部屋……夜中に一度目が覚めた、そのあとなかなか寝つかれない。寝返りのときのベッドの音、トイレに起きる人などちょっとした音が気になった。3時過ぎにトイレに起きてそのあとはうつ

らうつら……ベッドから出たのは 8 時過ぎ。空は曇って今にも雨が降り出しそう。午前中下着を洗う……トレーニングパンツ 2 枚も洗った。

　早くオートバイを受け取らないと……寒くなってきたとき困るな。いとこの結婚、かよちゃんの「正確な名前」を確かめるため 14 時半に日本の自宅に電話する。スーパーに行ったら閉まっている？……日曜のきょうは 3 時で閉店らしい……今 3:02 分あーそうだったのか。

オートバイを港で受け取る

2007 年 7 月 2 日月曜　　　　くもりのちはれ　　　　夕方くもり

　もしかしたらきょうオートバイを受けとれるかもしれぬ……テストも兼ねてスーパーにある ATM で 1000 ランド× 4 回 =4000 ランド・8 万円下ろす……シティバンクのカード使えて大丈夫だった。スーパーから宿に戻るとレセプションの女性は「ブーブーブー」と言ってる……電話が来た……オートバイが着いた OK と。すぐにタクシーを呼んでもらって……その間に食事をすませよう。豚を焼いてトマトを切り、さー食べようとしたらタクシーが来た。

南アフリカ・ダーバン港にやっと到着したオートバイ

　エーしょうがない「そのままにして」すぐに着替えて海運オフィスに向かい 12 時半に着いた。しかし倉庫の受け取りは「14 時になって」から……と。うーんまずは支払いをすませる。US560 ドル =4000 ランド 8 万円。ドルでもランドでもいいと言われたがこれからのことを考えて $ ドルで支払う。水だけ飲んで 14 時事務所の青年について港の倉庫に向かう。青年はあっち

こっちの事務所を回ってようやく受け取り事務所に着いた。

「あったー」木わくに入れられたオートバイが待っていた。木枠を取り払ってエンジンをかける。エンジンは回るがかからない……ガソリンがないのか。タンクをゆすって見るとガソリンの音はする。リザーブにすればいいのに……ストップになっている。あせっているのか……押してもらって広場に出した。エンジンはかかった……オフィスの青年は2、3リッターガソリンを買いに走ってくれている。

　青年のうしろについてオフィスまで引っ張ってもらった。そのあと第2HIPPO まで一人で走る……迷わずにめずらしく一発で宿に着く 17 時前だった。オートバイの荷物を部屋に運ぶ……トランクの中にはジャケットなど冬物の着物がはいっている。今まで T シャツ 1 枚で過ごしてきた……これで寒さ対策万全になったこれで恐いものなしだ。野宿用のシュラフもあるし……すべてそろったとりあえず安心だ。

　朝から水だけだったのでまずシャワーを浴びて夕食に取り掛かる。昼間食いそこなったおかずは白の布シートをまかないの人がかけてくれていたのでレンジであたためて少しずつ胃に中に流し込む……うまい、うまい。オートバイもついたことだしホットする。あーよしよし……気持ちが安らぐなー。

オートバイでアフリカ走り始める
2007 年 7 月 3 日火曜　　　　はれ　　　　　快晴
　ゆうべは相棒のオートバイが着いた……いつも使っていたシュラフ、炊事用具など応援部隊が到着したように感じる……気持ちの落ち着く安心した夜になった。さっそくオートバイでネット屋に出かける。ゲストハウス・スタッフ、南アフリカの子供たちの写真を現像する。以前講演会でお世話になった埼玉・久喜市の小学校に送るためである。1 時間ちょっとネットを打つ……。

　わたしのホームページには初めての人の書き込みもあった……嬉しいもの

である。ホテルに戻るとき肉を買って……アレー道を間違った。オートバイから降りて……地元の人に聞きながら周りを見ると「目印」にしている看板を見つけた……ホッとする。5 時前にホテルに戻りお湯を浴槽に張ってゆっくりした時間を過ごす。夕方からぞくぞく泊り客が入ってきた……女性ばかりアメリカ人が多いな。

オートバイが到着した、トランクには冬物など入れていたのでこれで安心……ホテルのスタッフの人たち……。

2007 年 7 月 4 日水曜　　　はれ　　　　はれ

　きょうは宿の移動日……ノマズ nomads・ゲストハウスへ 5 分ぐらいで着く。前回一泊したことのある宿でもある。午前中「かよちゃん」結婚式場にメッセージを郵便で送る……郵便局はスーパーの 3 階にあった。日本みたいに封筒は別の店で買うのかな……便せん一枚を持って列に並ぶ。窓口に封筒も売っていたので切手を貼って、いくら……安いな 5、60 円ぐらいだと思う。

　スムーズにいったように思えるが郵便局を見つけるまで何人かの人に聞いて郵便局に並んでいたが……あっ住所を書いたのを忘れてきた。ホテルに戻って再び郵便局に。小一時間かかった。まぁこれで一段落した。これでゆっくり昼飯はビールを飲めるぞ……。ここノマズのビールは 90 ランド 180 円……きのうまでの宿は 80 ランド 160 円。オートバイのスタンドがマフラーに当たって穴が開きそうだ。

　自転車のチュウブを切り取ってあてがい応急処置……まずは安心。日本人のマツザキ君もヨハネスブルクから戻ってきた。

2007 年 7 月 5 日木曜　　　はれ　　　　はれ

　スーパーで玉ねぎ、トマトを買う……おいしそうなステーキ肉はあした買おう。12 時過ぎにオートバイで行ってみる。Hippo ゲストハウスの前に駐車 4 時頃まで 2 時間ネットを打つが部屋が暑くて汗が出る……ブラインドを下ろしてもらいパソコンも見やすくなった。第 2Hippo の掃除のおばさんに写真を届ける。ゲストハウス、冷蔵庫に忘れていた肉をもらってノマズの宿に戻る。きのう「ゆでたまご」作っていたのをすっかり忘れていた。

ノマズ・ゲストハウスのまかないさんとメードさんたちは優しい人だ。
お世話になっている

　朝起きて鍋を見ると水はなくなってこげてしまっていた。卵は割れてしまっているが捨てるにはもったいない。くえないことはない硬くても味はかわらない……事情を話して「良かったら食べて」とスタッフのおばさんのテーブルにも置いた。埼玉・久喜小学校の住所を関根さんにメールで送ってもらう。久喜市住んでいる関根さん宅はホームスティなど外国人を受け入れ進んでいる国際派家族。

　それに地元久喜小学校での講演会を最初に開いてくれた人でもある。ご主人は JR 浦和車掌区の車掌さん。わたしもかっては勤めていた職場だ。国鉄から JR 移行の時国労役員をしていたので 42 才の時専務車掌から追い出されて駅の売店や雑務種など辞めるまで 15 年間過ごした……このことは最初に書いている。

2007 年 7 月 6 日金曜　　　はれ　　　　快晴

　スイスの青年二人は四輪駆動 BM でドライブツーリングしている……ス

イス〜スペイン〜モロッコ〜セネガル〜マリ〜ブルキナファソ〜ペナン〜ガーナを車で走ってきた。ガーナーからダーバンまで船で送って……今は車が到着するのを待っていると言う……マイカーの輸送代 1700US& 約 20 万円ぐらいと聞いた。この話を聞いてこれで西アフリカに渡ることができることがわかった。

「果報は寝て待つ」ってことか……確実の情報を得て気持ちが落ちつく。ガーナ〜ダーバン 20 日間ぐらいかかる……遅くなっても 30 日ぐらいとも話す……シリル 27 歳、三角の長い顔。リヌス 26 歳長丸の顔……あした 3 人で飲むことにした。

2007 年 7 月 7 日土曜　　　　はれ

　きのう床屋に行ったこと書き忘れていた。ショッピング・ビルにあるトコヤ 100 ランド 1600 円……以前 hippo ゲストハウスにいたとき値段は 50 ランド 800 円と聞いていた安いトコヤさんにオートバイを飛ばして行った。日本のパーマ屋（美容院）さんとトコヤとをいっしょにやっている。最初バリカンを使って 5 分刈でと頼んだ、その通り刈り取ってくれていたが「もみ上げ」を短いバリカンで刈り始めた……。

ダーバン市内の床屋さん……最後は坊主頭になってしまった

「ナイス・OK・OK」と言ったら……そのまま短いバリカンで全部刈りとって……坊主頭になってしまった。まぁいいや……すっきりして気持ちがいい。40 ランド 640 円でいいかというとノンプレグラム……いいよってことだろう「サンキュウ」待ち時間入れて 30 分ぐらいで終わった。夕食はスイ

ス人青年二人といっしょにお互いにこれまでの旅の話をしながら過ごす……
西アフリカの道のことなど細かいことを聞きだした。

　わたしの旅の話はわかったのかわかったふりしているのか……もわからな
い。なにせチンプンカンプンの日本語英語だもの……いたしかたない。地図
を見ながら二人から実際走ってきた道路のこときめ細かくその国のダート区
間など聞くことができて本当に助かった。西アフリカなど走るつもりはなか
ったがこれで走る気持ちが少し出てきた。きょうは部屋が満杯で裏の中庭に
テント張って寝ることになる。

　新しく買ったテントをテストも兼ねて使い勝手を確かめるいい機会でもあ
る。入口は表と裏２カ所ありメッシュと二重の扉もなかなか使い勝手がよ
いテントで気にいった。ただ天井もメッシュになっているので寒い時にどう
なるのかが心配だ。ノマズ、の宿には入れ替わり立ち替わりが激しい……ス
コットランド、イギリス、スイス人などヨーロッパの人たちが多い。

ゲストハウスは泊り客でいっぱ
いになり中庭に初めてテントを
張って寝る。

　第 1hippo は黒人が多かった。第 2Hippo はブラジルの女性、アメリカの
女性たちが多かった。ここノマズ・ゲストハウスでは４台あるネット部屋
で年配の女性がスカイプを使って話している。自分のパソコンをつないで利
用できるんだ。スタッフの女性に聞いてみると「OK」だと。使っていた女
性が終わったあと自分のパソコンをつないで見たらちゃんとつながった。オ
ーこれだとオートバイでわざわざネット屋まで行かなくてすむ。

　日本人マツザキ君はヨハネスブルクから 4 日に戻ってきている……しかし最初会った時のような積極性がない……どうしたんだろう。話しかけても必要最低限度の返事しか返ってこない……まぁ若いから仕方ないことなのかも……。

2007 年 7 月 8 日日曜　　　　朝くもり

　きょうは二男友二の誕生日だ。初めてテントで寝た……寒さを覚悟してシュラフに入った。ウィスキーを少し余計に飲んだためなのか寒さは感じなかった、というよりくもり空で空気も冷えてないようだ。いつもは夜中 2 時か 3 時頃トイレに起きるがゆうべは朝 5 時半まで起きなかった。9 時すぎパソコンをつないでネットをうつ。連絡していた日本の森山さんとスカイプで話すことができた。これは便利でいいがこちらからかけるときアドレスの出し方がわからない。

2007 年 7 月 9 日月曜　　　　はれ　　　　　快晴

　朝冷えてきた……8 時 30 分オープンの郵便局へ……意外と早く開けるんだ。前回自宅に手紙を出したので今回はスムーズ。南アフリカの子供たちの写真を埼玉県久喜市の小学校に、中学校に手紙を添えて送った。最初世界の旅の講演をしたそのお礼なのである。その時の児童は今中学 1 年生、二回目のときの児童はまだ小学生。世界の子供たちと交流ができたらいいなーと思いを込めながら送った。

　封筒一通 4、6 ランド 74 円ぐらい。写真 L 判 6 枚ぐらい入っている……写真の枚数などの重さは関係ないのだろうかな。インターネットは宿にあるので助かっている……約 3 時間……スイス人はまだ終わらないのかという顔してのぞきに来る。そうだろう……2 時間以上もやっているんだから……。そう言えばスイス人から HP イングリッシュと言われていたので森山さんに「英語版」を作ってとメールで送っていた。

　ホームページのトップページの見出しに「English」の項目がきょう出来上がっていた。その「English イングリッシュ」をクリックするとオール英

語に替わってくる……たいしたもんだこと、うれしくなった。ほんと森山さんには助けてもらっている。スイス人二人は車が港に到着するまで時間があるのでとりあえずあした 10 日レソトに向かうとのこと。お互いに自宅のアドレスを交換しあう。

車で旅を続けているスイス人青年二人。西アフリカの情報を細かく教えてもらって助かった。ノマズ・ゲストハウスにて

2007 年 7 月 10 日火曜　　　朝冷える　　　快晴

　朝寒いぐらいに冷える。8 時にスイスの青年二人を見送る。気をつけて「お互いにいい旅を……」バイバイ。午前中わたしのふるさと佐賀・嬉野吉田小学校・中学校に写真を送ることにした。久喜市の学校だけでは申し訳ない気持ちと……自分も小学校のとき「大きな波は講堂を越える……」と船乗りの人の話を聞き「すごいところで働いている人がいるもんだ」と感動したことを覚えている。

　考えてみればもう夏休みにはいるその前に着けばいい。いつ出発するのか自分も踏ん切りがつかないでいる。みんなのメールにはあと 2、3 日の内に出発にと書き込みしている。朝寒いので陽が出て暖かくなってから……出発すると到着時間が遅くなるしなど言い訳の気持ちが出てくる。内心は走るのが怖くて出発したくない気持ちなのである。同じ季節だからいつまでたっても同じなんだけどなー気持ちが揺れている。

　同じ部屋のレソトの国からきている青年は朝から「ゲーゲー」具合が悪そうだ……一日中ベッドの中。最初走りだしはレソトの国から走り始めようと考えていたがバスを運転しているノマズの宿のジョニーから今はもう寒いと

アドバイスを受けていた。ここにいるレソトの青年は「レソトは標高が高いのでこれから寒くなり雪も降るかも知れない」と話してくれた。現地で暮らしている人の話はズシンと響く。スワジランドから走り始めよう。

　日本人留学生マツザキ君もケープタウンの400キロ手前に移動すると荷物の整理を始めていた。わたしも12日にスタートしよう。

2007年7月11日水曜　　　　快晴
　朝はいくぶん寒さがやわらぐ……。さーあした出発する。①カメラ→動画→操作など……解説書を見ながら確かめる。②荷物はどのように区別して積み込むか頭で整理する。③冊子、地図帳からスワジランドまでの地図を手書きでノートに書き込んだ。④このゲストハウスから高速道路に乗るまでの道順をジョニーに紙に書いてもらってはいるがきょうテスト運転してみようと……思案中……今10時。

ガソリンは高速から降りて給油しなければならない……初めてのスタンドで給油

アフリカ・初めての国境、スワジランド
2007年7月12日木曜　　　　はれ　　　　はれ暑い　　　　はれ
　8時前に起床……暗い部屋から荷物をフロントに移す……忘れ物がないようにきのうの夜から頭の中で整理した通り運び出す。ゆうべのうちにホテル代の清算はすませている……ネット代含めて57550ランド約8200円だった。9時15分スタート一路スワジランドへ。うーん……地図に書いてもらっときは充分にわかっていたつもりだったがやっぱり間違っている。ぐるーっと

回ってホテルの方まで戻りガススタンドで教えてもらった。

　道路一本先まで走ってしまったようだ。細かく確認して再スタート……今度はスムーズに高速 NO2 に乗ることができホッとする。80 キロ走行……標識は 120 の表示。マイペースマイペース……自分に言い聞かせる。果たして走ることができるのだろうかと飛行機から見たアフリカ大陸……実際走っていることを今実感する。小高い丘を縫って登って行く道路はコンクリートの道……後半になってアスファルトに変わってきた。

　高速料金 3 回とられる、ここまで 200 キロぐらい走っただろうか……トータル 34 ランド 550 円。4 車線→2 車線→片側 1 車線にだんだん狭くなってきた。12 時だ……幹線から左に外れたところに……腹減ったので休憩、パンとトマトをかじる。腰を伸ばすと気持ちがいい……。普段だとここらあたりで 20 分ほど昼寝を取るのだけど……いまはその気持ちにはなれない。「何なのか」ちっとも見当がつかない「標識マーク」ばかりが出てくる。

　ガソリンはどこで入れるのか……テストつもりで「ガソリン・スタンドマーク」のあったところから幹線をはずれて降りてみた。ガソリン・スタンドを探す 3 キロも走ったところに給油機 2 台だけの小さいスタンドがあった。なるほどガススタンドの標識の一つがわかった。2 回目の給油も幹線から降りた 2 キロぐらいの場所にあった。スワジランドまで 94 キロだと教えてもらった。よしあと 1 時間ちょっとだ。2 時前には国境に着くだろう。

　平均 90 ～ 100 キロのスピードで走れるようになった。国境は左にあるとばかり自分勝手に思い込んでいた……90 キロを過ぎた……そろそろもうすぐだなー国境は。ええ……100 キロを過ぎてしまっている。オートバイを停めてうしろからくるトラックを止めようとしたが大型のため止まれない。しょうがない強引に反対から来た水色の車を停めて「ソーリ……スワジランド」は……「20 キロバック」だ。そこまで引っ張って行ってくれ……

　両手の甲を差し出して「右手はユーあなた」「左はマイ・わたし」あなた

のうしろについて行くからと……右手の甲のうしろに左手の甲を動かして「ボーダー」まで引っ張ってくれと頼んだ……「OK」か……「OK」「OK」と、こころよく返事してくれる。「サンキュウ」ありがとう。オートバイをＵターンさせて空色の車についてゆく。しばらく走ると途中から左に入るウィンカー……あーここがスワジランドの入り口国境なのか。

スワジランドの国境……キリン、象、ライオンなどの動物の絵の看板が出迎えてくれた……さすがアフリカだなー他の大陸とは違う

　左手の方とばかり気にしていたので気づかずに通りすぎてしまったんだ。「Swaziland」の標識……オートバイを停めて写真におさめる。空色の車は100m先で待っていてくれている、ありがとう。国境はすぐだった、キリンやサイなど動物など描かれているここが国境なのか、さすがアフリカの国境。アフリカのイメージにぴったり。国境事務所で「名前」と「パスポートナン

バー」だけ書いて「すみません」と係官にさしだした。

　係官はわたしの顔をしみじみながめて……「年寄りじゃなー」という顔……残りの項目を埋めてくれた。「カルネ」にもすぐサインしてもらって南アフリカの出国はおしまい……10分もかからなかった、簡単に終わってよかった。今度はスワジランドの入国係官に……何回もわたしは言われてきたので「オシイー」とあいさつ代わりに言ってみた。すると「オシイー」と返ってきた。よしこの調子で行こう。

　スワジランドではパスポートに入国「スタンプ」を押すだけ……カルネの代わりに証明書代50ランドで発行してくれた。南アフリカ、スワジランド両方で30分もかからなかった。15時10分に終了。国境はこうじゃなくちゃ……こうであれば楽しいし、楽でいいなー。

　うれしいなー。84カ国目の国スワジランド入国。

　30キロ先に「安いホテル」があると国境係官は教えてくれた。大きな「サファリーパーク」の看板が建っている……教えてもらったホテルはここだな。テント泊50ランド800円。ビール7.5ランド110円、夕食にニワトリ半分30ランド480円を注文……ニワトリはあたたかくてうまかったが……やはり半分は大きくきつかった。シャワーを使おうとしたが水が出なくてだめらしい。芝生に散布する水道水を近くの住民が水汲みに来ている。

　5、6人まとまって楽しいそうにおしゃべりしながら水汲みしている。コップ一杯で顔と手を洗った。寝るまで水が出なかったので早目に洗っていて助かった。

初めて聴いたライオンの雄たけびはすさまじい……
とどろきの音
2007年7月13日金曜　　　　　はれ
　なんじゃいな……夕べとどろきの音が続いた。ラクダだろうか、カバだろ

うか。夜中にとどろきの音をさせている。ときどきカミナリのとどろきの音かと思われる音が聞こえてくる。近くの水道の水を飲みに来たのか……ハフハフと息づかいが耳元に聞こえてくる。大型の動物だろうと思われる。とどろき音は朝方まで続いた。そのたびに目が覚める。寒いと聞いていたのでそれなりに防寒の支度をしていたがそれほど寒くはなかった。

　朝がた歯みがきに炊事場に行く。掃除の女性に「グヲー・グワーグヲウ、グワー」エスタデイナイト……というと……笑っている。指差して「ライオン」だと言う。そこにいると言う 50m 先に金網の柵があった。カメラを持って行って見た、いる、いるたて髪をふさふささせた本物のライオンなのだ。野生のライオンを見るのは初めてだ。それにしてもあのとどろきの鳴き声は一晩中すざましかった。まさに百獣のおののきとはこのことかもしれない。

大型の動物だろうとテントで想像していた……夜中にカミナリと間違うような恐ろしい雄たけびで吠え続けていたのはライオンだったことが朝わかった。

　スワジランド・首都ムババネ？（M・Babane）まで約 100 キロ。途中じゃりみちがあるが心配するほどではないが慎重に……そこを過ぎるとベリーグッドの道になった。どんどん坂を登って行くと首都ムババネ 13 時頃到着。ガススタンドでホテルを聞く。一生懸命に地図を書いて教えてくれるが……ちょっとわかりにくい。給油に来た地元の人が「そこのホテル」まで引っ張ってくれると言う。

　オー助かる……ありがとう、両手を合わせて合唱ポーズ。ここらあたりは高原になっていて登り下りの繰り返し 10 分ぐらいでホテルに着いた、立派なホテルだ。引っ張ってくれた男の人にサンキュウ、ありがとう。ホテルに

入って「ワンナイト、いくらですか」「390 ランド 6400 円」エー 300 ランドまで下げると言われたけど高すぎる。他のホテルを探そう。本線に戻りバス停にオートバイを停めた。

　南アフリカ・ダーバンのノマズ・ゲストハウスで教えてくれたゲストハウスのアドレスを見ていたらドイツ車アウディの車が止まった。ゲストハウスのアドレスを見せると「OK　OK」「俺のあとをついてこい」のしぐさ。ありがたい……しかし速すぎてついていけない……途中で待っていてくれた。高原を下りきったところから少しのぼった右側のダートの道に入って行く農家みたいな所だったがここはオーナーの実家らしい。

　そこから 2、3 分走ってゲストハウスについた。「スワジランド・ゲストハウス」の看板が建ててある。居心地のよさそうなホテルだ。アウディのお兄さんにお礼を言って別れる。ありがとうございました。外から開かない扉……インターホーンを使って開けてもらって中にはいる。しばらくしてオーナーが戻ってきた。book を見せてダーバンの「ノマズ・ゲストハウス」のオーナーから「ナイス」と聞いてきたと話すと「マイ・フレンド」と返事。

　それにしてもアウディのお兄さんはアドレスをチラッと見ただけでどうしてわかったのだろうか……オーナーに次の日名刺を見せたが知らないと言う。部屋は 8 人部屋ドミトリー 8 ランド 1280 円。珍しい、中二階にも部屋があり明るくて気持ちがいいゲストハウスである。最初のホテルに比べてだいぶ違う……そこのホテルに泊らなくてよかった。ここに比べると暗い感じでそこには泊り客もいなかった。

　そこの白人の女性オーナーの言葉にも見下したような感じを受けた。ここなら長期滞在も楽しいものになりそうだ。ビールがちょっと高いな 11 ランド 170 円。他のところは 8 〜 10 ランドだ。オーストラリア、オーストリア、オランダ、アメリカ、ドイツ人など 12、3 人の泊り客……日本人ペアーも泊っている。近くのスーパーに行ってみた。お店の前にブリキで作った大小の容器というか、なにに使うのか筒を作って並べて売っている。

オートバイのマフラーの穴があき自転車のチュウブで応急処置にふさいで走ってきた。そこを見せて「ふさいで」と頼んだ。「いくらぐらいか」「30ランド 500 円」「OK、タノム」と頼んだ。きっちりぴったりと 30 分もしないうちに「ふさい」で金属バンドで止めてくれた。心配事もひとつ解決した。

女の踊り 1 万 5 千人

2007 年 7 月 14 日土曜　　　　はれ

8 時に起きて日記を書いていたらヘルメットをかぶった人が「こんにちは」と入ってきた……うん日本人ライダーか。上から下までライダーの恰好はばっちりだ。なんとホテルのオーナー「ショーン」さんだった。わたしが何回も「名前」を聞くもんだから「ショーンコネリー」とアメリカ映画俳優の名前を出して覚えてくれと……「OK」服装も名前もばっちり「ナイスヤングマン」とほめる。すぐに支度して出かけようと誘われる。

きのうインターネットカフェを教えてほしいと頼んでいたので迎えに来てもらったのだ。着替えて日本人オカダさんカップル写真を撮ったあとシェーンさんとオートバイで出かける。シェーンさんはライトを買いに出かけるらしい、わたしもついでにオイル・フィルターを買おう。二人で近くの街に出た、ホンダ、スズキ、BM など世界のメーカーを取り扱っているオートバイ屋。

まずオイル・フィルターはサイズがなくて取り寄せになると話す。次はライト部品屋に寄る。わたしはマフラーを留める「輪っか」4 本を買う 5 ランド×20 ランド =300 円。最後にネットカフェ屋で日本語が出るかどうか確かめて宿に戻る。食事を終えるとオーナーはスワジランド「一大イベント」がある、なにを言っているのかわからなかったがいっしょに行こうと衣装を渡されてついて行った。

高原の途中の広場、駐車場にオートバイを停めて広いグランド会場にはいる。いやいや女性たちが集まっている。スワジランド年に一度の「女の踊り」と言う。1 万人以上集まっていると話す。ショーンさんは上着とズボンを風呂敷みたいな柄布を巻き付けて着替えた。わたしも派手な風呂敷を上半

身裸に巻き付けてズボンの上にも「マジョ」とか言う布を巻き付けた、これは正式な盛装らしい。

　グランドに入場する前に集合している女性たち……いやはや女性の数に圧倒される。壮大な一群には目をみはるばかりだ……踊りながら行進が始まった。観光客は意外と少ない。TVの放映だろうか写真撮る人もいっぱいだ。最後は広々としたグランドに一同集まりスワジランド・キングマザーにお披露目して終わりらしい。布一枚なので4時近くなって寒くなってきた、風邪をひく前に引きあげよう。

圧倒された「女の踊り」
スワジランド中から集まった1万5千人の女性たち。ホテルのオーナーから「盛装」の着物を借りて身に付けた

　ネットカフェと併設されたビールバー……に立ち寄りビールを飲む。中々雰囲気のある落ち着いたバー。部屋の中にも……庭にもお客さんで大賑わいになってきた。おじーさん、若い人たち、子供たちもなごやかに過ごしている……いいなー。この人たちはショーンさんのフレンドとわかった。ショーンさんの奥さんも来ていた。奥さんのことショーンさんの娘さんみたいだと言ったら笑っていた。

　お米、ステーキの肉を買うためにひとり早めに店を出る。肉はダーバンに比べると質が落ちるようだ……他のお店ではどうかな。夜、カメラからパソコンに取り込んだ。日本人オカダ夫婦はあす移動すると言う、ダーバンの近く原住民の人たちがいるところに向かうらしい。明るくて人のよさ、自分が思っていたアフリカのイメージとだいぶ違う。どこの国でもそうだったが自分の目で確かめることの大切さを思い知らされる。

2007年7月15日日曜　　　はれ　　　快晴

　きょうは福島いわき市での嘉代ちゃんの結婚式……送ったメッセージ届いただろうかな……。朝8時から午後3時過ぎまでかかって写真の取り込み……パソコンで送る文章の下書きをした。これをすませておくとネットでの打ち込みがずっと楽になる。時間も節約できる。アフリカに初めてパソコンを持ち込んだ……背中にしょって走っている。ネット屋に行く前に下準備ができるし……毎日見るだけでも退屈しない。

　やっぱり持ち込んでよかった。スーパーにビールを買いに出かける……うーんきょうは日曜だったのを忘れていたアルコールは売ってないのだ。しょうがないステーキ3回分買って戻る。朝方8時過ぎオカダ夫婦がでっかいバックを担いで出て行った重そう……。今夜は早めに晩めしをとる……朝からコーヒだけで過ごした夕がた俄然（がぜん）腹へってきた。あしたのネット屋の仕事も終わったのでゆっくりできる。

学校帰りの子供たちスワジランド

　ホテルの売店でビール3本買って飲む。アフリカの米の炊き方水を米の3〜4倍たっぷり入れて炊くことでうまく炊けることがわかってきた。おかゆよりちょっと硬めに炊きあがる。これを続けている。炊き上がる前に「塩」をちょこっと入れるとまたまたうまい。日本のお米だとおかずがないとなにか物足りないがここではおかずがなくとも充分にうまい。晩飯が終わって気になった写真の取り込みを確認する、大丈夫だ。10時半に寝る。

2007 年 7 月 16 日月曜　　　はれ　　　　快晴　　　21℃ 14 時

　きのうネット屋に行ったが電気がつかなくて今日行くことにしていた。ネットにつなげることも確認しているので楽しみだ。10 時に出かけようとしたらオーナーのシェーンさんが車でやってきた。オートバイの前照灯を付け換えるために来たようだ。ブレーキオイルも少なくなっていたので補充してもらったのでありがたい。そのあとネット屋に向かう自分のパソコンにつなぐ時「暗証番号」を入れなければならない。

　60 分予約で途中、2、3 回パスワードを入れることになっている面倒くさいが仕方ない。結局 3 時間 135 ランド 2560 円かかった。時間がかかったのは自分の「ブログに」写真を取り込むパソコンの動きが遅いせいでもある。帰りにスーパーによってビール・ロング缶 12 本 140 ランド 2400 円

2007 年 7 月 17 日火曜　　　はれ　　　　はれ　　　　はれ

　9 時すぎにモザンビーク大使館へ「ビザ」を取りに行く。8 時過ぎにショーンさんが来たのでモザンビーク大使館への地図を書いてもらい出発。地図を見ながら坂を上がったところは街の中心になるのだろうか……なんとなくざわついてにぎわっている。本線から右に入り奥まったところにモザンビークの大使館はあった。迷わずに一発で着いた。申請用紙には名前とパスポートナンバーしか書けない。

　あとはローマ字で「ワカリマセン wakarimasen」「スミマセン sumimasen」と書き始めたら……しょうがないなという顔してパスポートを見ながら係官が書き込んでくれた。「ソーリ」ありがとう。「そこで待て」と言われたので……そのまま動かずに「うんこ」する姿でしゃがみこむ。回りの人 12、3 人が大笑い。赤ちゃんをかかえた母親はこらえきれないで……口を押さえながら笑っていた。ビザの発給午後 2 時に渡すとのこと。

　何回でも入出国出来る「マルチ・ビザ」280 ランド 4500 円。ちなみにシングルは 85 ランド 1360 円と教えてもらった。宿にいったん引きかえす。道端で水入れなどをブリキで作っている……前回オートバイのマフラーをふ

さいでもらったお店である。今回はフロントのカバーが裂けてきたのでふさいでもらおう。ブリキをうまく曲げて約30分で見てくれのいい形で取りつけてもらった。今回も同じ30ランド500円。

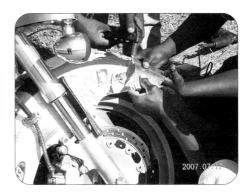

ブリキでフロントの破れたところをふせてもらった

　これでバイク・カバーが引っかからずにすみそうだ。昼飯くったらもう1時半になっている。モザンビーク大使館へ。中に入らず門扉の入り口でパスポートを受け取る。そのままオートバイ屋でオイルフェイルターとオイルの交換。ラジエターの水の補給……ブリキでさっき直したフロントカバーにテープなどを貼って見た目をよくしてもらった。250ランド4000円。宿に戻る途中街のスーパーでステーキ肉のかたまりとパンを買う。

　宿に戻ったのは5時を過ぎていた。だいたいのオートバイの気になる部分は直してきた、あとはトンネルを走るときライトが弱いので補助ライトの強力ものを付けて明るくなると心強く万全になる。晩飯のあとネットに打ち込むため自分のパソコンに文章を書き込み22時30分ベッドに入る。きょうは長女夕子の誕生日。

2007年7月18日水曜　　　　はれ　　　　はれ
　午後ネット屋に行く前の下準備、写真の送付の再確認……何せ次の画面に移るのに1分以上かかるのだ、もたもたしているうちに11時を過ぎる。昼飯食ってネット屋へ

　12時半。「オー来た来た」「くるくるパー」と到着するなり呼んでいる。

きのうわたしの名前は「くるくるパー」と教えていたのだ。一発で名前を覚えてくれる頭のよさ大学5年生とか言ってた。1時間のつもりが時間がかかり2時間90ランド1440円。

わたしの名前は「くるくるパー」と言ったら……次の日「来た来た」「くるくるパーがきた」と一回で覚えてくれた頭の切れるネット屋の女性

　途中「スカイプ」を使って森山さんと話をすることができた。日本とアフリカを無料で話できるとはたいしたことになってきたものだ。スワジランドに来て一週間になった。朝方グーっと冷えるが昼間はあたたかく風もなくおだやかな天気が続いている。干した洗濯物が落ちなくて助かる。きのう買った肉のかたまり3キロぐらい90ランド1440円……1キロ→480円。店の人は「牛のモモ」にあたると話して売ってくれた。

　モモの部分は少し硬さがある……まぁ安いのだからしょうがない、しかし厚めに切って焼いたら硬さはなくなりうまかった。夕食のとき「オランダ」とは言わない、ホーランドとか（ポーランドじゃない）ネザーランドの女性が「赤色のシャツを着ていたでしょう」と南アフリカ・ヒッポーゲストハウスでわたしを見かけたと話しかけてきた。で、「ヨーロッパの人」たち、わたしから見ればみんな「同じ顔」に見える、あなたの顔覚えてないよ。

　すると「チャイナ、コウリャン、ジャパン」わたしも同じに見えるしょうがないみたいなこと言われて笑う。あーやっぱり外国人から見ると中国、韓国、日本人は同じに見えるんだろうな…………納得、納得。わたしは昼間からビールを飲む……ジャパンドクター「昼2本夜2本飲むように」「カルテ」に書いてあると……まわりの人に「マツオ・メデソン」といつも冗談を

言いながら飲んでいる。

　最近はわたしを見かけると自分のビールをかざして「オーマツオ・メデソン」と陽気にさせてくれる。こりゃいいやと思ったのか「メデソン・メデソン」とまわりの人みんなが言うようになった。ベルギーの家族のご主人は自動車、オートバイの販売会社らしい。一ヵ月お店を閉めて旅行していると話す。日本じゃ考えられないね。ブルッセルから 25 キロ離れたところに住んでいると聞いた。

泊っているゲストハウス付近の風景……5キロぐらい走ると街の中心ムババネ

2007 年 7 月 19 日木曜　　　　はれ　　　　快晴

　ほころびたジャンバーに貼っていた「皮」がはがれてきた。きょうはそれを修理する。2 時間かかって裁縫……見てくれはよくないけど……どうにかものになった。針と白・黒・赤の糸があればどうにか直すことができる。時には退屈しのぎにもなる。きょうも半そでシャツでも暑いぐらいだ。シェーンさんが午後やってきた。サブ・前照灯取り換えのためライト部品屋へ、ストロングとか言ってたライト 2 個 175 ランド 2800 円。

　宿に戻って今までのライトと付け換えてもらった。トンネルもこれでよく見えて大丈夫だろう。夜にサブライトをつけてみた、走ってみないとわからないが前より明るさはありそう

2007 年 7 月 20 日金曜　　　　はれ　　　　快晴

　シェーンさん 10 時に宿に来た。地元ライダー 3 人ババネ（首都）に集ま

ってツーリングに出かけるからと誘いを受ける。これからネット屋に行こうとパソコンに打ち込んでいたがすぐに支度して出かける。ロングスティのゲストハウスに着いた。ここが集合場所らしい。2台のオートバイ、シェーンさんの仲間が集まってきた。市内から山の道に入り山の稜線に出たアスファルトの道だ。登り下りの山道。

　途中シェーンさんの奥さんの実家に寄る。奥さんの父親母親がいた。父親は60才、母親はわからないが娘さんに顔は似ている。ここは広々とした高原の中、芝生が広がる中の快適そうなアパートになっている。母親が作ってくれたスプリングロール、日本の「春巻き」はうまかった。しばらくして娘さんもやってきた……ファイブスター（五つ星）のコックさん「うまかったですよ」と言うと大笑いしていた。

ゲストハウス、シェーンさんの仲間とツーリング。奥さんの実家は高原にあった。

　このあと植林地帯がどこまでも続く場所を走りぬけ下りにかかった川のそばでしばし休憩。2時頃村の中に入って行く、焼肉専門の場所らしい。小屋そのものがバーベーキュ小屋、その小屋の中には2m×3mぐらいの大きな金網の上で焼いている何とも豪快バーベーキュウそのもの。金網の下には木をくべられて燃えている。見るからにうまそうだ。たべたい肉は隣の肉屋で好きなものを注文する仕組みになっている。

　牛、ソーセージ、サラダもあった……。わたしたち5人は外にあるテーブルに運んでビールを飲みながらほうばる……うまそうに見えた肉は少し硬かった、ソーセージはまずまずの味。周りに集まってきた子供たちの写真を

撮ってバイバイ。焼肉から 10 分ぐらいでいつも行っているネット屋に着いた。焼肉を喰っている時から「ギネス、ギネス」と言っていたのはここのお店のことだったのか。

　ネットの他にレストラン、屋外テラスの飲み屋、屋内バーなど併設している。雰囲気のいいところは前回来た時に気づいていた。5 人は屋外テーブルで自己紹介しているギネスビールを飲みながら……夕暮れになってきた。わたしも家族のこと子供たちのことを話ながら……両手人差指を頭の上に突き出して「モウモウ……カウカウ」怒るワイフ……マイワイフとおどけて見せると「セムセム」同じだと大笑いしていた。

　スーパーは金曜のためか大混雑している。日曜アルコールは販売禁止なので忘れないうちに仕入れておこう。取り換えたオートバイの前照灯夜試してみると……前より若干いいかなーという感じ。

2007 年 7 月 21 日土曜　　　　はれ　　　　快晴　　　　夜小雨ぱらぱら

　8 時前から日記を書き始めてデジカメから写真を取り込み日本に送るのに縮小版を作ったりしている内に 11 時を過ぎてしまった。オーナーのシェーンさんが「どこか」行くと誘ってくれたがきょうはネットカフェに行くのでとことわった。昼飯食って 1 時頃ネット屋に行く。オー「くるくるパー」ときょうも顔を見るなり言ってきた。きのうツーリングしたオイルエージェントのチュースさん一家がレストランに来ていた。

オートバイライダーと契約して
いるチュースさんとその家族

プレゼントがあると……Tシャツを持ってきてくれた。Tシャツの胸には奥さんがデザインした「マーク」を張り付けたものである。さっそくそのTシャツを着て家族や親せきに人といっしょに記念写真を撮った。スタッフが撮り終わったとパソコンでプリントしようとしたがフォトペーパーがないと言う。近くの店にフォトペーパーを買いにいったらどうか……あれこれ言ってる内にCDに取り込んだらどうかとスタッフに話す。

最後はチェースさんが自宅でプリントすることになった。2時になっている・ネットが終わったらいっしょにビールを飲もうと誘ってくれる。ネットは相変わらず遅くて下書きしたものを「掲示板」に移すだけなのに30分以上もかかった。自分のパソコンを持ち込んだ場合30分・60分と書かれた紙にパスワードをもらい……打ち込んで始めるのだが……途中で「パスワード」の画面が出てくる。

タイミングよく送信しないとせっかく書き込んだものがすべてダメになってしまう。「あーあなんだよー」となってしまうのだ。すべとの画像や文章がパーになり最初からやり直すことになる。あーっと思った時はすでにお終いなのだ……「カーッ」となる。結局2時間かかった1時間45ランド720円。2時間1440円支払う。まぁ日本語打てるだけでも「よし」としよう……で、なければカッカするだけだ。

「フィニッシュ？」かネットの部屋までチュースさんの子供が迎えにきた……「OKフィニッシュ」テーブルには10人ぐらい集まっている。家族のほかにチュースさんの知人友人たちだろう……集まっている人たちは……「ジャパンマツオ」と「オートバイで世界を走っている」とチュースさんが紹介してくれた。みなさんは驚いたような顔でわたしを見る。ギネスビールでカンパーイ……。

「年はいくつだ」と年配の女性「エイティーン」18才と答えてしらばっくれていた……すると「ノーノー」とみんなは大笑いする。終わるころチュースさんが家に来ないかとさそう、オートバイをゲストハウスにおいたわたし

が車で迎えに行くと……6時に待ち合わせ。シャワーを浴びようとしたらきょうは水に近いぬるいしょうがないササッと簡単にあかこすりのタオルで洗い6時に待つ。

　7時になってようやく迎えに来た。「6時」と言った時「スワジランドタイム」とチェースさんが言ってたので、まぁこんなものだろう。てっきりチェースさんの自宅に行くものと思っていたら……車から出てきたのは宿のオーナーのショーンさん、チュースさんとその友達。出かけたところはネットカフェに併設された昼間飲んだところである。昼間と違って部屋のバーに入った。

　20人ぐらいのカウンターとテーブルはいっぱいでテーブルには奥さんたちと友達らしい女性もいた。ビールでカンパイ……腹が減っている（何か食いものはないのかな）ビール一杯飲んでどこかへ移動するらしい。女性たちとは別れる。男4人で着いたところは山の中ロッジ風レストラン……女性たちと別れたのではなく別々の車でここに来たのだった。ビール、ワインをチェースさんが注文、食事の注文わたしはステーキにした。

ネットカフェの他に部屋にもガーデンでも飲食できる雰囲気のいいレストラン

　ホッとした、これでようやく食べられる。きょう最初寄った飲み屋さん……日本でいえば立ち飲み屋で軽くひっかけて次の本格的な店に行くたぐいのものだろうか。肉もワインもうまい。オイルエージェントを経営しているチュースさん。その会社で使っているレースライダーの男の人も彼女を連れて来ていた。その黒人ライダーに対して地元の人らしい男から「差別的」な

ことばをかけられたようだ。

　イヤな顔しても黒人ライダーはその相手を無視。わたしも気持ちの上で彼に同情する。たのしいはずの飲み会でイヤな思いが残った。ゲストハウスに戻ったのは 12 時に近かった……こんな遅くまで飲んだのは何年振りだろう。8 人部屋はまだ半分しか戻っていない……若いから外でまだ呑んでいるのだろう。

2007 年 7 月 22 日日曜　　　　はれ　　　　　快晴　　　　夕方 4 時 25℃

　いつものように 8 時に起きて……いつものように無料のコーヒを飲みながら日記を書いた。撮った写真もパソコンに取り込む。ネットで送信する下書きを終わらせ昼めしとする。

　スーパーは日曜なので 3 時でおしまい。ビール 500m100 円、お米1kg128 円、トマト 6 個 180 円一個 30 円。パン半斤、玉ねぎ一個 30 円、こんとこ毎晩ご飯を炊いている。ガソリン……ワンリッター 107 円。

　ネット屋に行ったが自分のパソコン……パスワードなくてダメだった……せっかく下書きしたものを送れなかった。ネット屋の近くのおみやげやで並んでいる品物いくらぐらいするのか値段だけ聞いた……お客は数人だけと少なかった。あしたスワジランドはすべて休みらしい……泊り客少なくなって5、6 人になった。ほとんど 1 日 2 日で出ていく、イギリスの女性はまだいるな……同じ日に来たので 10 日目になる。

2007 年 7 月 23 日月曜　　　　はれ　　　　　快晴　　　　昼 2 時頃 27℃

　宿のオーナーシェーンさんが 9 時半ごろやってきた。チュースさんたちとツーリングに行くから「支度して」と……スワジランドタイム……「何時集合？」日記を書き終わってからいいからとも。10 時に支度して二人でチュースさん宅に着く。うん……オイルエージェントらしく日本では白金台あたる場所になるのだろうか……。大邸宅で野球場を作れる広さの敷地……もちろんプールもある。

ツーリングの途中地元の人だろ
うか……野菜、果物など店開き
の準備を始めた。

　そう言えばホテルのシェーンさんの自宅も屋敷が広かったなー……大木が
倒れて家が半壊したと……倒れた切り株が残っていた。ツーリングはムババ
ネ mubabane から西に向かって走るらしい……シェーンさんの家族も車でき
た。オーストラリアのエアーズロックに次いで2番目に大きいといわれる
一枚岩を通り……「ええーっ」赤土ダートに入って行く 10 キロぐらい走っ
てダムに着いた。まっすぐに走ると南アフリカとの国境と話す。

　アメリカの援助で造られたとか……そのレイクサイドで昼食……ダムのま
わりをグルーっとまわり 16 時半ごろ宿に戻る。途中村の食堂みたいなお店
で瓶ビール2本を買った。例の「突飛」でドカーンと飛び上がり宿に帰っ
て見ると1本割れていた……アーくやしい。今夜も続々と泊り客が入って
きている。

2007 年 7 月 24 日火曜　　　　はれ　　　　快晴
　けさもネットの下書き……午後からネット屋に向かう。ホームページとブ
ログに貼りつけるだけで1時間、写真を張り付けるだけで1時間かかった。
うーん疲れる。夕方チェーンさん、キキンさん、チュースさんが来た。チュ
ースさんは写真を CD に頼んでいた奥さんは忙しくて日本に送るからと話す
……。いやいやお世話になりました。皆さんにお礼を述べた。ほんと思いが
けないおもてなしを受けてうれしかった。

　わたしが想うのは CD の写真集出来ないのは、実はわたしが観光客相手に
子供たちの破けたドラム缶をたたいている写真など撮っていたからスワジラ

ンドのイメージが悪くなる写真と思われていたのだろう、それが気に障っていたのではないかと思う。おそらく……。ジャパニーズマネー……と言いながら日本のお札「1000円札」と写真数枚を渡してお礼にかえる。今晩の泊り客4、5人と少ない。あしたいよいよ出発だ。

モザンビーク入国

2007年7月25日水曜　　　朝16度　　　はれ　　　快晴　　　12時30℃

　お世話になった「スワジランド・ゲストハウス」を出発・一路モザンビークへ途中の町の名前も覚えもしなかった。約2時間位で国境に着くと聞いている。まっすぐに走りに走る。地図を見ると「緑」に塗ってある「サファリーパーク」は枯れ草が一面に広がっている、おそらくこの辺だろう。この辺はライオンも出てくるのだろうか、ライオンの標識も建っている。

スワジランドの出国手続きを終えて……これからモザンビーク入国手続きに入るところ

　ときたま写真を撮りながら走り続ける。2、3回歩いている人や地元の人にモザンビークを聞く。なんのコマーシャルかわからないが大きな看板が出てきた。そこから少し走ったところで右に入って行く。おそらく大丈夫だろう。すんなり国境に着いた10時半。スワジランド出国の手続き・2、3分で終わり。現地の人たちと少し話してモザンビーク・入国手続き……ここでも手続きは簡単にすんだ。モザンビークには11時10分。

　国境の混雑を写真に撮ろうとしたらダメと言われる。国境で商売している人たちを撮ったらダメとのことだ。モザンビーク・マプトの看板を撮りたい……「OK・OK」「看板は」と地元の人。おだやかなスワジランドの人たち

に比べて活気があるというかがめつい感じもするな……。Maputo →マプートと読むらしい。丘陵地帯を抜けマプート市内に着く 12 時半。「セントラルは」と聞きながらにぎやかな商店。

　路上にかごや日本の餅つきの杵（きね）と「うす」なども並んでいる。「お月さん」で「ウサギが餅つきしている」その臼と杵は日本のものとはちょっと違っている。直線の棒で上下に動かす「きね」の道具なのだ……初めて見た。オートバイの青年が通りかかった、「ソーリー」「ホテル・ホテル」を教えてくれと頼んだ。「ビッグホテル・ノー」「デスカウント・スモール・スモール・ホテル」そこのゲストハウスまであなたが引っ張ってくれと頼む。

モザンビークに入って初めて目にした……うさぎがお月さんの中で餅つきをしているのと同じ……ウスとキネ。

　右手は「ユーあなた」左手「マイ」と……いつものように右手のうしろに左手を動かした。こころよく引き受けてくれた。5 分ぐらい走ったところわたしが見つけた「ホテル」……彼はもっと「安いホテル」があるとそこのホテルまで引っ張ってくれた。大通りに面した場所に着いた。中庭でチェスをやっている……雰囲気的にはいまいちだが……オートバイの兄ちゃんは「ここでいいか」「OKOK」どうもありがとう……やさしい兄ちゃんだった。

　いくらだろうか。350 セント……いくらになるのだろうか。うーん国境で両替したときの計算だと 5000 円ここの受け付けの男は「ここは安い方」だ……他はもっと高いみたいなことを言う。まぁいいか 3 日間予約泊ることにした。地下のレストランでロング缶ビールとスパゲティを喰ったあと近くの銀行で両替をした 10 ドル→ 49 枚……50 枚のはずだ……一枚だまされたのかな。

　機械で 2 回も数えてのだから間違いないと思ったがまんまとやられたのかな……自分で数え直せばよかった、すでに遅し。ホテル宿泊代 350 セント? × 3=1050 支払う。まだ通貨がわかっていない……。部屋はシンプルで狭い部屋だこと……天井には裸電球と扇風機がついているだけ。シャワートイレは共同になっている。スワジランドに比べればだいぶ差があるが仕方ないこと。とりあえず 85 カ国目モザンビークに着いた。

　ホテル前は大きな通りになっているちょっと落ち着かない街……気が進まない街に感じる。

2007 年 7 月 26 日木曜　　　　朝くもり　　　　はれ　　　　快晴

　モザンビーク初日の朝 9 時前に散歩がてらタンザニア大使館、ジンバブエ大使館、バックパーカーの宿など地図を見ながら探した。3 か所ともすぐにわかった。タンザニア大使館で「3 ヵ月ビザ申請」した。ジンバブエ大使館は「ここでビザ発行」していない国境で「ビザ発行」していると話す……そうなんだ……わかっただけでもよかった。歩いていると宿を見つけた。バックパーカーの宿は静かなところにある。

　こぎれいで明るい雰囲気……よしここに移ろう。ホテルに戻って「タンザニアビザ」がとれたので泊りは「きょうで終わり」にします、残り一泊分のお金「戻してもらえるか」……「OK」との返事。あした新しい宿に移ることにした。オートバイで午後パスポートと写真を持ってタンザニア大使館へ届けたあと、市内をグルーっと回ってきょうは終わり。近くのネットカフェは「文字化け」で読めない……ホームページで森山さんに書き込みするだけ。

2007 年 7 月 27 日金曜　　　　朝 20℃　　　　はれ　　　　快晴

　8 時過ぎ新しい宿に移る準備完了。預けた US50 ドルと残り一泊分を返してもらう。新しい宿ファチマス「Fatimas」すんなりにつかない……ひとまわりしてようやく着いた。5 分のところを 15 分もかかってしまった。ゲストハウスは掃除の時間……荷物は広場に置いて写真をパソコンに取り込む。11 時過ぎに歩いて 5 分ぐらいのところにあるスーパーへ。ステーキ 1 キロ

→1350円。スワジランドに比べると少し高い。

　27セント=120円ぐらいか。海に近いので魚も豊富に並んでいる。ビールロング缶6本585円一本100円と……スーパーで買うと安いな。キッコーマン醤油もあった、日本では200円ぐらいだろうかテーブルに置く小さいボトルが600円とは高いな、これは買わなかった。トマト6個202円……一個33円か。ステーキ用肉300g600円を買ってホテルで焼いて食べる、スワジランドに比べると味は少し落ちるな。

モザンビーク・首都マプート市内

　ゆうべ夕食はライスにチキン半分、450円。ビール1本135円とホテルはビールが高い。昼寝したあときのうまで泊ったホテルに「ハンガー」2本、忘れたので取りにいった。「ビザがとれなかった」と言い訳した。あと一泊「泊るのか」イヤタンザニア大使館の近くに予約したと「うそ」ついて引き返した。再びパソコンで写真の「取り込み」と「縮小」に取り掛かるが暗すぎてパソコンの「タイプの文字」が見えないのでやめた。

　あしたもあることだし……急ぐ必要もないことだ。昼間300グラムの肉を喰ったので腹は減っていないが6時になったので晩飯にかかる。ここのゲストハウスは自炊できるので楽でいい。米を炊いてあとは肉を焼くだけ……つまみにトマト、玉ねぎを切りビールを飲みながらご飯の炊きあがりを待つ。ここもヨーロッパの旅行者が多く泊っている。スコットランドの人は……決してイングランドとは言わない。

　アイルランドの人もオーストラリアでは決してイングランドとは言わなかった。ジャーマン（ドイツ）アメリカ、きょうノルウェイの人そして初めてアフリカに来てスペインの女性に会った。フィンランド、デンマークの人を除くとヨーロッパの人と会ったことになった。（東欧を除く）一ヵ月以上の休みをとれるので長期の旅行ができるのだろうな。ベルギーの家族連れは二人の従業員を雇っている。

　小さい自動車会社を経営していているが1ヵ月お店を閉めて旅をしていると日本では考えられない話を直接本人から聞いたことがある。夕食後8時過ぎにネットカフェに「日本語が読めて打てる」と聞いて喜んで行った。日本語で読めるが日本語では打てなかった。読めるだけでもいいや……返事はあしたゆっくり送ろう。宿に戻ったのは10時を過ぎていた。

　スワジランドはほとんど風はなかったがモザンビーク・マプトは時おり強い風が吹く。モザンビークの通貨は「メデカス」というらしい。

病院の前で靴を売っていた

2007年7月28日土曜　　　くもり肌寒い　　　うすくもり　　　はれ
　8時からネットの下書き、日記をパソコンに打ち込む、3日分をパソコンに移したらあっというまにお昼になってしまった。昼飯のあとも写真の「縮小」などして疲れた。昼寝したあと4時頃ネット屋で「ローマ字」でホームページ、メールなどの返事を打ちこむ。日本語で読めるのは3台のようだが1台目は文字が出なくて他に移る。あした自分のパソコンにつなげてもらうように「オーナー」に話してほしいと頼んだがどうなるか……。

でないと写真を送ることができないのだ。USB に取り込んだつもりで持って行ったが自分のやり方が悪いのか画面に出てこなかった。スーパーで買い物してレジで精算した……あーお金が足りない。ケチャップを戻してもまだ足りない……男の店員の人がコインを二つ出してくれた。宿に戻り再びスーパーへ……貸してくれた店員さんに多めに返した。ビールを買ったあとだったのでケチャップを買うにはまた足りなくなった。仕方ないあした買おう。

2007 年 7 月 29 日日曜　　　朝 18℃　　　　はれ　　　　快晴

日曜はスーパーは「3 時までか」とレセプションに聞くと「そうだ」……1 時前にスーパーにいく。きょうの分だけ肉とケチャップを清算すると……もうクローズだと……なんと 1 時にお店は閉まるとのこと。さっきまでビールショップは開いていたので安心していたがいまはもう閉まっている。あーぁービールが買えない……しょうがないまぁ少し高いがゲストハウスにある。

煮込みカレーみたいなものはうまかった

2 時にネット屋に行ってきのう頼んでいた自分のパソコンに「つなげてもらえるか」「OK」と来た。きのう頼んでいたことが通じていたんだ……おーうれしい。きょうは思いっきり日本に報告ができるぞ……いつの間にかオーナーが来ていてわたしのパソコンにつないでくれた。2 時間予約 80 メデカル 360 円。スワジランドに比べるとだいぶ安くて助かるな。そして画面も次から次とスムーズに変わるので安心して気にしなくていい。

ホームページ、ブログにも書き込みができて写真も送ることができた。宿

に5時前に戻る。レセプションのビールがカラッポ、あーぁ。近くのレストランへ……小さいビンはいいけど大ビンは持ち帰ってはダメ・。大びん1小瓶1を買って、わからないだろうと……一口、口につけそのまま帰り始めると、うしろから追いかけられてダメだ、戻って「店で飲め」厚かましさは、あー見つかってしまった……はずかしい。

モザンビーク・マプートのゲストハウス。ドミトリーの8人部屋

　しょうがないつまみのないビールは苦痛だがようやく飲みほして小瓶を持ちかえる。それにしてもどうして小瓶はよくて大ビンはダメなのだろうか……。ビン代の問題だろうか・。まぁ決まりを守ろうとしない横柄な態度が出てしまった。さーあしたは出発だ、市内から覚えやすい「チャイチャイ XaiXai」方面への道は昼間に確かめている。

2007年7月30日月曜　　はれ　　快晴12時30℃　　走っていると28度
　タンザニア大使館の「ビザ」受け取り……早めに言って待っていよう……8時半に着く。中に入れたのでこれは早く出発できるぞ。係官は「14時から」と……エー。すると12時からと……うなだれた格好して……帰り際「テン……10」と指で書いてみた。すると「テン10時OK」。いったん宿に戻りカメラの日付を替え設定を終えた。アルコール酒屋で強い「ジン」を買って9時半に再びタンザニア大使館へ。

「OK」か「OK・OK」なんだー最初から10時と言ってくれたらよかったのになー。申請書を出すときから係官「チップを」「くれ・くれ」と手をさしのばしていたのを知っていたがしらばっくれていた。「ワイロ」をほしか

ったのだろう。きょう少しのコインをあげてバイバイする。きょうも「マプート」泊りになるのかと一時あきらめていたが 10 時にマプート市内を出ることができた。要所・要所で「チャイチャイ Xaixai」と聞きながら走る。

どうにか幹線道路に乗ることができた。20 キロ〜30 キロ過ぎたあたりから車もめっきり少なくなり 80 キロのスピードで走ることができるいい道路になった。時々オートバイを停めて珍しい風景を写真に撮りながらマイペースですすむ。自然に日本の歌謡曲が出てくる気持ちのよさ。昭和 30 年代のころを思い出しながら三橋美智也、春日八郎、二葉百合子さんの岸壁の母、そして北島三郎さんの歌を歌って走っている。

チャイ、チャイに 3 時に着いた。ここまで 200 キロちょっと、もうちょっと走れそうだと思ったが意外と時間がかかったのできょうはここに泊ろう。ホテルを聞きだした、あと 10 キロでリゾート・シップホテルがあると教えてくれたがこの近くの宿に泊ることにした。離れに部屋がありゆっくりできそうだ。そこまでちょっとだけ砂地があり緊張した。1 泊 350 メデカル・1570 円。

行きかう人が多いなーと思っていたら近くのバザール市場に買い物に行く人たちだった。

蚊取りの「シュッ・シュ」のスプレーといっしょにお湯をバケツで運んでくれた。あー腹へったー、いま 5 時半を過ぎた。さぁーメデソンビールの時間だ。きょうはレストランに「ジン」を日本から持ってきたお茶の「ペットボトル」に入れ替えて持って行こう。モザンビークの人たちは写真を撮られるが好きでないというより「キライ」なようだ。許可を得てから写真撮る

ようにこれから気をつけよう。

2007年7月31日火曜　　　　朝15℃　　　　はれ　　　　快晴

　朝つゆでびっしょりにぬれているオートバイ・カバー……そのままトランクに押し込む。離れのロッジから砂道にタイヤをとられながらびくびくして本線に出る。太陽が左に出ている……うん、南に向かって戻っている？　おかしい……そんなことはないはず。シカゴでも同じように太陽が出ていて反対の北の方向に走っていて戻ったことがある。今回は大丈夫だ。アスファルトの痛んだ道……補修したガタガタ道が続く。

　1時間ぐらい走っているといつの間にか音もしないいい道になった。村の入口には80K・60Kの標識が出ている。そして「突飛」が出てスピードは自然と抑えざるを得ない。

　枯れ草が続く原野みたいな道が続く……写真を撮りながらきょう450キロ走り続けた。疲れたなー。ガソリン・スタンドで「ソーリ」「ここにテント張らせもれえませんか」「かまわない」との返事。

　2、3キロ走ったところに屋台みたいな2、3軒並んだ食堂をやっていた。夕食のビールとお米を練ったようなかたまりと鳥の煮込みを買ってスタンドに戻る。反対側にあるガススタンドは今やっていなくて廃屋になっている。その廃屋の隅にテントを張らせてもらった。ペットボトルの水で手と顔を洗う。久しぶりのテント泊だ。ビールがうまい煮込みもうまいご飯を「練った」ものもいける。

　まわりは閑散とした地域なのに……考えてみるとよくぞこんなうまいものを作って売っている店があってラッキーだった。ビール2本じゃ足りない……「ジン」と交互に口に運ぶ。夜トイレに起きたらまん丸いお月さんが出ていた……まわりはシーンとまったく静かな夜。ここはMaxixo（読めない……）という所に寝ている。

2007 年 8 月 1 日水曜　　　　朝 15℃　　　　くもり　　　昼ごろからはれ

　疲れていたのだろう……トイレに起きて……6 時まで目が覚めなかった。きょうは朝つゆはない。ガススタンドで満タンに入れて走りだす。まだ誰もいないきのうビールやニワトリの煮込みなど買った屋台の店が並んでいるところを過ぎた。途中バザールに向かう人たちで行きかう人が多い。数キロの間隔で屋台の店など並んでいる場所が出てきた……ということはまわりに住んでいる人が多いということだろう。

　どこを走っても一人か二人歩いている人や自転車に乗った人を見かける。他の国に比べても自転車をよく見かける。足の長いアフリカの人には自転車がよく似合う。

　大きな川を渡りつきあたりに出た。右は海岸「ベイラ？」左は国境「マニカ」……わたしはマニカ MONIKA に向かう。あと 170 キロで国境。海岸を走ってきたのに海を見たのは 2 回だけ……それもちょこっとだけしか見えなかった。あとは原野ばかりだった。

ニワトリの煮込み、米をねったようなご飯、パン。廃屋になっていたペトロールスタンドの隅にテントを張らせてもらった

　国境に近付いた。モザンビーク最後のガススタンドでペトロール満タンに入れる。ジンバブエはガソリン・ペトロールがまったくないとマプートで聞いている。ここのスタンドでもジンバブエは「ノーペトロール」、お客を乗せた四輪駆動で寄った運転手もジンバブエ「ノーペトロール」とニコニコ笑いながら忠告してくれた。なんだかんだ話している内に小型トラックの新しいお客さんが来た。ジンバブエから来た人という。

　小型トラックの荷台には「ペトロールを入れる」荷台の半分程の立派な「タンク」を取り付けている。最近あたらしく造り付けたように見える。近くのホテルに泊っているその運転手は「あなたもあした」「ジンバブエに」「行くのか」……「そうだ」。すかさずわたしもあなたの泊っているホテルまで連れて行ってほしいと頼み込む。そしてあしたあなたの車のうしろを走るからジンバブエまで連れて行ってほしい。

「OK」と言ってくれる。あしたペトロール容器を買ってジンバブエ・首都ハラレまで運んでもらうことにした。ジンバブエの男の車についてゆく少し坂道を登って行ったところにホテルはあった。いくつかに分かれたロッジがある。やさしい女主人は一泊750メデカルを500メデカル2250円に負けてくれたが……テントを張らせてくれと頼み込んで200メデカル900円でOKにしてもらった。ロッジとロッジの間空き地にテントを張る。

　オー助かった……泊りの浮いた分でビールと食事をしておつりがくる。40才ぐらいの男のジンバブエの人は外に出払っていない。Mink 泊り

オートバイを止めたらお母さんの店まで手を引いてくれたかしこい女の子

ペトロール（ガソリン）のないジンバブエに入る

2007年8月2日木曜　　はれ朝18℃　　はれ30℃ 12時〜14時　　快晴

　6時に起きていつでも出発できるように支度しておこう。ジンバブエの男の人は9時頃国境に向かうときのう話していた。8時過ぎにその男の車が出ていく……「おーい」声かけて追いかけたが間にあわなかった。すぐにエン

ジンをかけてガススタンドに向かう。男の人はペトロールを補充している。「オー心配した」というとガソリンを入れたあと一旦ロッジに戻るつもりだったとのこと。

　ペトロール・スタンドのおやじさんに「20 リッターのポリタンク」を売っているお店「あいているか」聞いてみた。すると店の倉庫から古いタンクを出してくれた。最初ここら辺の人が水汲みにつかっているタンクは 40 リッターのタンクと思っていたが 20 リッターとのこと。考えてみりゃ 40 リッター（40 キロ）は持てない重さだ。まぁそれでもいいや満タンに入れてもらう。きのう 5 リッター×2 を調達しているので合計 30 リッターの予備になる。

　このペトロールをジンバブエのホテルまで「届けてほしい」とアドレスと地図を見せた。男の人は地図とアドレスを見てすぐにわかったようだ。「OK」20 リッターの「ポリタンク」をジンバブエの小型トラックの荷台に乗せてくれた。（アクシデントがあった場合のことを考えてアドレスを見せたのだがいっしょに走ることだとは理解していなかったようだ）それではよろしくお願いします。わたしは国境で「ビザ」の手続きがあるので「お先に」と別れる。

もうすぐモザンビークとジンバブエの国境近くの民家。手をあげたら手を上げてこたえてくれた

　だんだんと山に向かって走る。山並みがつづく。アフリカにも丹沢みたいな山並みが……こんなに「山があってもいいのかアフリカに」と思いながら走る。70 キロで国境に着いた 9 時だ。モザンビークの出国手続きは 15 分ぐらいで終わる。アー「ジンバブエ」の残りの「チェンジマネー両替を忘れ

た」と係官に話すと「いくらだ」2000モザンビークお札をさし出した。「ちょっと待て」と裏側に引っ込んだ。

しばらくしても戻ってこない。別の係官が「どうした」と聞く「チェンジマネー」「両替を頼んだ」……もしや逃げられたのでは……心配したころ同時に男が戻ってきた。厚さ10センチぐらいのお札の束を差し出した。ウヘェーゼロの単位が多いジンバブエのお札だ。信用してお札を数え直そうとはしなかったというより数えても単位がわからないので無駄。急にお金持ちになった気分だ……裸のそのままリュックにしまい込んだ。

ジンバブエの入国手続きも面倒ではなかった。手続きするところに書き方を教えてくれる親切なアドバイザーの人がいた……足に障害があるような人だった。手数料も請求しないのでほんと助かったなー。ビザ代、アメリカドルのみ30ドル支払う。手続きが終わったころペトロールを頼んだ男の人がやってきた女性の人といっしょだ「ユーワイフ」と聞いたら「ノー」違うらしい。

わたしはスピード90キロ平均で走る……彼は120キロで走るとのことではお先にと再び別れる。変わらず山の中を走る……ポリスのチェックポイントにであう。カルネなど書類を見せるがなんとも要領を得ない。最後JAFかどこかで発行した「速やかに通してください」みたいな書類を出したのが功を奏したのか仕方ないようなしぶしぶの顔してパスポートをよこした。

「オーオー運んでもらったガソリンがついている」……「ありがとう」

ペトロール満タン20リッターで300キロが目いっぱいなのだ、オーストラリアで三度試験的にガス欠になるまで走ってみた結果がある。「人がおじぎ」しているような……今にも落ちそうな奇岩、珍岩を右に左に見ながら進む。ペトロール・スタンドを見つけるたびに寄ってみた、3軒・4軒・5軒どこのスタンドも「ペトロール」「ノー」と断られる。本当にないんだなーペトロール。でもどうして店員がいるのだろう。

　2003 年ウズベキスタンでもガソリンがなくて 10 軒に一軒ぐらいしか開いてなくて、ほかはロープを張って営業中止であった。店員もいなかったなー。オートバイの力がなくなった……285 キロでリザーブに切り替える。しかしハラレ市内に入っている、もう心配なしだ。市内のペトロールスタンド、どこもペトロールはない。で、きょう泊るゲストハウスを「Pow pow」を聞く。2、3 分ですぐにわかるゲストハウスだった。

　入口にオーナーらしきおじさんがいた。ここがゲストハウスなのだ。ペトロールを預かっていることを確かめる。奥の倉庫にペトロールは入れて保管してもらっているのを確認した。追い抜かれたこともわからなかった……ジンバブエの男性の車は早くついたんだ……ありがたい……知らない者同士なのにありがとうございました。当然泊れるものと思って中に入っていくと中は「美容院」の部屋になっているようだ。

オートバイを止めるとあっちこっちから集まってくる……ここでも遠くに山が見える

「スリーピング」「OK か」「OK」とはいうもののどうも雰囲気が違う……。結局わたしが寝るベッドがないらしく……最後は「ノースリーピング」と断られてしまう。ペトロールはあとから取りに来るから預かっていてほしいと頼んで宿探しに向かう。あとでわかったことだが以前このゲストハウスは日本人宿でにぎわっていた。しかし強盗が入られたとかで宿をやめてしまったと聞いた。ゲストハウスで聞いた一軒目のホテル……満員でダメ。

　ちなみにいくらだ「70 ドル」8200 円と料金表を見せる……エエーっ。二軒目キチンとしたホテル 50 ドル 6000 円。三軒目満員でダメ。このホテル

の斜め前にあった「ゲストハウス」にようやく泊ることができた。最初レセプションの女性いくらだと聞いたら「料金表を見せて」シングル10ドル1200円。「OK」ホッとしているところへオーナらしき女性が来た。マジックで40ドルと書いてきた……

「オーノー」表には「10ドル」と書いてあるではないか「マイ・ノーマネー」とおがみたおす。最後はOKになった。イヤーあぶないところだった・最初女性オーナーが出ていたら最低でも20ドルはとられていたに違いない。とりあえず3泊30ドル3600円支払う。

2007年8月3日金曜　　　　はれ　　　　快晴

　預けたペトロールがもし無くなっていたらどうしようかと考えると眠れない夜になった。朝8時にペットポトルをもらって「底」を切りおとしてペトロールをオートバイのタンクに入れる「じょうご」の代わりにするものを作った。その「じょうご」を持って泊りはできなかったきのうのゲストハウスに向かう。オーナーはいなかったが受付の人に倉庫まで連れて行ってもらう。ペトロールは心配したけどちゃんとあった。

近くに学校があるのだろうか……横断に注意子どもの標識も立っていた

　オートバイを停めている道路に持ち出して20リッターの内1リッター程残して全部入ってしまった。リザーブの5リッター分ぐらいは残るはずだけどな。タンクには20リッターとなっているが実際は22リッターぐらい、入るのかもしれない。まぁーこれで380キロの次に進むモザンビークまで向かうことができる。300キロまではどうにか走れるが残りの80キロは5

リッターの予備でどうにかなるだろう。

　このあと9時前だったが日本大使館を確かめるため向かう。地図（旅行人ノート）にあるはずが「日本大使館」がない……。「ソーリ・ジャパンエンバシイ」3、4回あっちこっち聞いてわかった。高層ビルの中に移転していたのだ……美術館のとなりにあった。ようやく着いた。大使館職員はオートバイで走ってきたことに驚いていた。いちばんやりたかったパソコンは大使館にはなかったが同じビル1階にネットカフェがあった。

　ネットを自分のパソコンにつなぐことができるかどうか聞いたら「OK」の返事……オーよかった。じゃあしたきますから……宿に戻り日記をパソコンに打ち込み写真の取り込みをしなければならない。まぁペトロールの補充を終わったので当面の心配事はなくなった。市内のペトロール・スタンドにはペトロールはない……しかし店員はいるのは見かける。車が止まって並んでいるようすもない。はたして地元の人たちはどこで給油しているのだろうか。

2007年8月4日土曜　　　　はれ　　　　　快晴
　8時にネットカフェへ……たしか8時から18時とか言っていたけどな。ビルはシーンとして閉まっている。しょうがない9時には開くだろう。この際市内の写真を撮っておこう、となりの美術館へそして市内の写真を撮った。するとネット屋兄ちゃんが歩いてやってきた「おー8時に開くと言ってたじゃない」すると「わたしは時計がない」からと笑っている。さっそくパソコンにつないでもらおう……セッティングが終わり……さー出てくるか。

　「オー画面が出た・出た」ホッとすると同時にうれしかった。これで存分に日本へ送ることができるぞ。しかし写真の取り込みでは「かたまって」しまう。そのたびに電源をoffにしてやり直す。結局終わったのは4時まで6時間百万……4ドル約500円かな、ジンバブエの単価がわかってないのだ。晩飯はきのうニワトリ半分を残していたのであたためてもらって食べよう……「えービールないの……」「フィニッシュ・おわり」……しょうがないあとは

「ジン」でいこう。

中央のビルに「日本大使館」が入っている。手前の平屋のビルは美術館。ジンバブエの首都・ハラレ市内

2007年8月5日日曜　　　　はれ

　なぜか早めに目が覚める、けさも5時。それからは寝つけない。スーパーが開く時間になった……ビールを買いに行く。ホテルスタッフ3人に「パン」を買ってきてくれと頼まれる。ビールもパンもないマーケットの一角に行列ができている。これは最初に見ていた光景……並んでいる行列は「パン」を買うために並んでいるのだった。「何分ぐらい並ぶの……」その人は「15分ぐらいと」話す。

　すぐに無くなるのですぐにまた行列ができるようだ。スーパーの中の陳列にも品物がない。あるのは缶詰と冷凍の肉ぐらい……棚という棚は空っぽに近い。ここはスーパーが二つ並んで「コ」の字型になっている。パンがないのでスパゲティを買ってレジに並ぶ。すると隣の人がビールをさげている「どこにあるの」指差したところに「冷えたビール」があった。オーよかった……5本買った。

　となりの酒屋にはビールはない。しかしブランデーを買っている地元のご婦人、これ「ナイス」ですか……「ナイス」というので同じものを買った。海外のウィスキーはだいぶ安くなっているようだ……なにか得したように感じうれしくなった。「パンはなかったよ」宿のスタッフにお金を戻した。日曜のネットカフェは午後1時か2時とかきのう言っていた。きのうガススタンドに寄って国境までの距離を聞いていた。

　地図には「300k」とあるがスタンドの兄ちゃんは「235k」と教えてくれた。きょうも確認のため同じスタンドに寄ってみた。地図を見せて「300k じゃないの」……彼は「イヤ 235k」だ。自分の家が国境の近くだから「間違いない」と自信を持って話す。わたしのは 300 キロぎりぎりペトロールタンクのことなのでこれで安心した……ほんとうにホッとした。胸をなでおろす格好を見せると彼は笑いながらお互いの手の平をパチンと合わせた。

　サンキュウ……助かりました。ネットカフェに寄ってさっそく始める。オーナーに「コーラー」は「近くで売っているの」と聞いたら店の人に頼んで買ってきてくれた。オーナーの息子もネットを見ていた。きのう 6 時間もかけてブログの写真を入れたのに消えてしまっている……あーぁー。少しずつ一日一日編集すれば字数も減るし写真も少なくて済むし大丈夫ではないかと……ゆうべ考えた。

　やり直しだ……やり直しは気がめいる……つかれるなーいやーホント疲れる、忍耐もいる。この日は 3 時間 60 万を 50 万に負けてもらった。午前中に CD2 枚に取り込んでいたので日本に送る準備を終えた。郵送するのには月曜になるので泊りの延長をすませる。2 日分 20 ドル 2400 円支払う。

でっかい出べそを出して美術館の入り口に建てられていたモニュメントなにをあらわしているのかな

2007 年 8 月 6 日月曜　　　晴れているが肌寒い

　今までの写真を CD 化してもらったので郵便局に行く。きのう場所は確認していたのですんなりついた。もしもことを考えて自宅と森山さん宅二カ所

に送る。75000ZWD36円……安いなー、無事についてくれ。きょうまでジ
ンバブエドルZWDの単価がわからなかったがようやくわかった。US1ド
ル=250000（25万）ZWd=125円。これまで晩飯のニワトリ100万ジンバ
ブエは高いなーと思っていたが4ドル=500円だったのだ。

　最も地元の人の昼食のメニューは250万……125円で食べていた。郵送し
たあとネットカフェに寄りゆっくりと自分のホームページ、ブログなど見る。
書き込みがあるとうれしくなり元気が出るすぐに返事も書いた。12時にマー
ケットに寄った……相変わらずパンの行列は今日も続いている。ネットカ
フェで送ってくれたメールには「ジンバブエ崩壊」と大きく朝日新聞が伝え
ているのを送ってくれた。

　メールでマーケットには「品物」がない「写真も載っている」と知らせて
くれた……まったくそのとおりだ。ビールはあった……ひとり2本までと
言われて……1本は戻す羽目になった。きのうは5本買えたのになー、きょ
うはもうこれだもの一日一日深刻になっている感じを受ける。さーあしたマ
ラウイに向けて出発だ。

地元の人たちは道端に集まって
農産物を売っているおだやかな
人たちばかりだった

ジンバブエ～モザンビークそしてマラウイへ

2007年8月7日火曜　　　　朝10℃　　　はれ　　　快晴

　朝7時ホテルを出発……ふたたびモザンビークにはいって……そのあと
マラウイに向かう。幹線に出た瞬間……朝日の光が正面に入ってまったく見

えない……。ヤベー路肩に止めてサングラスをかける。首都ハラレからモザンビーク・ヤマパンダへの道は 2 回も確認していたにもかかわらず「アレーッ」この道だったかな……不安になる。バス停で通勤者 14、5 人待っている。

「ソーリ」「ヤマバンバ」「この道」で「OK かい」……「OK」「この道をまっすぐ」に行け。手が冷たく感じる……温度計を見ると 10℃。そのあとも「ヤマバンバ」「ヤマバンバ」と 2 回聞いて……安心して走る。なにしろペトロールがないので間違って走ったら大変なことになるのだ。サングラスをかけてもまぶしい……左手で太陽をかくしながら走る。ハラレ市内で国境まで 235 キロと聞いている。ジンバブエで二回も確認している……。

　235 キロその通りモザンビーク国境に 11 時に着いた。よかったーこれでガス欠の心配がなくなった。ジンバブエ出国はすんなりと手続き終わり。モザンビーク側で入国 3 ドル入国手数料、5 ドルカルネの代わりに書類作成代か、30 ドル……モザンビーク・オートバイ乗り入れ代……走行料だったのだろうと思う・内容がよくわからないまま・3 回支払う。モザンビークに入った。モザンビークではペトロールは大丈夫だと思ってきたが

水汲みは子どもたちの仕事らしい……にぎやかに手こぎポンプでくみ上げていた

　入国してすぐにペトロールタンクを持った男が寄ってくる。「ペトロール・スタンド」「ノー、ない」と話す。しょうがない 2 倍の値段で 10 リッター買った。モザンビークの南と北で暮らす人はチト違うような気がする……南の方では写真撮るのにイヤな顔をされていたが……ここ北の方はイヤな顔を

せずに逆に積極的に応じてくれるのでこっちもうれしくなる。集落が密集しているところが多くなってきた。

　大ぜい集まった水汲場では黄色いタンクをならべて子どもたちが「手こぎ」井戸から水をくみ上げている。「ワッショイ・ワッショイ」に似た掛け声をあげている。途中のバザールには路上に5、60人ほど・もっといるのかな。トマト、ウリ、くだものをならべている。オートバイを止めると小さな女の子が寄ってきてわたしの手をにぎって引っ張って行く……どうしたものか、なんと母親のお店まで連れていくのだった

　なんとかしこいかわいい女の子なんだろうと感心した。そこでトマトを買った。最初カメラを向けると警戒していたがデジカメの写真を見せると「われもわれも」とせがんで来た。30分以上いただろうか。道はいいし気持ちがいい大根に似た葉っぱもないパオパブの木の並木道に来た「あれはでかいな」「こっちもでかい」しかし本線より離れていて入れそうもない。道のそばに最も「どでかい」「パオパブの樹」が立っている。

たまげる……どでかいパオパブの樹
直径8m以上はあるだろうな。

　この木には葉っぱがついてその下ではトマトなど野菜、くだものをならべてのんびり商売している地元の人たちだ。たまげる大きさにオートバイを停めて写真を撮る……となりには家が建っている、その一軒家をしのぐ大きさである。2m50cm ある私のオートバイが3台ぐらい軽くはいる程大きい。初めて見た地球を突き抜け抜けるのでないかと思うほど大きなパオパブに驚き触ったりしながらしばし休憩。

　国境まで行こうと走ってきたが夕暮れになってきて……でこぼこの穴が見えにくくなってきた。どこかでテントを張ろう……場所を見つけながら走る。現地の人が住んでいる集落を何カ所か通り抜けた。なかなかいい場所が見つからない……もう「どこでもいいや」の気持ちになってきた。ちょっとした広場に出た？　その一角にでもテントを張ろう。ここは大型トラックの検量所だった。

　オートバイを止めるといつの間にか「男の人」が近づいてきた。高台から見張りをしている人だった。「ソーリ」「スリーピング」頭の横に手を添え「寝んね」。男の人は検問所の裏に案内してくれた。歩いて行ってみる……金網のカドの所が曲がれるかどうか。思い切って裏手にオートバイを入れてみた。往ったり来たりして狭い角の所でてこずったがどうにか裏手に入れることができた。角を曲がるとちょっとした広さがあった。

　彼の着替えなどがある。コンクリートのここで寝ているのだと彼は言う。いつでもテント泊り出来るようにビール、パンを途中で買って走ってきた。ビールは瓶の持ち帰りができなくてペットボトルに入れ替えてきた。集落の庭にテント張る勇気はまだなかったので「あー助かった」。テントを張り終えた……きょうは二人で寝ることになる。コンクリートの上で彼は着のみのまま寝ると聞いたのでなるだけ同じようにと思った。

トラックの検量所の見張りをしている人の配慮で裏手に泊ることができた

　いつも使う自分のシート、布シートを渡して……そしてオートバイのシートをはずしてテントの代わりにしてもらうように渡した。飛行機の食事で出

てきたコップを失敬してきた。強化プラスチックで丈夫なカップである……
そのコップにビールをついで彼に渡すとうまそうに飲んでくれた。安いブラ
ンデーもペットボトルに入れて渡した。彼は家から持ってきた弁当といっし
ょに高台の見張り所に戻って行った。

　どこの国でも生きていくことは大変のことだ……残りのビールとパンを喰
ってテントに入る。

マラウイ入国
2007 年 8 月 8 日水曜　　　　朝 18℃　　　　くもり

　国境は夜 8 時に閉まるので……彼は夜中に戻ってきたのだろう。彼の刀
の写真を撮ったあと、狭い角^{かど}の場所を手伝ってもらい四苦八苦してようやく
抜け出すことができホッとする。彼にはお礼に 100 デシカルモザンビーク
を渡した。ありがとうございました。7 時に出発……国境に 7 時半についた。
国境のまわりは人の行き交いがもう始まっている。あっちにひとかたまり
……こっちにもひとかたまりができている。

マラウイの国境まであと 5 ｋｍ
の標識……結構山がある

　国境まで 15 キロだった。ゆうべ無理して国境まで来なくてよかったなー。
モザンビークの手続きは終わり緩衝地帯を 5 キロぐらい走る。この緩衝地
帯に住む人たちはどっちの国の人たちだろうか……モザンビークかそれとも
マラウイの人なのか……。ビザを取ってこなかった……はたして大丈夫だろ
うか……入国できるだろうか。もし入国できなかった場合モザンビークに戻
ってビザの取り直しになるのだろうかと心配してここまで来た。

　マラウイ入国手続き「ビザ」はここ国境でとれた。「ビザ代・7日有効」50ドル6000円。国境で取れてホッと胸をなでおろす。人なつっこい人たちに感じるマラウイだ。緩衝地帯でもワッと寄ってきた。この国で87カ国目。110キロでブランタイ Blantyre 市内に着いたあと、すぐにタイ出身のお米屋さんの車の案内でホテルに到着1000クラッチャー800円。

これって、コウモリじゃないのか
2007年8月9日木曜　　　　くもり　　　　厚い雲ばかり　　　　肌寒い

　7時から写真の縮小にとりかかる。9時すぎにネット屋へ。セッティングがなかなかうまくいかないようだ……ようやくつながってよかった。9時50分から13時半まで1300クラッチャー、約1000円。さすがに腹へったー、宿の下にあるレストランはいつも混んでいる。そこでスモールチキン160クラッチャー80円を買ってホテルの前にあるレストランでビール小瓶2本、200円きょうの昼はこれでおしまい。

　ネットを終えてあしたマラウイの首都リロングウェイに向かう道を確かめに行く……ガススタンドで聞くと約350キロ5時間位だろうとのこと。それにしても朝から雲っていてネットを打っていても肌寒さを感じた。いつもより一枚多く長袖を着ていてもだ。やっぱり山岳地帯なのだろうか……でも「雨は降らない」とホテルの人。夕方晩飯にビールを買いに出かける……聴きながら入ったお店は酒屋ではないうす暗い日本のバーみたいなお店。

うす暗い飲み屋に売りに来ていたので買った。ザリガニと思っていたが明るところで見たら異様に手が長かった。コウモリだったのかな・ニワトリ似た味だった

　カウンターは明るい10人以上の人たちがいた。テーブルに座っている顔

は全員黒くてわからない。ビールは小瓶しかないのかな……ビールを買って
いると洗面器のような容器に入れた「ザリガニ」みたいなものを売りに来た。
コインと小紙幣で5匹をビニール袋に入れてホテルに戻る。明るいところ
で見ると異様に手が長いな、よく見ると「コウモリ」に見える。もったいな
いから口に入れるとニワトリに似た味は……うまい、うまい。

＊しかしよくよく考えるとマラウイの道を走っていると子供たちが「野ネズ
　ミ」を串刺した物をあっちでもこっちでも売っていたことを考え合わせると、
　もしかしたらコウモリではなくて「野ネズミ」だったのかもしれないと思う
　……ゲッ（日記を写している6年たった今2013年8月28日書き足し）

「エーイ」と声をあげて手に持っ
たものをかざしていた。なんだ
ろうとオートバイを停めてみ
た。なんとネズミを5匹づつ束
ねて売っていた。こちらの人は
食べるから売っているのだろう

2007年8月10日金曜　　　　　朝18℃

　雲が多いが晴れている29℃から急に22℃に下がる。きのうは一日中寒か
った、今日も同じく寒くなったらいやだなと心配しながら朝を迎える。夜中
に強い風が吹いていたが朝になるときのうと違って寒さを感じない。5時に
眼が覚めて6時に起きる。8時に出発とホテルに伝えていたが7時前に準備
ができたのでオートバイを出そう。玄関に入れるのがひと苦労した……出す
のにスタッフ二人と宿泊客に手伝ってもらった。

　段差があるので二人で運んだコンクリートを使って玄関から出した。あり
がとうございました。7時20分スタート。きのう「リロングウェイ」に向
かう道はきのう確かめている。スムーズに市内から抜け出すことができた。
きのうと違って青空も出ている。気持ちよく走れる……再び確認のためガ

ス・スタンドで「リロングウェイ」「OK」か「ノー」「46キロバック」して左に曲がれ……エエー。

　こんな時はあわてるなー……往復100キロのロスになる。どこに別れ道があったのだろうと思いながら引き返す。ぴったり46キロに別れ道があった……まったく同じ道幅……メインはまっすぐだと思って走ってきたのだ。車の足跡もそんなに変わらない道だったが違っていたのだ。ブラジル、カザフスタンとかで間違って走ったことは結構ある。最高はブラジルのジャングルで100キロ、往復3時間以上のロス……の時もあった。

　こんな時戻るときはあせってスピードを出しがちなので危ないし疲れがどっとくる。まぁ本線に戻ることができてホッとする。リロングウェイに13時半に着いた。学生らしい人2、3人いたところでゲストハウスを聞く。わかりやすく地図を書いてくれたので助かった、さすが学生さんだ。有効7日を「ビザ延長」するためついでにイミグレーションも聞いてみた。なんと教えてくれたゲストハウスの近くにイミグレーションはあった。

　ありがたい……今日行かないと、もし延長がダメの場合あしたあさって土曜、日曜になるため月曜では有効期限が過ぎてしまう。まず、イミグレーションに行く、一度二度聞きながら少しづつ進んで着いたイミグレーション。外国人ばかり7、8人座って待っている。係官「どうした」あと「ワンウィーク一週間」「延長」をお願いします。入国のときなぜ「言わなかった」イャ「スピークした・言った」「7日間ではタンザニアに抜けられない」

　もしかしたら「船」で行くかもしれないから……。女性の係官の前から男の係官の前に座り直す。「ワンマンス・一ヵ月でいいか」あー「OK・いいです」イミグレに入って10分ぐらいで「一ヵ月・9月10日まで」延長ビザ「OK」のスタンプを押してもらった。無料だった。他の外国人が待っているのに一番先に済ませてもらったので、座っている「ひとりひとり」に「合唱ポーズ」で「すみませんでした」と頭を下げて部屋を出た。

　教えてくれたゲストハウスもすぐにわかった。残念ながらきょうから三日間満室のためダメと断られる。このゲストハウス付近がスーパーや銀行もあり街の中心のようだ。近くのゲストハウスを地図に書いてもらった。キャンプサイドもあるゲストハウスに向かう。少し登った場所にありすぐにわかった。裏手には広い敷地にキャンプサイトもある。ドミトリー5ドル600円、テント3ドル360円。朝寒いからドミトリーを申し込む。

　疲れているのだろうか鏡を見ると「眼」のあたりがくぼんで見える……。スワジランドでの顔はどこへ行ったのだろう。やらなければならない洗たくをすませよう。洗濯もイヤになるほどの疲れではない。朝からコーラーだけで走ってきたので腹減っているが洗濯ものがたまっている。裏手の洗たく場で手洗い4時近くになった。フロントにビール、ジンなどもある。

　ジンを一本買いたいと話していると、現地の人だろうかマーケットに行くから買ってきてあげると話す。オーありがたい……助かる。ジン・ボトル一本1300クラッチャー・1040円渡してお願いする。さぁ、日記も書き終わった……17時30分。500クラッチャー400円小瓶1本100円×4をレストランに持ち込んで飲むぞ。デナーはビーフシチュー・ライス付きで腹いっぱいになるとコックが話してくれる。

竹かごを道端で売っていた……なんとも明るい親子連れ……幸せでないとこの笑顔にはなれないでしょうね

　今日……来たばっかりの見ず知らずの人間わたしに地元の人が「ジン」を買ってきてもらったり……やさしい人がいるもんだぁ……ありがとうございました。

2007 年 8 月 11 日土曜　　　はれ 18℃　　　昼 29℃

　マラウイのお金……クラッチャーがなくなり両替のため銀行へ……きのう泊まろうとしたホテルの周りには銀行はある。一軒目ドル交換できない。二軒目ナショナルバンク 1$=141k……T/C（トラベルチェック）137K と安い……目の前のマーケットの前にブラックマーケット（ヤミ両替）があると聞く。マーケットの入口に行くと 2、3 人寄ってきた……「いくら」「150K」と来た。腹の出たボスらしき男と交渉。

　その腹を突っ突きながら「ベビーかい」と日本語で冗談をいながら……きのうブランタイでは「152K」だったとかませてみた。すると「152k」で「OK」とすんなり両替してくれた。「ニセ札じゃないだろうね」「NO-NO-」腹の出た小太りの男は笑う。銀行よりも 1 ドル 10 クラッチャーも高いのだ。銀行での T/C トラベルチェックはあまりにも安かったので両替をやめた。1 ドル =152K= 日本円 121 円ぐらいか。

　100 ドル 12100 円……銀行だと 100 ドル 11000 円と 1000 円も安くなる。朝からパソコンの写真を取り込んで途中で銀行に行った。ホテルに戻って再び写真を取り込む。裏庭の芝生で昼間スタッフはアニマルの腸を煮込んでうまそうに食べていた。それをいただきながらビールを飲む。そのあとネットカフェに行くつもりでいたが写真の取り込みに時間がかかりすぎたのであしたにした。

気楽でやっぱりテントはいいなー……ゲストハウスのキャンプサイト

　きょうドミトリー（相部屋）をとなりのドミトリー部屋に移るように言

われている。「蚊」に悩まされるよりと屋外のキャンプサイトにテントを張ることにした。午後荷物をテントに移してリラックスできた。遠慮しなくて「へ」もこけるしテントは気楽でいいな。

2007 年 8 月 12 日日曜　　　朝 20℃　　　昼 30℃

テントは朝方ちょっと冷え込んだが 7 時には太陽がらんらんと照りつけて暑くなる。さっそくズボンの洗たくに取りかかる。ズボンは久しぶりに洗うので洗っているそばから黒い汁がでる。テントの中でこれから旅の行程は地図を見ながら考える。スムーズにいくと今年 12 月中には南アフリカにつきそうだ。午後ネット屋に行き終わり。

2007 年 8 月 13 日月曜　　　朝 18℃　　　はれ　　　昼 30℃　　　はれ

日本人土門エミコさんには M 夫婦ライダーから頼まれていたのであいさつに行く。夜ごちそうになった。土門さんは海外協力隊でマラウイに来た……その時コウリャンの男性と結婚。ご主人のお父さんは 5 部屋からゲストハウスを始めていまでは素晴らしいホテルになっている。一泊 20 ドルとわたしには高い……久しぶりに日本語を話せた。車で送り迎えをしてもらった。

腹の隅々までビール、ワイン、そして韓国料理をごちそうになった。ごちそうさまでした。ホテルの名前忘れてしまった……。

2007 年 8 月 14 日火曜　　　朝 18℃　　　はれ　　　30℃はれ

マラウイ湖畔に泊る予定で 8 時に出発……11 時に着いた。砂のあるところを用心して走りキャンプサイトに着いた。まわりには時間が早いのかだれもいないさみしく感じる。浜辺から見るマラウイ湖……まぁ特別の風景じゃないな……。ここに泊ってあしたタンザニアに向かうより一旦リロングウェイに戻って出発しよう。マラウイ湖に 30 分ほどいていて引き返す。途中の村の人たちに声をかけて写真を撮らせてもらう。

マラウイの人たちは何となく他の国より人なつっこさを感じる。リロング

ウェイ市内に近づいたら自転車が急に増えてきた。ゲストハウスに13時に着いた。あしたのペトロール代がないのでヤミ両替屋……腹の出た前回の男……「ボス」とおだてて突きでたビール腹を「ポン、ポン」とたたきながら「153k」で「OK」かい……渋ったが最後は「OK」になった。前回は「152k」だったので……1kもうかった。

マーケットでイチゴ1ケース……日本で4ケース、320円と安い。ホテルに戻る。

宿の人が話す……「日本人宿の土門さんがノリ巻きを持ってきてくれた」そうだがわたしが出発したあとだったと……「イヤーすみませんでした、ありがとうございました」土門さんの気持ちが本当にうれしかった。

マラウイ・ゲストハウスからタンザニアに向けて出発の朝イギリス人に撮ってもらう

2007年8月15日水曜　　　朝18℃　　　はれ　　　昼30℃

7時5分ゲストハウスを出発……一路タンザニアへ……。歩きながら外国人カップルは旅している……途中違った場所でも歩いて旅をしていたのを見た、ということはマラウイは治安がいいということなんだろう。ひと組は裸足で歩いていたような感じだった。200キロを過ぎた、そろそろ給油だ……アレー山並みが見える。おっーとこの先これじゃスタンドがあるような感じはしないな……急に不安になってきた。どんどん山に向かって登って行く。

歩いている人にオートバイのタンクを指さして「ガススタンド」は……お

じさんは 100 キロ先にあると話す。二人目の若い人は 5 キロ先と話す。こういう時はトラックの運ちゃんに聞くのが一番正確だ。家の集まっているところにトラックが数台止まっている。運転手に聞くとそこにいる「ポリス」に聞くといいという。そのポリスに「ノーペトロール」「空っぽ」というと「80 キロ」先にあると教えてくれた。

　ここは「ブラックマーケットだ」それでもいいか「OK」「いくらだ」ポリスは知り合いなのだろうか少年を呼び「5 リッター」「1000 クラッチャー 1000 円」スタンドより 80 円高いだけ。「OK」5 リッター頼む。とりあえず 5 リッターを入れて次のペトロール・スタンドをめざす。最初聞いたおじさんも、若い人の教えてくれた距離はどちらも正確だったのだ。次のスタンドは本線から 2、3 キロ外れた場所だった。

　途中から「左に入れ」と聞いていたのでなんとかすんなりとスタンドに着けた。本線を走り続けていたら大変なことになるところだった。ペトロールを満タンに入れてホッとする。今度は次のスタンドまで充分だろう。のどかな丘陵地帯カヤみたいな草はすべて枯れている、道端で地元の人が何かを売っている。竹かごに入っているのは「団子」みたいな「揚げたもの」「揚げパン」だけ、家族が 10 人ぐらい出てきた。

団子みたいなもの「揚げパン」を売っていた家族。娘さんは恥ずかしがりやで揚げパンの竹かごで顔をかくした

　売っていたのは娘さんだ、写真を撮ろうとすると娘さんだけ恥ずかしがり

屋なのだろう逃げ回る。揚げ物「団子パン」を全部買った。今度は登って下って山林の中小さいカーブが続く、すぐそばには岩山など出てきて日本の山奥を走っている感じである。ミズズ？　Mizuzu で休憩……地元の人たちが集まって座っている場所でトマトをかじり腰を伸ばす。途中で買った団子の揚げパンを座っている地元の人たちに全部あげた。

　国境カロンガ？　karonga 近くになってマラウイ湖が見えるところまで来た……ここまで山のカーブを走ってきた、目の前に湖が見えてホッとする。これまでマラウイ湖のそばを走ってきたが湖を見たのは初めてになる。山に囲まれたマラウイ湖……だからカーブが続いていたのか……急に下り坂になった。ゲストハウスの看板が出てきた、歩いている地元の人に「ホテルは」と聞くとそこから右にはいれと……宿は湖畔にあった。

　目の前に広がる湖は気持ちがいい、15 時半とチト早いが泊ることにする。焼きサカナ、ライス、ビール小瓶 4 本こみ込みで 10 ドル 1200 円。テントを張ってひと泳ぎ……ちょうどいい水温……足元がちょっと冷たいがなんとも、あぁーぁ気持ちがいい。テントのまわりに地元の子供たちが集まってきた管理人は追っ払おうとする……。「いいじゃないの」と自分から子どもたちに声をかける。

いまでも気になる。なにかを訴えているような気になる幼い女の子のひとみ。ビンのフタを手に持っていたマラウイ湖畔で

　子どもたちの中にもっともおさない女の子が「何か」を必死に「訴えている」ような顔。わからなくてごめんね……小さい手のひらには「ビンのふた」をにぎっているのが見える。キャンプ場の管理人は通いらしい、5 時半

から晩飯……ここまで来る間にモザンビークでは道端に白い俵を並べて売っていたがマラウイでは「炭」を自転車で売りに出かけているのか。届けに行くのかを何カ所かで見てきた。

「待つ商売」から「商売に打って出よう」との積極的な現れだろうかと思った……ハンドルをぐらぐらさせながら運転していた。8時にはテントにもぐる。

マラウイ湖でひと泳ぎ……風呂の代わりに持ってこい……あぁ気持ちがいい

タンザニア入国

2007年8月16日木曜　　朝22℃　　10時30℃　そんなに暑さを感じない

　夜は冷えるだろうと長そでシャツを着こんで寝たが夜中に暑くなり半そでシャツ一枚になって寝る。夜中地元の人たちの歌声が聞こえてきた……お祭りなのか20、30人ぐらいの人の歌声がひっきりなしに続く。トイレに起きたとき、目の前にはたき火をしながらにぎやかに歌っている。船の明かりは湖面いっぱいに広がっている。5時半に起きて出発準備。歯みがきを終えて湖畔を見ると30、40人ぐらい集まっている。

　その場所に行ってみた、きらきら光った小さい魚は船底いっぱいにとれていた。それを目当てに買いに来ているようだ……それとも分け与えてもらっているのだろうか。子どもたちも両手にもらっていた。6時頃真っ赤な太陽が昇ってきた。7時10分出発、国境に9時半に着いた。マラウイを9時50分出国手続き終了。タンザニアに入ると「COMES」「イエローカード」と書いてある……走行許可書なのだろうか。

　16 カ国に〇をつけた黄色いカード……100 ドル 1 万 2 千円買わされる。外国人も仕方ない顔で払っている。これからはこのカードで走れるのか……なー、どうなっているのやら。欧米人も買っているんだからまぁ大丈夫だとは思うけど。30 ドル 3600 円を両替した。入国手続きを終えてタンザニアに入った。国境の写真を撮っていたら両替屋が寄ってきた。

　わたしは「両替はすんだ」と 1000 を 3 枚見せた……するとこれは「3 ドル」360 円分だと笑う。これじゃ「ペトロール」も「ノー」だと話す。エエーやられたか……くやしいがもう戻れない。出国時のヤミ両替でまんまとだまされてしまったのだ。タンザニアに入ったとたん道路の両側には緑の畑……茶畑だ……日本のお茶畑と同じだ。日本の葉っぱより一回り大きい、紅茶なのだろうか。

　バナナ畑とか耕した畑が続き自然に向かって働きかけ生き生きした生活旺盛さを感じる。トマト、炭、マキとかこれまでの道端での商売からジャガイモやイモが主力になった。小学生から高校生まで歩いている紺色の制服の姿にすがすがしさを感じる。タンザニアは 88 カ国目。最初の町マベヤ Mabeya に 2 時に着いた。バンク（銀行）を探して両替しなければならない。

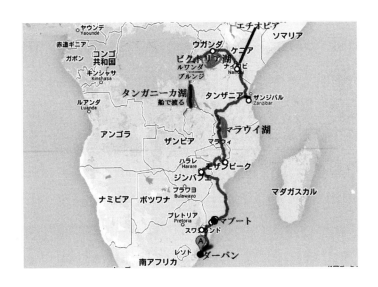

　20 ドル =114、50 ドル =124、と小額紙幣は両替するとき安い、仕方がない 100 ドルを両替した。バンクに来ていた人に「ホテルを教えてほしい」と頼んだ。いっしょについてきてもらった一軒目は泊りをやってなくて 2 軒目 1 泊 10000、約 8 ドルぐらいだろうか、まだ計算できない。清潔でこじんまりしてよさそうなホテルなので泊ることにする。タンザニアは 88 カ国目となった。

2007 年 8 月 17 日金曜　　　　朝 18℃

　タンザニア初日の朝……夜明けが遅いように感じる。1 時間「時差」が延びたせいなのだろうか……。ゆうべビールを買ったビン代も取られたので 10 時に空ビンを持って行く。まだお店は開いてなかった。写真をパソコンに取り込み 11 時近く酒屋さんへ、空ビンは朝「置いていった」と話すと「OK」12 時に 2 本、夕方 3 本買いに来るので「冷やして」おいてと頼んでホテルに戻る。

　ビールはわからないようにコーラビンの奥に入れて冷やしてくれていた。本線から外れたこの店はパウダーみたいなもこもこのほこりの道になる。

タンザニアのビール「キリマンジャロ」

2007 年 8 月 18 日土曜　　　　18℃　　　　くもり　　　　雨

　夜明けを待ってタンザニアの首都・ダルエスサラームに向かう……7 時 30 分。約 900 キロ。きのうおととい見た耕した畑が続くのかと期待して走るが市内を抜けるとこれまでの原野と同じになる。雲の多いところから黒い雲にかわってきた、とうとうきたか木陰にオートバイを停めてカッパを着る。

久しぶりの雨の中の走行になる、走りにくいなー。ペトロール・スタンドでハンドルカバーを付けて完全武装。

　ふったりやんだり晴れたりと天候は目まぐるしく変わる。ちょっとした集落に着いた「ホテル」あるの……「この先にある」と……少年が走ってついてきてすぐにわかった。ミクミ Mikumi という町。ホテルの庭にはいりこんで停まる寸前「たちごけ」してしまった。手伝ってもらい３人でようやく起こした……女性は履いていた「ぞーり」が汚れたと文句をいう。お金をくれと言うことなのかー……知らんぷりしてソーリ……「ソーリ、ソーリ」ありがとう。

　ホテル代 7500 シリンダー 750 円かな……。晩飯の食料はサービスエリアみたいなところでニワトリ、焼きとり、などパックに入れて買ってきた。さっきオートバイを起こしたので腰が少し痛いな……。雨は降り続けている……オートバイは軒下へ。

おおーキリンだー……アフリカだなぁ

あぁーキリンだぁー……オートバイで走っていて……目の前に野生のキリンを発見……感激した。いやーアフリカだなー

2007 年 8 月 19 日日曜　朝 20℃　くもり　降ったりやんだり 22℃　夕方 30℃

　夜中雨は降ったりやんだり朝も小雨が降っている。このホテルは国立公園の入り口近くにあった。5 キロ先には公園事務所もあると教えてくれる。走り始めるとひんぱんにスピードを落とすために「デコボコ」を造ってある。20、30 キロスローで走る。うん……あぁキリンだ……林の中に……すぐそ

ばに2頭立っている。

サファリーパークを知らせる看板……スピードを落とす「デコボコ」「トッピ突飛」の道になっている

　オートバイを停めて写真に収めよう……何枚か撮った……2頭いたが一頭は逃げて行ったなんだか信じられないことだ。まわりにはシカのいとこみたいな小動物が群れを作ってこちらを見ている。なんだか不思議な感じ、あーこれがアフリカなんだなー……。写真を撮っているとトラックの運ちゃんが「レンジャーレンジャー」「ゴー」と叫んでいる……許可をとってから写真をとれ……それとも「危ない」という意味なのだろうか。

象の頭がい骨

「ごとごと」道を走っていると公園事務所が見えてきた。「ミクミ？mikumi」ナショナル・パークの中はジープかマイカーでないと走れないことになっているようだ。入場料20ドル、ジープ代100ドルと高い。象、ライオン、カバ、キリンなど見られると聞いた。受付している時マイカーの人が来た、アメリカ人一人だ。案内役の黒人のドライバーに聞くと「アメリカ人」に「聞いてくれ」という、アメリカ人は「OK」してくれた。

　オー助かった案内役黒人ドライバーとアメリカ人に10ドルずつ払った。時間は2時間ぐらいと話す。泥道の中をサファリー見物。カバがいた、バッファローのとなりにライオンがいるがはっきりは見えない。小動物はちょくちょく見るが象の群れはとうとう見ることができなかった。キリンは背が高いのですぐにわかる。雨が車内にも入ってくる……砂まじりの雨だ。寒くなってきた……寒い、寒い。

　アメリカ人とお互いに名刺を渡して別れる、ありがとうございました。ダルエスサラームまであと 300 キロ……無理はしないで走ろう。途中から雨もやんで暑いぐらいだ、道路も良くなった。ダルエスサラームに 17 時に着いた。市内のホテルを探してまわる。3 軒とも満室……ホテルはあっちこっちとかなりあるが安宿はどこもいっぱい。一泊 48000 シリンダー 4800 円、高いけど仕方がない一泊だけにしてあしたから別の宿を探そう。

やっぱりでかい「象の頭」の骨にびっくり。「ミクミ？ mikumi」ナショナル・パークの入り口に置いてあった

2007 年 8 月 20 日月曜　　はれ 22℃　　パラパラと雨　　はれ 32℃　　はれ

　夜中にどしゃ降りの雨……だった。高すぎるホテルなので宿替えしなければ……YMCA（キリスト教青年会）YWCA（キリスト教女子青年会）と電子辞書に出ている。男も泊れる YWCA はすぐにわかった。どこもいっぱいでここもダメかなーと不安だったが……レセプションのおばさんに「5 日間泊りたいんですが」……日程表を見ながら「OK」の返事。

　アーよかった。一泊 10000 シリンダー 1000 円と安かった。

　部屋は掃除中で中に入れない、その間に両替しておこう……歩いてシティバンク、大きなホテルの中にあったが T/C（トラベルチェック）の両替はできなかった。YWCA に戻ろうとしたらきのう出会ったタクシー運転手が「オー」と声かけてきた。T/C の両替がダメだったと話すと仲間同士何やら話して「OK」オレの車で銀行にいこう……1000 円でいいという。最初両替専門もダメ……ナショナルバンクもダメだった。

しょうがない……そのままケニア大使館にビザ申請に向かった。申請書には名前だけ書いて「ソーリ」わたしは「目が悪いから」「見えない」「書けない」とパスポートを挟んで「あとは頼みます」と差し出した。笑いながら「しょうがない」みたいな顔して受け取ってくれた。2時間あとに発給するとのこと。いったんホテルに戻った。運転手は2000円というが両替できなかったので1200円払って「OK」にしてもらった。

YWCA女子から100m離れた場所にYMCA男子があった。YWCAでのアルコールはダメだがYMCA男子は食堂でビールを売っている。昼は魚焼きを注文してビールを飲んでYWCA女子に戻る。荷物を部屋に運んで洗たくをすませてオートバイでケニア大使館に向かう。ビザ代63000シリンダー6300円支払って終了。思っていた以上に早く簡単にビザを受け取ることができ自分でもスムーズすぎるなーとうれしくなる。

ホテルの前にガソリン・スタンドがある。給油しながら地元の人と話をする。オートバイの「シート」が破れてしまった……レザーを縫いつけてくれるところはないか。指でシートを指さしながら話した。すると隣にいた人に「指示」して靴の修理屋を呼んでくれた。スタンドの隅にオートバイを移動させた。レザーは途中でもらったものを持ち歩いていた。これまでは南米のパラグアイで馬の鞍につかっているものを買ってシートに使っていた。

さっそく靴屋さんは馬の皮を取り外して修理に取り掛かる。ついでにフロントの風よけが一部欠け始めてきたのを指さして「ここも」と頼んでみた。今度は集まっている中に職人がいた……手動でギリギリと穴を開けて3カ所補修してもらった。おもしろいもんで訪れた国々でオートバイの修理・、靴の修理、オートバイ・カバーなどの修理を頼んでじーとながめているだけでも楽しい……これは旅のおもしろさ、たのしさになってきた。

きょうは……さらにギアーを入れるとき靴の保護カバーを付けている、その「糸」がほつれているので補修してもらった。馬の皮のシートにレザーを縫い付けて終る250円。フロントの修理200円ですんだ、ありがとう。さ

らについでにテールランプを直してもらうように頼みあした9時に待ち合わせになった。夜の晩飯はビールがある男子YMCAに行きチキンライスを食べる……中国人が作った料理はうまい……米もうまかった。

　一日でケニアのビザもオートバイの補修もいっきに終わった……あとはネットカフェで日本に連絡するのが楽しみである。

2007年8月21日火曜　　　はれ

　ガススタンドできのう約束していたテールランプの修理……9時に修理屋さんが来た。オートバイを停めている宿まで来てもらった。電気コードが外れていたようだ……つなぎのコードを持って来てもらい1000Sシリンダー100円ですんだ。これで気になっていたことがすべて済んで助かった。午前中から午後2時頃までかかり……ネットで打つための日記の下書き。写真の縮小を終えてネットカフェYMCAへ。

　3時から7時までかかった。4時間4000S400円。そのまま同じところのレストランでサカナ、チキンライス、ビール3本7000S・700円タンザニアの日本通貨が計算しやすくわかりやすくていい。宿WMCAに戻ると愛知・中部大学の学生さん7、8人いた。シャワー室に行こうとしたら「旅の話」を「聞きたい」「いいですか」と田淵さん「いいですよ」わたしの部屋に来てもらって旅の話をする。

　ほとんど自慢話で終わったような気がして悪かったように感じる。田淵さん他は女性4人の5人。学生たちは一ヵ月ぐらい研修旅行で来ているようだった。全員で写真を撮って22時を過ぎてお開きになった。

2007年8月22日水曜　　　朝25℃　　　はれ　　　昼30℃　　　はれ

　午前中ネットをやる……きのう4時間もかけて日本に送ったのできょうは自分のホームページをゆっくり点検することができた。オートバイの汚れがひどくなったので宿の水道を使って洗車。雨が入りこむ……ボックスに入れたままの手袋にカビが生えていたので洗って干す。今日ジクジクとおな

かが痛くなった……どうしたのだろう。アフリカに渡ってペットボトルの「水」は一度も買わず、水道の水を飲んできた。

そのたたりかも……。正露丸と胃腸薬を飲んでも夜にまた痛む。ひどい痛みはないが気になるなー。夜中に起きて薬を飲んだら少しおさまった感じだ。

ガス・スタンドの隅でオートバイのシートを補修してもらった

2007年8月23日木曜　　　はれ　　　昼25℃

お昼前ネットYMCAへ1時間100円。隣のレストランで焼き魚100円、チキンライス200円、ビール500ロング缶110円。腹の痛みは少しおさまった、今まではトイレにいくと直っていたが今回はしつっこく痛みが残っている……クスリ一日3回飲む。

2007年8月24日金曜　　　朝25℃　　　はれ　　　昼32℃

スピードを抑える道路の「突飛」（突然飛び上がる？　トッピ）に当たってオートバイのスタンドが立ちすぎて不安定、オートバイは少し斜めになるのが安定感があるのだ。そのスタンドを「直せるか」、宿の警備らしき人に話すと「OK」「ノンプレグラム」宿の人を乗せて溶接屋に向かう。修理屋がなんでも集まる溶接屋……溶接できそうなところ探しているようだ……オートバイを止めると2、30人がどっと集まる。

隣の溶接屋に向かおうとUターンしようとしたら、男が後ろに飛び乗ろうとした、そのとたん転倒してしまう。「この野郎」とその男を殴るしぐさ

をしたら一目散に逃げて行った。どこにでも調子のいい野郎がいるもんだ……さっきでこぼこ道で転んだばっかりだったので余計に腹がたった。紙に「見取り図」を書いて見せた。スタンドの「位置」が前に来るように説明する。宿から乗ってきた兄ちゃんもわかってないようだ……。

　スタンドの補助をつけようと考えているようだ……まぁ、それも前から考えていたから「OK」にした、ようするに2本立てのスタンドになり丈夫になる。最後は「着地する部分」をしっかり「着地」するようになるまで曲げてもらった。よしちょうどよくなった。宿からついてきてくれた男に450円、溶接屋1500円と決めていたのでそれを払う。11時前に来て12時を回っている。気になっていたスタンドも直すことができた。

　宿に戻って隣のYMCAレストランでビール……暑かったのでビールがうまい。ゆうべ千葉から来ていた日本人男性と少しだけ話した……その彼が出ていくので「蚊取り線香」をもらう。あした出発の準備を終えベッドに入る。あしたも晴れてほしい。

ダルエスサラーム市内・YWCA
宿の前

キリマンジャロ

2007年8月25日土曜　　朝25℃　　はれ　　はれ　　一時雨　　はれ32℃

　夜中に2回トイレに起きる、まだ腹の痛みが少し残っている、そして下痢気味だ。6時に起きて出発準備。駐車場から玄関前にオートバイを移動して荷物を積み込む。隣のビル工事で働く青年たちが7時前というのに集まっている。6時40分出発。きょうは700キロ……キリマンジャロの麓アル

シャー Arusha を目指す。100 キロを過ぎたあたりから急に道幅が狭くなってきた。

　観光バス、ミニバスなど結構多く往きかう。さすが観光地だからだろう。今までこんなに観光バスなど走っているのを見たことがなかった。わたしも知っているこの近くで日本人夫婦は走っていてご主人が交通事故で亡くなったと聞いている。前からの車にはサブライトをつけて注意をうながし、うしろの車はバックミラーでいつも気をつける。車が近づくと「早めに」ウインカーを出している。

「いつでも」「どうぞ」「追い越して」の「合図」を出し続ける。ときには大型バス、トラックは無理に追い越しをかけるので注意が必要だ。今 12 時、5 時間連続走行で 350 キロ走った。平均 80 キロのスピードで来た。途中写真など撮っているから 70 キロ平均になるのか……ここで腰を伸ばすため 20分の休憩、地元の人と雑談。走り続けてきたが右手に 2000m 級と思われる山が続いていた……まだ続くようである。もうすぐキリマンジャロ。

いたるところで俵に「炭」を詰め込み道端で販売している

　急にパイナップルの畑が両サイドに広がってきた、きれいに植え込まれたパイナップル畑はうつくしい。久しぶりにトマトの露店が出てきた。トマト20 〜 30 個、玉ねぎ 10 個……400 円を買った。T 字路に出た左はアルシャー右はキリマンジャロ……きょうはキリマンジャロに泊ろう。キリマンジャロのふもとについた。「日本人がキリマンジャロに登っていますよ」と言葉巧みに話しかけてくる……日本でもよく見かける店の人たちだ。

バスターミナルの周りには観光客がうろうろしている。オートバイを止めると客引きが寄ってきた。山荘ロッジ10ドル1200円を7ドル840円に値切る。ジープに誘導されて宿に向かって細いガタガタ山道を登って行く山奥に感じる場所のロッジの宿に着いた。ロッジは茂った熱帯雨林に囲まれている。隣からはニワトリの鳴き声が聞こえてくる。いま16時半……きょう600キロは走ったろうか。

シャワーを浴びて下着を洗濯……早めの晩飯18時、特製ちきんカレー5ドル600円、ビール4本……チト高いな1本150円×4=600円。キリマンジャロは雲に隠れて見えない、あした晴れたら見えるところまで案内するとのこと……急に冷え込んで来た、長そでに着替える。ニワトリと牛の鳴き声も聞こえるがまわりは静かである。

2007年8月26日日曜　　朝くもり　　18℃　　はれ　　25℃

夜中にはげしい雨がふってきたが朝方にはやんでいる。ゆうべは途中から毛布一枚足して二枚重ねて寝た。そとの空は雲で真っ白キリマンジャロなど見えない。9時すぎホテルを出発雨は降らないとホテルの人はいう。濡れている細い山道はオーナーが歩いて誘導してもらう。濡れている泥道は怖いな……案の定途中転んでしまった。近くの人にも手伝ってもらって起こした。ほうほうの体でバスターミナルにようやく到着。

マサイ族の人と。キリマンジャロのふもとの村で

きのうの兄ちゃんが「ビール・ビール」とせがんで来た。きのう「ビール・ツモーロ」と言ったことを覚えていたのだ。「ノーノー」とそのままア

ルシャーに向かう。あと 120 キロだ。キリマンジャロから 2、30 キロはに
ぎやかな活気のある村が続く……さすがキリマンジャロの山だなーと思う。
小屋みたいなところで物を売っていたオートバイを停めて「写真」「OK」
と聞いたら「ノー」と断られる。

　マサイ族の人が歩いてきた若い二人だ……「ソーリ」「フォト」お願い。
こころよく応じてくれた。ありがとう。アルシャーの町に 13 時過ぎに着い
た……もう少し都会の町ではと思っていたがなんか閑散とした街に感じた、
しかし市内入って行くと活気のある街だった。朝方キリマンジャロの宿のオー
ナーがあしたから「日本人 3 人が行く」アルシャーの「ツアー会社」そ
こに行くなら安いとすすめる。

　チト高いと思ったがじっくり一泊二日でサファリーパークを回ってみたい
と予約した。手付金 20 ドル 2400 円キリマンジャロの案内所で払ってきた。
ガススタンドでホテル「ミッドウェイ」を聞く。すぐにわかった 14 時にミッ
ドウェイに着いた。ホテルに着くなり「ツモロー」「ジャパニーズ・トラ
ベル」と聞いたが「予約の名簿を見て「ノー」予約はないと話す。途中から
道案内してくれた男に「ツアー会社」のメモを見せ電話してもらった。

　キリマンジャロのツーリストは「日本人女性」は「夕方に着く」とのこと。
男もキリマンジャロのツーリストのオーナーを知っていた。そうこうしてい
る内にアルシャーのサファリーツアー会社のオーナーがジープでやってきた。
銀行にいっしょに行き初めて T/C トラベルチェックで両替できた、もっと
も 117 ドルと安かった。サファリー会社に事務所でツアーの残金 220 ドル
26400 円支払う。（トータル 240 ドル 28800 円）

　いま 19 時になるが 5 時ごろには到着すると聞いている、日本人はしかし
まだついていない。キリマンジャロに登って雨に降られて疲れているのでは
ないかと心配だ。さぁーあしたは本格的なサファリーツアーである……たの
しみだ、青空の下でじっくり動物を見てみたい。

満月のサファリーパーク

2007年8月27日月曜　　朝18℃肌寒い　　はれ　　はれ　　快晴

　ホテルのまわりを散歩がてら安い小さいホテルを探す……目の前に2軒ある。まだ7時前だが一軒は開いている。レストラン兼ホテル、パーキングもある「いくらですか」「7000S・700円」サファリから帰ってきたら「あしたから」「泊ります」……それできょうから「オートバイ」だけ「置かせて」もらえますか「OK」……オートバイパーキング料300円。泊る日から一泊700円と話はとんとん拍子にすすみ決まった。

　よかったなー今のホテル「ミッドウェイ」は20ドル2400円だもの……。三分の一以下で泊れる。すぐにオートバイト、荷物ごと引っ越した。引っ越す前オートバイを動かしていたらミッドウェイの人が料金を精算しないで「逃げている」と勘違いしたのだろう、あわてて「止めに来た」……目の前にホテルに移るのだから……「清算してから」……「OK・OK」。サファリーツアーは9時にミッドウェイホテル待ち合わせ。

　サファリーツアー本当に来てくれるのかな……9時を過ぎても来ないので不安になる。きた、来た……3人を乗せてサファリー車がやってきた……さっきの不安はどこえやら。「マニヤラサファリパーク」に12時に入る。サバンナの中に入って行くと象が林の中から、キリンは草原、シマウマなど広大な草原にいっぱいいる。象が目の前に出てきた写真をパチパチ10mと離れていない食事中の象を撮る。

ねぐらにご帰還なのだろうか
10頭ほどキリンは同じ方向に
向かって歩いていた

　湖のほとりには青空の下白のペリカンは美しい。ワニ、シマウマ、キリン

も TV ではなく自分の目で見ることは気持ちが高ぶる。夕方象のすみかなの
だろうか林の穴が丸くなっている象の通り道。湖面をあとに寝床に行くのか
キリン 10 頭が同じ方向に歩いて行く、壮大な風景だ。18 時頃キャンプサイ
ドではテントで泊るのだ。コウリャン、ドイツ・カップル、全部で 4 人。

　ドライバーは人のよさそうな純真な青年エドアリ君、25、6 才に見える
がいくつだろうか。ランプの下で夕食。いつの間にか来ていた別のツアー 4
人もいっしょの食事になる。サファリーパーク青空のもと、まずは満足でき
る一日であった。シュラフを持ち込んで長そでなど寒さ対策をしてきてよか
った。きれいな満月の夜になった。

2007 年 8 月 28 日火曜　　　　はれ　　　　日差し強し　　　風は涼しい
　朝方グーっと冷えてきた。ゆうべ食事中にホーランド（オランダ）夫婦が
あした朝「5 時起き」と話していた。自分たちじゃないと思っていたら「ジ
ャパン、ジャパン」と起こしに来た……おれたちもいっしょに行くのか、他
の人たちは食事をしている。きょうは一台のサファリーカーに 8 人乗りに
なることを初めて知る。ゆうべ帰ってきた別のグループといっしょのサファ
リーになっているのだった。ホーランド夫婦はわたしと同じ 63 歳……

　別のカップルもジャーマニーかこっちは若い。6 時出発。きょうは、覚え
やすい「ウン、ゴロンゴロ ngorongoro」サファリーパーク。きのうは「い
つの」「マニヤラ manyara」パークだった。ゴロ合わせて、いつの「マニヤ
ラ」「ゴロン・ゴロン」ひとりごとを言いながら一人で笑う。太陽が出てき
たと思ったらジープのパンクらしい。途中のガススタンドでスペアーと交換
……真っ赤な太陽が上がってきた。

　パンクのタイヤ交換を終えてどんどん山に入って行く。見晴らしのいいキ
ャンプサイドが出てきた、うーん、ここに泊りたかったな。テントをたた
んでいる人もいる、これから出かけるところだ……。ドライバーは頼んで来
たタイヤのスペアーを取りに戻る。こんな山奥に郵便局が開いている。よし
ラッキーだ……記念切手を買おう、裏にスタンプを押してもらった。すぐそ

ばには手の届くところにシマウマがいる、みとれるきれいな縞模様だ。

　峠に出た……広大なクレーターを一望できる展望台。その展望台からいっきにクレーターの中に降りて行く。見るからに野生動物の天国地だ……湖も見えてきた。自然世界遺産になっているらしい。広大な大地をジープは走る。もちろんアスファルトではない……もうもうと土煙りをあっちのジープこっちのジープが巻き上げて走りまわっている。いる、いるシマウマの群れ、じっと見ているバッファロー、ダチョウ。

シマウマ、身近で見るとこんなにも美しいものかと思った。ン、ゴロンゴロ・パーク

　自分で捕ったのか……獲物（えもの）をくわえて歩いているハイエナ、木陰で寝ているライオンは動かない、シカのいとこなどみんな仲良く過ごしているように見えるが弱肉強食の世界だけにきびしい場所なのかも知れない。いちばん多く見られるのはヌー。帰りぎわヒョウが獲物を静かに狙っているが獲物に逃げられてしまった。木の上で過ごしていたヒョウの姿を近くで見られてよかった。

　象は一頭だけだった……牙（きば）の長い象だった。アルシャーに戻ってきたのは夜7時半になった。それぞれ泊っているホテルまで送ってもらった。土ぼこりで真っ白になってしまった洋服、体をシャワーでおとし、夕めしはレストランもやっているホテルの中でひとりビールでカンパーイ。充実した二日間のサファリーパークツアーであったが、ほこりにはまいった。

2007年8月29日水曜　　　　はれ
　ちょっと疲れている……ネット屋で一日つぶす

2007 年 8 月 30 日木曜　　　　はれ

　T/C トラベルチェック両替……200 ドル× 115tc

2007 年 8 月 31 日金曜　　　　朝 20℃　　　　はれ　　　　昼 22℃以外に涼しい

　きょうはケニアに向かって走る。7 時前に宿 Ribho sitzn（読めない）を出発。ペトロールスタンドで「ケニア・ナイロビ」「OK」か……「NO・ノー」「エエー逆方向」……わたしの予想していた方向と違う。言われた道に従おう。道幅が狭くなって道路の状態も良くない……なんかへんだなーほんとうにナイロビ方面だろうか。歩いている人やミニバスなど 5 度 6 度聞いたがすべてナイロビ「OK」か「OK」と返ってくる。

大ワシ（鷲）にぶつかる

　道路の真ん中で死骸をあさって逃げ遅れたワシ……飛び上がりが遅くてハンドルにぶつかった……2m 近くのワシは「ドシン」と重量感を感じる、そのまま飛び去った。まぁ跳ねられなくてよかった。ここらあたりではあまり車が通らないから「逃げるの」が遅いのだろう。そう言えばブラジル・アマゾン地区では 2、3 回小鳥が逃げ遅れてオートバイのフロントに当たったり、挟まったりしたこともあってとりかえしがつかなくなったこともある。

入国手続きを終えてケニアに入国したばかり、盛装したケニア女性も

ケニア入国

　右手にキリマンジャロが見えるが曇で山頂は見えない。国境に 9 時ジャスト到着。申請書を渡されるが「わたしは」「目が見えない」と言うとその

ままスタンプを押してもらい「OK」だった。カルネに出国スタンプを押してもらいタンザニア側は 10 分とかからなかった。今度はケニア入国手続き。オートバイ走行代？　一ヵ月 20 ドル 2400 円払う。なんのお金だろうかわからない……3 ヵ月は 50 ドルと言っていたので 1 ヵ月にした。

　手続きを終えて走りだす……日本の知り合いのオートバイ仲間が最近交通事故で亡くなった。タンザニアとケニアの国境あたりと聞いている……亡くなった場所はわからないがケニアに入って 10 キロ地点 110 キロ地点とオートバイを止めて「合掌」……N さんのご冥福をお祈りした。相変わらず道の状態が悪い。アスファルトのつぎたし、つぎ足しのでこぼこ、大きな穴も出てきた……40 キロ以下で走る。

　ようやくケニア・首都ナイロビ市内に入った、13 時 30 分。ガススタンドで泊るホテルの位置を確認。「ニューケニアロッジ」だ。若い夫婦は併設されているレストランで食事中……食事が終わったら「案内して」もらうように頼んでみた。食事が終わったら「OK」とこころよい返事、宿はすぐにわかったようだ。ベンツの車だ……その車のうしろについて宿近くまで引っ張ってくれた。

「ニューケニアロッジ」ドミトリー部屋 4 人

　その青年はここらあたりで知り合いが多く……車を止めて仲間と話し始めたので「ありがとう」とお礼を言って別れる。路上にオートバイを停めて「ニューケニアロッジ」の地図を見せるとすぐ近くだった。ホテルの人が走って迎えにやってきた……駐車場は裏の倉庫から入れるのだ。あまり使って

ない大きな重たいドアーをこじ開けて入れた。出すときに苦労しそうだ。日
本人旅行者5、6人も泊まっているようだ。

　ホテルの前は人通りが多い、夕食後日本人5人で近くのバーに飲みに行
く……ナイロビの夜を迎える。

2007年9月1日土曜

　ケニア・ナイロビの初日……寒くもなし暑くもなしの快適な朝だ。午前中
日記と送るパソコンの下書き。マコトさんヨウコさん3人で12時過ぎにき
のういなかったタツさんのレストランに行ってみた。ビルの二階10人ぐら
いでいっぱいになる小さい食堂だった。若いのに自分で食堂を経営するなど
だれにでもマネができることではない……感心する。そうこうしている内に
ゆうべいっしょに飲んだ「耕」さんもやってきた。

ビルの二階タツさんのやってい
る食堂で記念写真

　日本人の男女が入ってきた。日本人男性は相原功志さん女性はジャシンタ
ールさんという夫婦であった。二人はケニアとタンザニアの国境付近・ナマ
ンガに住んでいると話す。小さい子どもたちを預かって「キラキラ」プロジ
ェクトの運営をされているらしい。日本で言う孤児院なのだろうか……。宿
に戻ってから情報ノートに載せられている「相原記録」を読ませてもらった。
いやいやすごいことをされている相原さんだ。

　うわべだけの親切しか出来ないわたしには無理のことだ。そこへまたまた
年配の人と学生らしい8人が入ってきた。ケニアでボランティア活動され

ている神戸俊平先生と東京からやってきた医学生グループ……店内はいっぱいになった。日本とケニアを行ったり来たりしている神戸先生は「旅行人ノート」にも執筆されているケニアに詳しい方と……「立」さんから聞いた。思いがけないすごい人たちとの出会いになった。

マーケットでビール4本、ブロイラーを夕食用に買った。テーブルの周りにはイギリス人の男女。コウリャン男性、日本人3、4人としゃべりながら夜を過ごす。昼間あった神戸さん、相原さんの他に宮井マコトさん、真野ヨウコさん、丸山コウさん、中村アキさん達からメールやブログのアドレスを教えてもらった、夜中明け方までにぎやかな音楽が外から流れてくる土曜の夜。

番外編・旅の思い出

聴いたことのある名前と思っていたら……作家になっていた中村安希さんにびっくりした……おめでとうございます。（２０１３年１０月１日気付いた）

アフリカ・ケニアでもらった中村安希さんのアドレス　↓

2007年9月2日日曜　　　はれ　　　夕方大雨
ヒルトンホテルの近くのビルの6Fか7Fかなりの台数を備えているネットカフェ、奥の方に自分のパソコンをつなげてもらう机があり助かる。11

時頃から午後１時半ぐらいまでかかってしまった。ホームページ、ブログ更新。日曜のため人通りも多く感じる。夕方はげしい夕立になる。

ナイロビ・スラム街
2007 年 9 月 3 日月曜　　　　はれ

　きのうナイロビのスラム街に行ってみないかと立さんの案内でマコトさん、ヨウコさん、ナカムラさん、マツオの５人で９時に出発。ナイロビでいちばん大きいといわれるスラム街らしい。狭い路地裏には小さい溝……汚れた水。あっちこっちから「ハウヅーユーヅ」子供たちの声が飛んでくる。すっぱいにおいも時おり鼻につく。学校らしき建物があった……にぎやかに声を上げやんちゃな子どもたちどこの子供も同じだな。

立さんに案内してもらってナイロビ・スラム街を２時間ぐらい歩く。子供の明るさに気持ちも晴れる

　背の高い品のあるやさしいそうな先生もこの地区で育ったと話す。スラム街を歩き終わるとごみの山が出てきた。そのゴミの山に入って２、３人ゴミをあさっていた。スラム街を通りぬけて広場に出た。その一角に同じ日本人から立さんが引き継いだ「学校」らしきのもがあった。学校と言っても６畳一間ぐらいの掘立小屋だけ、あとは手造りのブランコ、滑り台一台だけ……。

　隣に放火された焼跡に小さい小屋が残っている、４ヵ月前に放火にあった、７年間続けてきたが……と立さんは話す、いやがらせなのだろうか……。

　学校の先生３人30歳40歳50歳ぐらいの女性はやさしいそうな人柄に見

える。立さんは時間をかけて話し合いを続けている。途中七輪にかけていた鍋を下ろしに来たひとりの先生は悲しみの顔になっている。最後は「学校を閉めます」と言ったらしく3人とも別れるとき涙ぐんでいた。ボランティアで学校を続けるむずかしさが身にしみる。わたしにはどうすることもできない。

タツさんが援助して運営していた学校……通っていた地元の子供たち

　狭い庭のブランコには子供たちが無邪気に遊んでいる。約4時間スラム街の現状……なんともうしろめたさ、打ちひしがれた思いで宿に戻った。

ナイロビ・スラム街の一角に学校らしき庭で無邪気に遊ぶ子供たち、「学校は閉めるとのこと」で、なんともいえぬうしろめたさを感じつつ……バイバイ……。

2007年9月4日火曜　　　　はれ

　ケニアにあるエチオピア大使館へビザを取りに行く……オートバイの宅配便に頼んで大使館まで引っ張ってもらい9時前についた。10時に発行するとのことなのでいったん宿にもどる……ふたたびエチオピア大使館にビザを取りに行く。戻った時マコトさん、ヨウコさんはエチオピアに向かって出発していた。

サファリーツアー

2007 年 9 月 5・6・7・8 日　はれ

　　5 日セレンゲティ・国立公園

　　6 日〃　　〃　　マサイマラ村

　　7 日移動

　　8 日〃ナクル湖

> サファリーツアー……弱肉強食
> ……セレンゲティ国立公園

　移動に 2 日間かかりサファリー見学は実質 2 日間。ほこりの中 4 日間走り続けるサファリーカー……のどが痛くなる。前が見えないほこりには参った。昼間でも前照灯をつけっぱなしで走っていた。ケニアのマニヤラ公園やンゴロンゴロ公園に比べると身近に見える動物の数は少なかった。いやいや……何十万といたナクル湖の湖面を染めるフラミンゴの集まっているようすにドキモを抜かれた。

　そのフラミンゴのようすの動画を取った。8 日夕方 17 時頃宿に到着。

2007 年 9 月 9 日日曜　　　　くもり　　　　午後雨

　ほこりにまみれた 4 日間のサファリーツアー……喉も痛くなり少し風邪気味なので薬を飲む。午後からネット屋。夕方も雨は降り続いている。

2007 年 9 月 10 日月曜　　　　小雨

　ネット屋に行く前エチオピア航空券のチケット店を探す。ぐるぐる回りようやく見つけた。ナイロビ～エチオピア・アジスアベベ往復 370 ドルと聞く。午後 11 日の分を買いに行くが 11 日は飛ばないとのこと。12 日分はあした買いに来るように……とのこと。宿にはサファリーツアーに行く人……戻ってきた人でにぎやかだ。

2007 年 9 月 11 日火曜　　　　くもり　　　　はれ

　日本人カップルは 11 日発エチオピア航空券を持っている……きのう聞い

た 11 日は「飛ばない」とのことを話したら朝一番確かめにいった。11 日は OK「飛ぶ」とのこと。それではおれもとさっそくトラベル会社へ向かう。「11 日も飛ぶ」けれど 440 ドルと話す。エーなぜ……。12 日分は 372 ドルと話す。きのう行ったエチオピア社では 11 日 440 ドル、12 日 340 ドルになっている、一日で 100 ドルも違うのかいな。

　よく聞いてみると 11 日は日本の大みそか、12 日は正月・元旦に当たるようだ……それで一日違いで 1 万円も違うのだった。当然 12 日分 340 ドル……往復約 40080 円をゲット。12 日ケニアナイロビ 12 時 15 分発→エチオピア・アジスアベベ 14 時 15 分着。宿ニューケニアロッジの清算をすませあしたにそなえる。オートバイの駐車料金 1 日 50 シリング 100 円は戻ってきてから支払うことにした。

エチオピア入国
2007 年 9 月 12 日水曜　　　ケニアはれ　　　エチオピア雨
　8 時にタクシーでケニア空港へ 9 時前に到着……このタクシーは宿が手配してくれたもの。1000 シリンダー 2000 円。ポリスに聞かれたら「友人の車」と「言って」くれ「ノータクシー」だと……ははーん日本の白タクなんだな……なにごともなく空港についた。10 時に受け付けに並ぶ、荷物検査を終わりうす暗い閑散としている空港カウンターで待つ……受け付けが始まった。

エチオピア首都アジス・アベベ市内・わたしが行った 9 月は雨が多かった

「飛行機の絵」を描いてわたしはいつものように「一番うしろ」の座席 27

番Aを確保することができた。晴れだったケニア空港をほぼ定刻に飛び立った。雲の上を飛んでエチオピアにつくころには雨模様になった。機内食はあたたかいジャガイモの煮込み、ヤサイサラダ、飛行機に乗るときビールは「つきますか」「つきます」「マイ2本」スチューワデスに話していたので2本置いていってくれた。

　最近ビールがつかなくなる中で機内食の中でうれしかった。ガツガツと喰っておしまい、うまかった。定刻の14時15分アジスアベベ空港に到着。タクシーに乗る前に空港内でセントラルまで料金はいくらぐらいか聞いていた。100、40、50、とその聞く人によって違うが、だいたいの目安をつかむことができた。タクシーの運ちゃんが「60ブル」と近寄ってきた。「ノー・50」と言いながら歩きだしたら「OK・50ブル」

　タクシーは30分ぐらいで到着。パークホテルシングル45ブル、約600円ぐらいか。ホットシャワー付きシングル90ブル1200円。他のホテルをあたってみよう……大きな音響があっちこっちから響いてくる……正月なのでにぎやかなのだろうか。日本の昔のキャバレーを思い出す。2軒目3軒目はいっぱいで断られる。4軒目狭い部屋で50ブル。正月でどこのホテルも店も大にぎわいである。

毎日通ったアジスアベベのレストラン街

　いい雰囲気のホテル見つかったら替えてもいい……最初のパークホテルに戻って45ブルに決めた。きょうのシャワーは水なのだ……風邪気味なのでやめにした。併設しているレストランバービール65円……ヤギのミンチと

やきもちのやわらかいもの、パンでもなしケーキでもあるような味気のない
もの 15 ブル 200 円。風邪クスリを飲んで 8 時前にベッドに入る。ここアジ
スアベベは標高 2400m もあるらしい、寒い、寒い雨の夜。

日本の上高地・涸沢にあたる高さなので寒いわけだ。上着 5 枚、薄手の
ジャージの上にジャージを重ね着した。日本では畳につかう「い草」を 50
センチぐらいに切り……どこの家も玄関から家の中までばらまいてあった。
「魔よけ」なのだろうか……古い習慣「今年もいい年」でありますようにと
のことなのだろう

2007 年 9 月 13 日木曜　　　朝から雨　　　大雨　　　小雨　　　くもり

薬を飲んで寝たせいかぐっすりと眠れた。朝起きたら 10 時を過ぎている。
雨だ、カミナリも鳴っている。洗濯物を干すころ一旦止んだが大雨にかわっ
た。なーんだせっかく干したのに……。シーツを干しているホテルの人たち
は取りこまないで外に出したままだ、あまり気にしてない様子だ。昼スパゲ
ティ 200 円ビール 2 杯。ホテルスタッフと話しながら過ごす……

シブチのビザは日本大使館の「レター」紹介状が必要なので日本大使館に
電話してもらった。あした金曜から日曜までは休み……月曜日には開くとの
こと。ついでにエチオピア～シブチの飛行機代 300 ドル 3 万 6000 円ぐらい
じゃないかと教えてもらった。さてどうするか、イエメンかシブチ行くか行
くまいか……ここまで来たのでどうしよう。もう少し考えて決めよう。行く
か……行くまいか。

ゆうべ喰ったヒツジのミート、自分にはいまイチだった、どこでもいいか
らヒツジでも何でもいいから一枚のステーキをくってみたいとスタッフに話
してみた。するとイギリス人かイタリア人がやっている店があると地図を見
ながら教えてくれた。今晩はそこへ行ってみよう。風邪もおさまったような
のでホットシャワーのある部屋にかわった、1200 円の部屋だ。さっそくシ
ャワーを浴びる……4 日ぶりのシャワーは気持ちいい。

「アベベ」オリンピックマラソン選手のお墓

2007 年 9 月 14 日金曜　　　　はれ　　　　くもり　　　雨　　　大雨

　朝太陽が出ていたが雲って雨になった。湿気があるせいかのどの具合が軽くなった。夜中に二度ほど水を飲んでいたがアベベに来てそれがなくなった。しかし昼も夜も同じ服で寝起きしている。雨が上がった午後ホテルのスタッフがいっしょに行こうと「誘う」どこへ行くのかわからないが乗ってみる。市内をあっちこっち走りまわって最後は喫茶店でビールを飲む。

　話の途中……オリンピック・マラソンで 2 連覇した裸足の「アベベ」選手のことを聞いてみた。アベベ選手が亡くなったことは知っている。わたしはアベベ選手の実家かお墓に行ってみたいと話すと、お墓までは 30 分ぐらいで着くという。ホテルにカメラを取りに戻り 3 人で出かける。車の中でわたしに与えてくれたおどろきと感動したことをゼスチャーで現わした。そしてアベベはイスラムかキリストか聴いてみた。

　キリスト教であることがわかった。途中花屋に寄ってもらい花束を買った。ほんとうに 30 分ぐらいでお墓に着いた。入口には大きな門構え……大きな霊園だ。霊園の真ん中たりになるだろうか走っているランニング姿に「ゼッケン 11」を着けて等身大に近いモニュメントが建造されていた……しかし何者かによって倒されていた……理由はわからない。犯人は捕まり……近々修復されると見張り番管理人の話。

オリンピック・マラソンで二連覇したアベベ選手のお墓。何者かによって倒されていた……近々修復すると管理事務所の話だった。裸足で走っているのを見て飛び上がるほど感動したので花束をささげてきた

アベベ選手のお墓に「感動をありがとうございました」と花束をささげた。

最初はダメと言っていた見張り番の人は途中から写真をとっても「いい」と変わったのでアベベ選手といっしょ写真を撮らせてもらった。見張り番に10ブル20円払った。これまでいつかはアベベさんの実家かお墓に行ってみたいと漠然と思っていたのが、ちょっとしたきっかけであっというまに実現した。やっぱり話はしてみるもんだなーとつくづく思った。

ホテルのスタッフのみなさんありがとうございました。宿に戻る途中「車代」みたいなことをスタッフの知人が切りだした……200ブル3000円。まぁいいかと思っていたが、ペトロール代もさっき1500円払っている。「ちょっと待てよ」高すぎるぞ……。でも自分から言いだしたことだし、しょうがないか。長年の希望が実現したのだからよしとしよう。日本人が同じ宿パークホテルに来た、Nさんという青年だ。

夕食がてら他のホテルにあたって見た「タイツホテル」で日本人二人……別々の日本人旅人と出会う。そのホテルはあしたも満室で泊まれないとのこと。4人でレストランに向かい8時過ぎまで情報交換したが名前はお互い切りだすことなく別れてしまった。

道端で営業中の自転車屋さん……忙しそうだった

2007年9月15日土曜　　　朝から雨

朝からピチャピチャの雨音、あーぁきょうも雨か憂うつだなぁ。10時前、同じホテルに泊まっているNさんがホットシャワーを借りに来た。ゆうベシャワーを浴びようとしたが電源が入ってなくて使えなかった。けさは熱量の目盛りは最高に達していて大丈夫だ。Nさんは久しぶりのホットシャワ

ーを浴びてすっきりしたことだろう。南京虫に喰われたと昨日腹いっぱい喰われたと……かゆうそう腹を出して見せてもらった。

赤黒く残った跡見るからに「かゆそう」な腹だった。けさは「カユミ」はおさまったと笑う。

2007年9月16日日曜　　　朝小雨　　　くもり　　　アワサはれ

朝4時半Nさんが起こしに来てくれた。きょうは南の方へ300キロのところにある「アワサレイク」までバスで移動する。暗い中……長距離、バスターミナルまで日本人二人と別のホテルに泊まっている男でタクシーで向かう。小雨が降っている中バスターミナルについた。いっぱい集まってどこに行くのかバス・ターミナルは大混雑している。日本人一人は別の場所へ行った。

きのう「アワサ」行きのチケット片道31ブル450円を買いに来た時「バス乗り場」を確かめていたのですぐにわかりバスに乗り込んだ。今5時である。出発まで時間がある……3人だったが乗客はあっというまに満員になった、ジャスト6時に出発。へーめずらしい「定刻」の出発だと思ったらターミナルを出るのに渋滞で30分もかかった。道路は思った以上に整備されてガタガタでない立派な道だ。5時間で「アワサ」に到着。

南にある「アワサ・レイク」カラッとした気候だった

南国を連想される街並木。ホテルを探す湖畔のすぐそば35ブルNさんはここに決めた。わたしは街中に戻り20ブル300円。じめじめしていたアジスのホテルに比べて暖かく乾燥していてベッドも気持ちがいい。やっぱりこ

こにきて正解だったな。Nさんと料理している帳場を見ながら夕食を取る。

アワサ・レイク

2007年9月17日月曜　　　　　はれ

2007年9月18日火曜　　　　　はれ

　昼間はアワサ湖畔を散歩……魚釣りしている地元の人、活発な学生らしい二人の女性たちとわからない言葉で過ごす。女学生たち二人はホテルまでついてきて「食事」をおごってくれ見たいなことになった、いたしかたない、いっしょに食事した。立派なキリスト教の聖堂の周りを歩いたり、商店をのぞいたりした。ここで二日間過ごす。食べ物はチャパティよりやわらかいフワフワしたパン見たいなもの。

エチオピア・コーヒー

　それに「こんにゃく」みたいなものの上にヤギの肉をくるんで食べた。最初は麦なのかと思っていたものは「コーヒ」豆だった。二日間天日に干して三日目に平たい鍋で「炒って」コーヒ引き機で挽いていた。ホテルの従業員の入れてくれたコーヒの味が違った。これまでコーヒは飲まなくてもいいやと日頃思っていたがエチオピアのコーヒはわたしにはうまかった。エチオピアは世界のコーヒ産地であることを初めて知った。

　このホテルはレストランと併設しているため明け方近くまで大音響が続いている。

コーヒ豆を庭で干して挽いて釜で入れてくれたコーヒはうまかった

2007 年 9 月 19 日水曜　　　アワサはれ　　　大雨　　　くもり

　アジスアベベに戻る日だ。6 時前にタクシーでバスターミナルへ 7 時バスでアジスアベベには 13 時に到着、着いた途端夕立の大雨に……。ミニバスでピアッサタイツ（taitu）ホテル、900 円。シングル、ダブル同じ料金だったのに忘れてシングルを取ってしまった。夕方ケニアでもいっしょだった日本人カップル、ミヤイさん、マノさんと同じホテルでばったりあう。

　二人と夕食をいっしょにと約束していたが部屋番号がわからずひとりでレストランへ。しばらくして喰い終わる頃二人とあと一人は隣のレストランにやってきた。部屋番号わからなくて先に来てすみませんでしたね。

2007 年 9 月 20 日木曜

　あした 21 日の航空券をエチオピア航空会社に確認に行く。エーッツ 15 時 15 分発は朝の 9 時 45 分に大幅に変更になっていた。リコンファーム（予約航空券の再確認）しなくても大丈夫だろうとタカをくくっていたが……通常に行っていたら「出発したあとになる」とんでもないことになるところだった。オー確かめに来てよかったなー。午前中ネット屋へ……日本人 2 人連れはゆうべ同じホテルについた女性だった。

　昼飯はそのままいつも混んでいるレストランへスパゲティ、ビール 2 本で 300 円。宿に戻ったらミヤイさん、マノさん二人にあった……これからネットをやって戻ってきたら「ノック」してくれることになっている。

ふたたびケニアに戻る……

2007 年 9 月 21 日金曜　エチオピア　くもり　はれ　ケニア　はれ

　タクシーでエチオピア空港に向かう。6 時を過ぎているきょうは雨じゃない。30 分で空港についた。途中の道には将来のマラソン……オリンピックを目指して集団で走ったり……個人でも早朝練習に汗を流している。走る姿は美しい……見ていて気持ちのいいフォームだ。ケニア・ナイロビ空港に 13 時到着。タクシーで宿「ニューケニアロッジ」に向かう。着いたナイロビは暑いぐらいだ。

ケニア「ニューロッジ」ゲスト
ハウス・愉快なスタッフたち

エチオピア空港でレバノン出身ルワンダ在住の人にあった。タンガニーカ
湖のブルンジから船の運航をしているのかどうか聴いてみたら「運航」して
いるとのことを聞いてホッとした。ゆうべ寝つかれなかったので夕食後疲れ
たので早目に寝る。

2007 年 9 月 22 日土曜　　　　はれ

午前中、午後もネット屋通い……久しぶりに日本に便りを送る。シーズン
の終わりなのだろうか……ここの宿は観光客が減ってきた。欧米人もめっ
きり少なくなっている。日本人 5、6 人入れ替わり立ち替わり泊まりは続い
ている。顔の真っ黒の同じ部屋テラシマさんは自転車で旅を続けている。北
米・南米・中国・中央アジア・そしてアフリカと走ってきたつわものだ。す
ごい人がいるもんだ。

9 月 10 日郵便を日本の住所二人に送った……別々のところに間違って送
ってしまったようだ……森山さんからメールで連絡があった。申し訳ないけ
ど「お互いに転送して」もらうようにお願いした。アフリカ〜日本、スカイ
プ電話はただでつながっていいなー。

2007 年 9 月 23 日日曜　　　　はれ

午前中ネット屋……昼ビール 2 本はあい変わらずだ……。ガーナの大使
館について話していたら「ケニア・ナイロビ」と「南アフリカ・首都ブレト
リア」にもあることがわかった。心配していた「ガーナ・ビザ」は南アフリ

カでとれることがわかり安心した。ニューケニアロッジの部屋に入ると真ん中にテーブルがある……ここで食事をする。あるいは屋上に運んで食べる時もある。

　真ん中のテーブルでのアルコールはダメとオーナは言ってるらしい……わたしが呑んでいるのをオーナ知っている。わたしはいつも冗談まじりに言っていつもまわりを笑わせる……いまわたしが「呑んでいる」これは「アルコールじゃないよ」「メデソン・くすり」「マツオ・メデソン」だからね……すると「ワーッ」と笑う。以来食事のときそれぞれビールを飲むときは「マツオ・メデソン」と言って飲んでいる……オーナーは笑って見過ごしている。

ニューケニアロッジ。フロントの前・部屋の前のテーブルでのいつもの食事風景。この日はスパゲティ……

2007年9月24日月曜　　　はれ

　ザンビア大使館に9時ビザ申請はオートバイで向かう。場所は意外とすんなりとわかった。受付でわたしは「文字が読めない、書けない」からとパスポートと申請書を渡すと係官が代わって記入してくれた。「ありがとうございました」と合唱ポーズ。受け取りはあした9月25日10時、3ヵ月ビザ代25ドル3000円。午後ネット屋へ夕食はテラシマさんの得意料理……「煮込み」と「炒めご飯」をごちそうになる……うまかった。

　日本人ペアー、女性2人、マツオ6人で食事。このほかにも日本人5、6人泊っている。エチオピアであったNさんもきょうこの宿に到着した。

2007 年 9 月 25 日火曜　　　　はれ

　ザンビア大使館にビザの受け取りにオートバイを飛ばした。ナイロビ市内は混んでいる……マイカーはどんどん……ちょっと隙間があるそこに突っ込んでくる。ビビってはいられない、さぁー本領発揮オレの出番だ。車の流れにさからって真横から列に突っ込んで反対車線に渡るのだ。恐さは感じない……根はやさしいケニアの人たちだ。10 時前に「ザンビア・ビザ」を受け取った。

　その足で今度は「ウガンダ・ビザ」の申請のためウガンダ大使館へ。きのう確かめていたビル 2 階に上がり受付へ。申請書にはきのうと同じく「ゼスチャー」を交えてお願いした。「すみません、よろしくおねがいします」と代わって書き込んでもらった。受け取りは午後 4 時、ウガンダは早いのだ当日発給してくれるとのこと。3 ヵ月ビザ 50 ドル 6000 円、高いなー。

　ウガンダ大使館からの帰りネット屋のスタッフがわたしのオートバイを見たいと言っていたのでネット屋の前に止めてスタッフを呼んだ。4 人が降りてきて「ホー」と言いながらもオートバイにまたがっている……写真を撮ってやればよかったなー。ウガンダの人が同じ宿「ニューケニアロッジ」に泊っている。「今のウガンダは大洪水」になっていると「新聞」を見せながら教えてくれた。

　しかし 10 月になれば天気も良くなるとのことなのでウガンダには 10 月になってから移動することに決めた。きょうの夕食当番は日本人カップル……スパゲティを作ってくれた。うまかった。食べたのはきのうのメンバーと同じ……頭割りするので食費は安く済むのでありがたい。

2007 年 9 月 26 日水曜　　　　はれ

　ザンビア、ウガンダ、今日はルワンダビザ申請にルワンダ大使館へ。歩いていける近い場所、ナショナルビルの中。10 時前申請して受け取りは午後 4 時になっている。ルワンダも早いな。しかし「1 ヵ月ビザ」なのに 60 ドル 7200 円「ウヘェー高けなー」今晩の夕食当番は日本人女性 2 人……モモ

ちゃんとのりちゃんは焼きめしとサラダを作ってくれた……うまかった。

2007 年 9 月 27 日木曜　　　　はれ

　写真はパソコンに取り込み……ネットで送る下書きで午前中終わる。昼寝して靴の修理屋に長靴を持って行く。靴底を直してもらうのだが……小さい修理屋さん 1 時間近く修理を眺めていた。自分の靴はあした 12 時までに仕上げておくとのこと。2000 円とはチト高いな。しかし気になっているものは早めに直しておいた方が気は楽だ。今晩のめしは自転車のテラシマさんが作ってくれた。

　ちゃんぽんに似たもの……「ダシ」も「メン」も「具」もイヤーうまかった。特に韓国の「メン」は「腰」があって本場長崎ちゃんぽんに近い味だった、ごちそうさまでした。

2007 年 9 月 28 日金曜　　　　はれ

　10 時前にネット屋に……ブログの編集を行うが 13 時なっても完成出来ずいったん宿に戻る。お昼はテラシマさんと「立」さんの食堂に行く約束している。モモちゃんとのりちゃんがスパゲティを作っていたので少し分けてもらい食堂に向かう。帰る途中靴屋によってみるが……靴底の修理はまだ仕上がっていなかった「12 時に出来上がると言ってたじゃないか」って文句を言った。30 分後に行くときれいに仕上がっていた。

　夕方ネット屋にブログ編成への挑戦。この時間帯は午前中に比べるとスムーズにネットが動いて気持ちがよかった、19 時前に終了した。いつものようにスーパーによってこれはうまいと思える 4、5 種類ある中から「紫色ラベル」の「地ビール」大びん 4 本買った。今晩はご飯にメンチを乗せたもの……カミヌマさん夫婦、ももちゃん、のりちゃん、テラシマさん日本人 6 人だけ。

　まわりにはあまり気をつかわず日本語でしゃべりながらごちそうになる。きょうもうまかったぁ。

2007 年 9 月 29 日土曜

　朝から雨……久しぶりの雨になった。しかしすぐにやんだ。写真を CD 化するためカメラ屋へ。チップ 5 枚× 500=1000 × 2=2000 円午後 3 時に受け取りに行く。このお店はこれまで 2 回失敗しているので 10 枚全部パソコンで確かめると、OK だった。

2007 年 9 月 30 日日曜

　CD を日本に送るため包装用「プチプチ」をスーパーに買いに行く。今度は割れないようにしっかり包装した。

2007 年 10 月 1 日月曜

　CD を郵便局から送る 2 個 2000 円。郵送する中身を開けて点検して受付している。わたしの物は幸い開けずに受付してくれた、ありがたい。夕食は自転車のテラシマさんの得意料理「ちゃんぽん麺」……今回もうまかった。いつもごちそうになってばかりなので皆さんにアイスクリームを買ってきて食べてもらった。きょうでニューケニアロッジともお別れになる。

　スタッフのみなさんに少しばかりの気持ちをリーダー格のエリザベス女史に 6 人分 2400 円ひとり 400 円づつ渡してくれるように頼んだ。ほんとありがとうございました。お世話になりました。

ウガンダに出発・ニューケニアロッジ前・見送りに出てきてくれたみなさん

2007 年 10 月 2 日火曜　　　はれ　　くもり　　はれ　　くもり

　朝 8 時にニューケニアロッジを出発。ケニアには延べ 24 日間ほど滞在し

たことになった。日本人旅行者モモちゃん、のりちゃん、上沼さん夫婦、スタッフのウィリアム、サイタンスなど見送りに出て来てくれた。みなさんありがとう。これから進む不安はサファリツアーで経験している、「前が見えない」ほどの「土けむり」が気が気でない。11時にナクルについた。心配した程の土煙りではなくてよかった。

しかしでこぼこの道は続く……ナクルを過ぎてアスファルトのはがれた道を修理してでこぼこの道40キロが精いっぱい。それどころか20キロの悪路の山道にはいった。途中から寒くなり一旦脱いだジャンバーを着こむ。エルドレッド eldered についたのが15時過ぎ。ホテルの町の人たちに聞きながら歩く。1軒目1200シリンダーは高すぎる。二軒目400シリンダー800円……ここに決める。

ホテルを探してくれた青年に100S・200円。オートバイで誘導してくれた青年に50S・100円渡す。ホテルのオートバイの周りには人だかりができている。ここまで来る間、赤道を越える。その赤道の標識があるのか地元の人に聞いたがわからなかった。それに道の悪さに気をとられて赤道のことすっかり忘れていたが北半球に入ったのだ。そのあとも山の道を走ってきた、だんだん高度が高くなり寒くなる。

ウガンダに向かってケニア最後の町……地元の人に囲まれて

ボーダーまでの距離を聞くがどうもはっきりしない……。この町 eldered から国境までどのくらいあるのだろう。

ウガンダ入国

2007 年 10 月 3 日水曜　　　　はれ 20℃　　　　はれ 30℃

　ケニア最後の町エルドレドのホテルを朝 7 時に出た。青空のもと気持ち
のいい朝だ。登り下りがつづきウガンダ国境についた……10 時半。ケニア
出国手続き 30 分ぐらいですんだ。ウガンダ「入国申請書」に今回も名前、
パスポートナンバー以外はひらがなで「すみません」「なんてかいてあるの
か」「わかりません」「よろしくお願いします」などと設問に書き込んだ。係
官何の疑いもせずに「パスポート」にスタンプを押してくれた。

後方に見えるのはケニアとウガ
ンダの国境。ウガンダに入った
ばかり

　オートバイのカスタム（税関）へ、手続きは簡単にすんだ……走行許可
書？　20 ドル 2400 円を支払う。女性係官は昼食に出前をとっていた。11
時半になっている。「食べますか」「あーすみません」ありがとうございます
少しだけ「皿にわたしの分も分けて」もらった。ライスに赤豆、野菜炒めみ
たいなもの。それにコーラまでごちそうしてくれた。国境でごちそうになっ
たのは初めてだ。腹もへっていたのでうまかった。ごちそうさまでした。

　12 時に国境を出て一路ウガンダの首都カンパラ kampala まで 200 キロ。
ガタガタ……オートバイのハンドルを示しながら上下に両手で動かしながら
……ウガンダは「道はいいと聞いている」と国境係官にたずねるとニヤニヤ
笑っている。うん……「あやしい道なのかな」案の定途中から山道に入って
赤土だ、出てきた。白土、赤土もうもうと土けむりの中を走る。20 キロ〜
40 キロのスピード。

トラックが走ってきた……狭い道だ、左は土壁になっているトラックはすれすれにスピードを落とさずに走り去った、おっと、あぶなかった。わだちにタイヤをとられて転びそうになる。どこまで続くのかこの赤土悪路。「カンパラ」まで何時間ぐらいか国境で聴いたとき「4〜5時間」と応えていた。200キロは3時間ぐらいで走れるのにおかしいなと思っていた。そうだったのか……この悪道のことだったのか。

ビクトリア湖

前方左に湖が見える……ガススタンドであれが「ビクトリア湖」なのか「そうだ」。ここからカンパラまで90キロと話す。ここからはアスファルトでスムーズに走れると教えてくれた。なんの、なんのとんでもない200mおきにトッピ（突飛）が出て来てまともには走れない。入場門の形になっている大きな橋が出てきたビクトリア湖だ。もしかしたらナイル河の源流かも、出口はダムになって放流しているようだ。

オートバイを止めて写真に収める、動画をまわしていたら女性のおまわりさんが何か言ってきた……走りだすと橋の下はとうとうときれいな水が流れている。橋を渡りきったところで再びオートバイを止める。地元の子供たちが学校帰りなのかにぎやかに話しながら通り過ぎてゆく……動画を撮る。このあとの道はガタガタ道がなくなりホッとする。カンパラ市内に16時半についた。

ウガンダ・ホームスティ

この国はオートバイの数が多いなー。ほとんど125ccクラス……さっそくオートバイの兄ちゃんをつかまえてホテルの地図を見せ引っ張ってくれるように頼んだ。兄ちゃんは500mぐらいと言ったがかなり走りホテルまで引っ張ってくれた。いっしょにホテルの中に入って「パーキング」があるか訪ねる。残念ながらパーキングはなかった。YMCAまで誘導してもらったがここでは泊まりはやっていないと「レセプション」は話す。

エー困ったなー。高くても一泊だけはパーキングのあるホテルにしようと

「覚悟」して校門の近くで学生たちにあれこれ聴いていた。そばでパンを食べていた学生らしい黒人学生が「うちに泊れ」と言ってくれる。信用できそうな学生だ。最初引っ張ってくれた青年に 10 ドル渡した。もう 7 時になり暗くなってきた。学生は別のバイクをつかまえて自分のアパートに向かった。わたしもあとに続いた……夕方のラッシュになって交通渋滞。

　交差点でうしろに停まっていたマイカーがちょこっとオートバイにさわってバランスを失いこけそうになる。そのままオートバイを止めて「なにやってんだ」「このやろう」と日本語で怒鳴りつける。あわてて運転手は窓を閉める。オートバイの後ろについて 30 分ほど走る……彼の実家なのかと思っていたら街はずれにあった「アパート」だった。彼の名前は「マーク」君。二部屋兄弟で借りて住んでいるようだ。

ウガンダについて初めて泊めてもらったマーク君のアパート

　マーク君の部屋は 8 畳ぐらい部屋でベッドとソファーだけ……。泊まれればどこでもいい、ありがたかった。ここまで来るのに緊張して汗びっしょりになった。アパートの前にオートバイを止めてカバーをかけた。暗くてよくわからないがドヤ街みたいな感じがする場所である。兄のピータさんの部屋に泊めてくれることになった。晩飯はいっしょに近くの食堂にいく。ビールもあった。戻ったのは 10 時を過ぎていた。

　水は外にあるタンクの水を使う。シャワーも外にあったが浴びる気力はない……。そのまま下着を取り替えてベッドで休ませてもらった。申し訳ない……マーク君はソファーで寝るようだ……なにか悪いような気持ちになる、

「ソーリ」ごめん。きのうからきょうまで赤道直下を二日間走ってきた。太陽が出れば暑いが日影に入ると風を冷たく感じる……ここまで道が悪くほとんど「立ち身運転」してきたので両腕が痛くなった。

2007 年 10 月 4 日木曜　　　はれ　　　昼暑い 30℃

　ウガンダの初めての朝を迎える。ゆうべは疲れていたがなぜかぐっすり眠れなかった。疲れすぎなのかな……。兄のピーター君は 7 時過ぎに働きに出かけた。夜は大学に通っていて 21 時頃に戻ってくると話していた。弟のマック君 26 才も 9 時半ごろ戻ってくると言って 7 時半に出かけた。となりの女性がコーヒとたまご焼き・パンを運んで来てくれる。朝食は「いらない」と応えていたのに申し訳ない。

　一旦出て行ったマック君が 9 時頃戻ってきた。彼も大学に通っているらしい。二つの頼みごとがあるとマック君に話した。①銀行でお金を下ろす②オートバイのバックを支えている支柱が折れているので修理したい。快く応じてくれた……うしろに彼をオートバイに載せて市内を走る。シティバンクグループには ATM 機械はなかった。他の銀行の ATM で下ろそうとしたがダメだった。

マックさんの実家で全員の写真を撮る。二日目から 2 泊させてもらった

　3 軒目両替屋でドルをウガンダ紙幣にかえる。ウガンダは物価が高いのかな……1 ドル =1750 シリング、紙幣は 10 万単位になっている。まだ通貨の計算ができていない。

続いてオートバイの溶接屋に向かった。わーっとオートバイにまわりから寄ってきた。折れていた鉄板のビスともども折れてしまっていた。今度は幅広い鉄板をはめ込んでもらうように頼んだ。

オートバイのバックを支える支柱……あっちこっちの国でもう何回補強したことだろう。おそらく10カ国以上の国で修理してきた。最後はパキスタンでトランクの下にL字型を作ってもらってからは補修しなくてすんだが……今回あまりの悪路で折れてしまったのだ。13時に補修はすんだ、これで安心して走れる。修理代40ドルを30ドルにしてくれた。ありがたい。ウガンダでビジネスしている日本人のおじさんが偶然にも寄ってくれた。

しかも予想もしないウガンダで仕事している人もいるんだと驚いた。カンパラからちょっと離れている「町」でビジネスしているらしい、その町を通ってきたけど名前忘れた。

修理しているところを動画に撮らせてもらった。撮っている最中も笑い声が止まらない明るい地元の人たちだ。アパートに戻るかと思っていたら彼の実家についた。電話してくれていたのかお父さんお母さんたちが待っていてくれた。

オートバイのボックスを支えるリアが折れてしまい補修してもらっているところ

昼飯を「どうぞ」部屋に通された。庭の広い家である。太陽が照りつける暑い陽ざし……すみませんわたしはビールがないと……昼間ひとりで近くのお店でペットボトルに入れ替えてビールを買って戻った。家族は子供8人

ピーター君とマック君は出ているので8人家族らしい……しかし夜には子供が12人もいたな？　なんだかんだと話している内に「ここに来て泊れ」

　お父さんのモビル・ジョーンさん（45才）の車でアパートまで荷物を取りに行く。アパートのピーターさんに10ドル渡して、朝食とコーヒをごちそうしてくれた、そのとなりに住む女性に5ドル渡した。二人にありがとうございました。荷物を実家に運んだ。ひと部屋開けてくれたこぎれいな部屋に荷物を運ぶ。水シャワーを浴びて芝生の広い屋敷は気持ちがいい。

　ペットポトルを持ってビールを買いに行く。わたしは電灯を持っていたが地元の人たちは真っ暗な道を歩く……よくわかるもんだなと感心する。昼間気温は30℃ぐらい……これ以上は上がらないようだが日差しは強く「射す」暑さを感じる。

明るいマックさんの子供たち

2007年10月5日金曜　　　はれ30℃　　　午後夕立

　ゆうべはぐっすり眠れた……家族の踊りかなー夜の10時過ぎになってにぎやかな音楽に合わせてもに踊っていた。それは遊びではなくて何か宗教の踊りのようだ。けさも5時過ぎから同じ太鼓をたたいて何かを……となえているように聞こえる。モビルさんの家からはどこからともなく音楽が流れている……日本の歌だ。うん知っている歌だな……「すみだ川」「川の流れのように」「上を向いて歩こう」「犬のおまわりさん」「ジングルベル」……

「カチューシャ」「真ん中通れば中央線」「仰げば尊し」……など日本人のわ

たしに気を使って流してくれているのだろう。昼食を用意してくれるといわれていたが近くの食堂に行ってサカナのフライ、ライスを食べた、電気が来てない「ノーパワー」だとかビールは冷えてなかった。電気がつくのは朝7時から9時夕方は4時ぐらいから電気がつくようだ。パソコンを夕方電源を入れて使わせてもらった。

　ここらあたりではお金を持っている人はひとに与えることが普通の考えなのだろうか「病院に行く」からと子供たちが「マネー」と言って私の部屋に入ってきた……。5000シリング……コインを渡した。食事代として毎朝20000シリング1200円主人のモビルさんに渡している。（1万シリング=570円　　10万シリング5700円）

2007年10月6日土曜　　　　はれ　　　　午後夕立
　ご主人のモビルさんに①銀行に行く　②ホテルに移るのでパーキングのあるホテルを探してほしいと朝頼んだ。9時すぎにカンパラ市内までモビルさんの車で出かける。市内に入ってパーキングに停めて「バークレイバンク」で3万シリング1万8千円お金を下ろす。歩いてホテルを探す……パーキングもある「ジャガーホテル」部屋にトイレ、ホットシャワー付き一泊2万シリング1200円。

| ウガンダ首都 |
| カンパラ市内 |

　予約してモビルさん宅に戻り3時過ぎオートバイに荷物を積みこんでホテルに移動する。雲行きが怪しい……雨が降ってきそうだ、大丈夫とモビルさんはいう。市内に入るころパラパラと雨が降ってきて本降りになってきた。

市内にはいる入口を間違ってしまった。赤土の道になってきた……滑りそうだなーと思ったとたんツルーッとすべって転んだ。まわりに家はあるが歩いている人がいない。

こういう時は待つ時間が長い、ようやく車が来た……が女性ドライバー。2台目は「手伝って」と頼んだがよけて「さーっと」通り過ぎて行った。歩いてきた中高年・子供に頼むが力不足でダメ……。若い人の車が来てようやく起こすことができた。普通これまでは倒れたオートバイを見たら停まって手伝ってくれるのにここではそうではなかった。「自分さえよければ」の考えのようだ、もっとも自分と同じなのでいたしかたないなー。

雨はやんだ赤土の道を用心して走る。途中マイカーの人に方向と場所について聴き直す……その人は途中まで案内してくれたので助かった。ようやくホテルについた。裏口からパーキングにオートバイを入れる。「マツオ」と声をかけたのはマックさん。父親のモビルさんからホテルの名前を携帯で知ってホテルまで来てくれたらしい。倒れたとき右の手の甲とヒジを打ったようだ、シャワーを浴びて気付いた……シップを張った。

家族といっしょのホームスティもいいがやっぱり気を使うのでホテルに移ってよかった。近くのレストランチキンスープ、玉ねぎ、トマト、ビール3本で12000＝720円ぐらいか。8時半にベッドに入る。

2007年10月7日日曜　　　くもり　　　　午後3時頃夕立2時間降り続いた

近くのネット屋に行く、きのうコネクトでつないでもOKと言った店に行く、が設定できなかった。帰るとき「お金」ときた……ネットを見ることも打つこともできないのに「なにがマネー」だと、どやした。エチオピアでも接続できないのにお金の請求をされたことがあった。その時もどやしつけた。悪いとは思うが「腑に落ちないとき」はどこの国でも「許せない」「ダメなときはだめ」自分の感情丸出しだ。

あと一軒のネット屋日本語の設定はできなかったが英語はOK。見るだけ

だったらこれで充分なのだ。スピードも速い……30 分 800＝48 円。午後 3
時からカラカス市内を散歩。ホテルのスタッフ「雨は降らない大丈夫」と
言ったがすぐに降りだした。ガススタンドで雨宿り……オートバイタクシー、
自転車タクシーなど歩いている人も寄ってきた。ミニバスタクシーが給油に
やってきた……給油できないので文句をいうが地元民は動かない。

　スタンドにはあふれる人が集まってきた。スタンドの人も慣れたようすで
文句は言わない。雨は 1 時間半ぐらいでやんだが道路の車も大渋滞になっ
た。大型バスはさっきから 30 分以上たっているのにまったく動けないでい
る。反対車線に入り込んだり、逆に向かって走ったり……自分だけの世界だ
から動けなくなるのはあたりまえだろう。レストランでもつっけんどんの態
度は一昔前の中国だな……

　踏切で停車して空いている反対車線に突っ込んでくるインドの我がままと
同じウガンダでもある……もっともこれはわたし個人の感想。渋滞している
車の間をすり抜けようとしたら通れないように車を動かしやがったので感情
むき出しでタイヤをけり上げてやった。ケニアのフレンドリーの人々とは大
違いだ。お世話になったマックさん一家には悪いけど、こんな国は早く去り
たいものだ。

　ウガンダはアフリカの「真珠」とか旅の本に書いてあるが……違うんじゃ
ないかただの石ころと思わざるを得ない。雨のやんだ 5 時過ぎにホテルに
戻り晩飯はつっけんどんのいつものレストランに行く。ここしかレストラン
はないのだ。転んで痛めた手の甲とヒジの痛みも少しやわらいできた。午前
中ホテルの人に頼んでオートバイの洗車を頼んだ……赤泥で汚れていたのを
きれにしてもらった……300 円。

　朝方は長袖でないと肌寒い気候になった。それにしてもカンパラ市内はほ
こりっぽくて……トラックは黒い排気ガスをまきちらしながら走っている。

2007 年 10 月 8 日月曜　　　くもり　　　　昼 30℃

　午前中お金を下ろしにバンク「バークレイ」100000 シリング =6 万円。夕方あしたルワンダに向かう道を確かめにオートバイタクシーに乗って幹線道路まで走ってもらった、300 円。どうにかあした幹線までは走れるだろう……と思う。これで少しは気持ちが楽になった。だいぶ長く泊ったケニア「ニューケニアロッジ」のオーナーから「通る国」に貼ってくれと頼まれた「ホテルのステッカー」を市内二カ所に貼った。

赤道直下……ウガンダ

2007 年 10 月 9 日火曜　　くもり　　朝 22℃　　はれ暑い昼 31℃　　夕方 20℃

　6 時に起床、出発の準備……7 時にパッと明るくなった、まずまずの天気だ。7 時 30 分ホテルを出発。市内から出る道はきのう確認していたのでルワンダに向かう幹線にスムーズに乗ることができた。まず覚えやすい地名「マサカ・マサカ」と聞きながら走る。赤道の標識があるかどうか途中のペトロール（ガス）スタンドで聞いた。あと 4 ～ 5 キロ先にあると教えてくれたが。10 キロ走ったところに赤道モニュームメントを見つけた。

赤道のモニュームメント。ラインはここでも黄色だった。民家が赤道直下にあるのもめずらしい

　道の両サイドに 2 メートル程の円形モニュームメントが造られていた。ここでも道路には黄色いラインが引かれている。写真をとっていると案内人が来て……バケツを見せる。渦巻きを書いた「じょうご」がバケツの上に乗っている。ピンと来た南米・エクアドルの赤道直下で水が落ちる実験の話を聞いてうらやましかったことを思い出した。エクアドルではその実験を見ることができなかったのだ。ブラジルではなかった。

「よし」ここで見られるぞ。バケツは「赤道直下」にひとつ、5mほどの「北半球」にひとつ、同じ赤道直下から5m程の南半球にひとつ全部で三つあった。最初北半球の水流計の中にとなりに咲いている白い花びらをちぎって浮かべる……するとくるくる右回りに回って落ちた。次は南半球のバケツへ……花びらは左回りにくるくる回って落ちた。「へー」エクアドルで聞いたことは……ほんとだったんだ。

　次は赤道直下……花びらは回らないで直接ストンと落ちてしまった。うーん不思議なことだ。もう一回試してみよう……北半球、南半球、赤道直下つぎつぎに水を足して確かめてみた。やっぱり同じ現象だった。南米のエクアドルで実験できなかった。ブラジルの赤道ではモニュメントだけだった。いつかは自分の目で確かめてみたいと思っていたので実現できてうれしかった。

北半球　　　赤道直下　　　南半球

水の渦巻きの落ち方の実験はバケツの上にじょうご。左から北半球右回り。赤道直下ハ渦巻きなすストンと落ちた。南半球は左回り

　実験にはお金を払う……いくら払ったのか忘れたがたしかコインで渡してすんだ。それにしても赤道直下から北・南へ10mをはなれていないのに不思議だ。また赤道の直下に民家があり家にいて南半球に行ったり北半球に行ったりしていることを想像してみるとわたしにはおかしく感じる。ヨーロッパのツアーバスが停まって赤道のこと現地案内人から説明を受けている。

「今まで赤道というからに赤道の幅」は1キロmぐらいあるのだろう……と考えていたが1センチメートルもないと……要するに「線」なので「幅」

はないとのことなのである（帰国してから日本の気象庁・天文台で確かめた）。ここから道路のデコボコはなくてムバララ Mbarara に 13 時についた。ムバララで給油しているとルワンダ方面は雨だと教えてくれた。きょうはここに泊まることにしよう。900 円（15000us）のホテルを見つけて泊る。ウガンダ最後の町だ。

　地元の人たちの顔立ちがこれまでのカンパラと違ってすっきりしたおも長の顔が多くみられる。ホテルに入ったとたんはげしい夕立になる……がすぐにやんだ。洋品店・布切れ屋、雑貨屋さん、ホテルの近くのおとなしく感じる商店街をゆっくり見て回る。

ルワンダ入国

2007 年 10 月 10 日水曜　　　　はれ朝 20℃　　　　はれ昼 30℃

　ムララバ mbarara クラシックホテル 7 時 10 分に出発。一路ウガンダの国境の町カバレ Kabale を目指す。国境まで 140 キロときのう聞いている。道は心配しなくてもいい道が続く。平均 60 キロスピードで走れる。カバレの町を過ぎて 10 キロほどで国境についた。途中山道に入って……はたしてこの道でいいのだろうかと不安になる程の山道だった。どんどん山道を上がったところが国境だった。

ウガンダとルワンダの国境につく

　いつものように国境とわかるトラックの行列ができている。ウガンダの出国手続きを終えルワンダに入る……92 カ国目だ。ルワンダの入国手続きも簡単にすんだ。国境に 10 時半について 11 時半にルワンダに入った。ウガ

ンダとかわって人なつっこい感じがするな。ルワンダの首都キガリ kigali まで 80 キロ。国境を過ぎるとまたカーブの連続である。道は狭いが道路はまずまず時おり穴ぼこやダートが出てくるが問題ない。

　青いバナナをどっさり自転車に積んで走っている人。坂道で自転車を押して登る人などバナナ産地はバナナ運びに忙しそう……トラックも車も「ゆずり合う」気持ちが伝わってきてなんとなくルワンダに入って気持ちも楽になった感じだ。国境を出て左に止めて写真を撮っていたら……言葉はわからないがその声は……おそらく「ここは「右側」「通行だぞ」と言われたに違いない。現地の人に注意された。すみません。

　久しぶりに右側通行になる。エチオピアは右側だったが運転しなかったのでアフリカでは初めてになる。ルワンダ・首都キガリに 13 時半についた。朝出てから緑の多い山を登ったり下ったり……緑の中の走りはいいものだ。キガリのセントロにつきロータリで休憩……。オートバイの周りに集まった人達に、「安いホテル」「スモール・ホテル」と日本語でしゃべる。

　一軒目 16 ドル 2000 円と高い……。二軒目 1500 円（6000 ルワンダフラン）水シャワー、トイレ付に泊まることにした。オートバイは玄関前に止める。オートバイのまわりには地元の人たちが集まっている。しばらくはここキガリで落ち着こう。

泊ったホテルからみたルワンダ・首都キガリ市内

2007 年 10 月 11 日木曜　　　朝くもり　　　　はれ

ルワンダの初日の朝……①銀行に行ってお金を下ろす　②ブルンジのビザ申請に行く

きょうやらなければならないことは二つ。宿の前にいた人に銀行は何時からやっているか聴く。今 8 時 10 分……「8 時から」じゃぁもう開いているね。相手は携帯電話を見せる 7 時 10 分……自分はまだ時差があるのをわからないでいた。ホテルの人にまだ 8 時前だと教えてもらい……初めてウガンダとは時差 1 時間あることを知った。

歩きながらあっちこっち ATM 機で下ろせる銀行を聞くと二つの銀行がわかった。一軒目は「ここではない」正面の銀行だと係りの人。その「キガリ銀行」にいった。ATM の機械はないが……しかし「窓口でおろせる」と玄関にいたセキュリティの人。窓口では「シティバンク」は使えない……ダメ。「マスターカード」か「ビザカード」は OK と話す。仕方ないマスターカードを出しておろした。

600 ドル（7 万 2000 円）おろすことにした。何か知らないが「ユーロ」で計算して米ドルで渡してくれた。米ドルが少なくなっていたのでこれで安心だ。宿に戻りブルンジ大使館へオートバイで向かう。オートバイタクシーを頼んでそのあとをついてゆく。首都・キガリの街は丘陵地帯で登り下りが多い町で急な坂道も多い。丘陵地帯の斜面にも住宅が建っている。

車はそんなには多くはない。落ちついた静かな街と言えるだろうか……。5 キロぐらい走った郊外に大使館はあった。きれいに刈りとった芝生は気持ちがいい。管内に入って申請書を書く……自分の名前とパスポートナンバーはローマ字。あとはひらがなですべて書き込んだ。受付の女性「これはフランス語」か……イエス「ジャパニーズ・フランス」「マイ・ジャパニーズ・オンリー」と話す。

変な顔をされて受け取ってくれる。受け取りは「午後 3 時」だと……そ

こえ笑顔を見せて責任者みたいな人が出てきた。「ソーリー」わたしは初めて「ここに来た」もどって再び「ここに来ること」は「できないかもしれない」だから……合唱ポーズで「スタンプ」を「今」押してほしいとお願いした。座って待っているようにと言われる。管内にいた申請に来ている地元人たち 5、6 人座っている。どうなるかと心配しながらわたしは待った。

　20 分ほど待った。ブルンジ入国「ビザシート」を張ったパスポートがかえってきた。アー助かったぁー。宿に戻らなくてすんだのだ。両手を水平にして「胸をなでおろす」手話では「安心」を表わす……係りの人と勝手に責任者の部屋に入ってその「しぐさ」を示して「ホッとしたお礼」の気持ちを伝えたかった。二人ともにこにこして応えてくれた。1 ヵ月ビザ代……ブルンジマネーはダメで 40 ドル 5000 円。ありがとうございました。

左に止めてルワンダの現地の人の写真を撮っていたら……ここは「右側通行だぞ」と注意された。

　昼寝したあと夕方ネットカフェに向かう。昼間ネットを見つけていたので自分のネットをつなげることができるかどうか確認しに行く。坂を登りきったところに新しいビルには新しいパソコンが入っている。自分の「パソコンにつないで」もらえますか。「アー OK」と返ってきた。受付の女性と店の男の人に確認したのでおそらく大丈夫だろう。ネットで「日本語」が出てくるネットを 30 分ほどながめて宿に戻る。

　宿に戻る途中ふっと思いだした……最初ホテルについてレストランまで連れてくれた 25、6 才の青年のことを……「パパ、ママ」は「ここキガリに住んでいるの」と聞いた……「ナインティナインフォ（1994 年）」「二人と

も亡くなっていない」と話した。その時は若くして亡くなったんだなーとしか思わなかった。彼がまだ子供のころだったのに違いない……と思いながら別れた。

はっと思い出した……「ナインティナインフォ」は……いわゆるルワンダ紛争1994年フツ族とツチ族の争いで60万人から100万人と言われるツチ族の人が虐殺された事件である。1994年はたった13年前のことである。今、彼の両親も殺されていたことを察した。そのとき両親はどうのような形で「連れ去られた」のか……目の前で「殺された」のだろうか……くわしくはわからないが聴きかった…………彼にはその時恐ろしく感じたに違いない。考えただけでも空恐ろしい、あれっきり彼とは逢えないでいる。

ブリキを使って家庭の器を作っている地元の人たち

2007年10月12日金曜　　　　はれ

午前中パソコンに写真の取り込み、日記の下書きを終わらせて貼り付けるばかりにした。きのう大丈夫だと言ってたネットカフェは休みになっている。別のネット屋で午後1時から5時までかかった。ここは1時間150円と高かった。4時間600円。ホテルを替えようとネットの帰りに探した。Okapi hotel……15ドル。あした10時に来るからと予約してホテルに戻る。

2007年10月13日土曜　　　　はれ

ここキガリは朝方冷え込んでくるので長袖シャツを着こんで寝ている。泊まっているgoriraゴリラホテルはトイレ、バスつきの部屋だけれど洗面所、トイレ、シャワーの水さえ出ない。ポリ容器に水を汲んで使っている。不便なのでホテルを替えることにした。自然のゴリラが生息して有名なルワンダ。

観光客のために「GORIRA ゴリラ」とホテルの名前を付けているのだろう、おそらく。

2007 年 10 月 14 日日曜　　　　はれ

新しいホテルオカピ Okapi に 9 時過ぎについた。部屋が空くのは 10 時過ぎてからとレセプション。このかんエンジンの音がおかしく、どうも気になる。そしてパワー不足を感じている。ホテル近くのパーツ屋でポラグを買って交換した。最初交換しなくてクリーニングを考えていたが、外してみると交換したほうがよさそうだった。6 本 30 ドル……3600 円。12 時ホテルに戻る。

新しいホテルできれいな部屋を期待していたが 15 ドルの部屋は本館ではなくて道路を挟んだ古い建物だった。トイレ、シャワーの水が出るぶん、これで良しとしよう。それなりに清潔の部屋だ。きょうもネット屋で写真の貼り付けをしてみたがどうもうまくいかない。しょうがないまたあしたやり直そう。隣に小さい食堂でビールを飲む。男、女性が働いている。

わたしに女性は「いくつ」と聴いた……「わたしは 63 才」だよ。あなたはいくつ……「25 才」だとこたえる。最初見たとき彼女は 35 歳～40 歳ぐらいかなーとだいぶ老けて見えた。「マザー・ファザー」はと聞くと「いない」と……この女性の両親も兄弟姉妹も民族紛争で殺されてしまったのだろう。それで苦労して過ごしてきたのだろう。彼女が 12 歳の時だったのだ。こわい思いをされたことだろうと思われる。フツ族とツチ族の民族紛争……。

1994 年 13 年前、阪神淡路震災は 1995 年だからつい最近のことなのだ。いま 20 歳台の人たちは子供の時だから親を失った人たちが相当いるにちがいない。両親を幼いころ目の前殺された人もいるかもしれない……考えただけでも身につつまされ気持が重くなる。短期間でを虐殺された人は 100 万人ともいわれている。晩飯はマーケットでコンビーフ、パン、トマト、玉ねぎ、ビールは隣の食堂で買った。

64才誕生日・ルワンダ、海外5回目……

2007年10月15日月曜　　　はれ　　　夕立

　64歳の誕生日。オランダ、ニューヨーク、イラン、ネパールに次いでここルワンダで海外、5回目の誕生日になる。レストランで食事をしてもよかったが170円のビールが240円もするのでばからしい。マーケットで魚の缶詰、きのうの残りトマト、玉ねぎ、ピーナツ……部屋で一人盛大に豪華な食事で祝う。10年前54才の時……10年後64才のいま、世界を走っているとは考えもつかなかった。

　さて10年後74才になったとき、どうしているのだろうか……生きているだろうか。人生も残り少なくなったなぁ……考えただけでもぞーっとする。（東南アジアを走った空身で最後ブータンから帰国した、74才）

ブルンジ入国……行きづまり

2007年10月16日火曜　　　朝20℃　　　はれ　　　昼30℃　　　はれ

　誕生日をまってブルンジに向かう。朝6時半にホテルスタートしようとした。どうもエンジンの音が気になる。うん、プラグを交換したからなのか……エンジンをかけるとすぐに止まってしまう。周りに人が集まってきた、メカニック今はまだ寝てる時間だと地元の人。フーっとガソリンタンクのスイッチを目にしたら「ストップ」の位置になっている。あー、きのうガソリンを抜こうとしたときストップの位置にしたまま戻すのを忘れていたのだ。

　元の位置に戻すと本来のエンジンの音に戻ってほっとした。ルワンダ首都キガリからブルンジへは一本道である。きのう地元の人に詳しく聞いている。片側一車線のカーブの狭い道が続く。1994年民族闘争で大虐殺があった。その展示館の町ブタレについた。殺された人たちの死体を積み上げそのまま保存している場所……現地の人たちに「1994年・メモリアル」を聞く。バイク・タクシーの青年が知っていると話す。

　オートバイの後ろについて走っていくと……山の中。兵隊の宿舎みたいな場所についた。兵隊さんが「ここじゃない」オートバイの青年は知らないら

しい。仕方ない山から下りて本線に戻りブルンジに向かう。考えてみると亡くなった人のそのまま山積みにした「ミイラ」を見なくてよかったのかも……思い直した。相変わらずカーブの道が続く。舗装したまずまずの道だ。

10時10分……ブルンジとの国境についた。「シングルビザ」「フニッシュ」えーこれからブルンジに向かうんだ。「シングルでOK」なのだ。なんだかんだと待たされた、どうもワイロの要求ではなさそうだ。英語のできるブルンジの人が「彼はオートバイで来ている」と話したら「コミニュケーションの」「違いとか……」言ってOKになった。何を考えてるんだろう……出国一回なのに……この係官は。

途中で見かけた立派な角をはやした牛

今度はブルンジ入国。「カルネ」の書き方がわからないらしい係官。「お前やれみたいな」係官どうし「カルネの書き方」を相手に押し付けている。最後は中年の男の人がわたしに「どこに書けば」いいのか聞いてきた。「ここにスタンプを押す」で「OK」と教えた。オートバイでこの国に来るのはいないのかもしれないな。ブルンジ入国手続きが終わった……11時30分。朝からカーブの道を走り続ける。

ブルンジに入ってジャンバーを脱ぐ。昼になって暑くなってきた……雨が降らなければいいが。ズボンは雨合羽をはいているので雨がいつ降っても大丈夫なことは大丈夫。これまで写真を撮られるのを嫌う国、嫌う人たちがいたので控えてきた。ブルンジに入ってから原地の人はまったく気にしなくなった。こっちもなんだかうれしくなる。山の斜面にはバナナ畑……苗を見ると平地ではイモ作っているようだ。

　南米のアンデス山脈を思い出すような高い山に入ってきた。こんな高い山なのか……朝ルワンダ・キガリを出てからずーっとカーブばかりの道。山からわたしを見つけた地元の人が駆け下りてきた……残念ながら間に合わない。山の上から遠くに町が見えてきたあれはブルンジの町なのだろうか。だんだん高度が下がりくだり道になってきた。ブルンジの首都ブジュンブル町の入り口におおきなモニューメントが建てられている。

オートバイ見たさだろう……一目散に山の上から走って降りてきたが、間に合わなかった……残念

　14時だ。市内に入りガススタンドの隅にオートバイを停めた。集まってきた両替屋、たばこ売り、地元の人たちだ。

「アロー」……「ホテルはどこ」たばこ売りの青年が隣のビルを指さして「そこだ」歩いて青年のあとをついてゆく。「ここは高い」とホテル玄関前を通り過ぎる。となりのホテルへ。ここは「安い」と彼は言う。レセプションはシングル一泊10ドル……1200円。ここに泊まることにした。広い敷地で明るい部屋である。案内してくれた、たばこの青年に500ブルンジフラン……120円を渡す「ありがとう」

　歩いて戻ったガススタンドからオートバイをホテルに乗り付けた。地元の人たちがどこで聞きつけたのか、7、8人ホテルにやってきた。荷物を部屋に運んだあと地元の人たちと一緒に記念写真。シャワートイレは共用になっている。下着・靴下を洗って水シャワーを浴びる。4時過ぎにネットカフェの場所を確かめる。朝からドリンクだけで走ってきた。ちょっと早いがハラ減ったので晩めしとしよう。

　ホテルの中庭にはレストランがある。ビール大瓶1800BF……200円。にわとり半分セットなど注文。値段はルワンダとほぼ同じぐらいだろう。ルワンダの通貨がようやくわかるようになって次の国ブルンジに移っているので計算するのに面食らってしまう。食事中大雨になった。一時間ぐらいでやんだ。

2007年10月17日水曜　　　はれ　　　　はれ

　ブルンジの初日の朝、カラーっとした青空が広がり気持ちがいい。パソコンに書き込む日記の下書き、写真の取り込み、写真の縮少など午前中いっぱいかかった。昼めしのあと午後3時ごろからブログの更新に取りかかる、19時を過ぎてしまいあしたにまわす。すっかり暗くなっている。宿まで2、3分ぐらいだが……リュックの重みが違うようだ……。中学生ぐらいの男の子がリュックに手を付けているようだ。

　「このやろう」と怒なると走って逃げた。ホテルでリュックを見るとチャックが空いている、ふん、やっぱり盗っ人だったのだ。開けられているが何も盗られてはいない。夜は気をつけないと危ないな。ネット代1時間1800BF・1.8$・約200円×4時間800円

　ホテルのレストランでチキン、ライス、トマト、オニオンセット……ビール2本合計900円

2007年10月18日木曜　　　はれ　　　午後40℃　　　昼40℃を指していた

　きょうも朝から青空、こんなに気持ちのいい天気は久しぶりだ。ネットカフェに行ってきのうの残りを終わらせよう……終わったのは12時を過ぎてしまった。ネット代きょうも800円。昼めしはサラダ、オニオン、ビール2本を買って部屋ですませる300円。ルワンダとブルンジの国境で口添えしてくれた英語のできるブルンジの男の人に電話を入れる。

　「ブルンジについたら電話するように」と言われていた。彼が来てくれたら①オートバイを運ぶ船のことや船代など聞いたほうが早いだろう。夕方6時にホテルに来てくれることになった。さてどうなるか……船の運航が気に

なるなー。部屋にいる限り暑さは感じないが外に出ると日差しが強い。夕方6時になっても男の人は来ない……7時になったので電話を再び入れた。20時ごろには行くとの返事、21時になっても現れない。

　夜中に自動車の止まる音がした。もしかしたらと外に出るが違った。言葉がここブルンジでは通じないので英語のできる彼が頼りだ。あした金曜だから船はあしたじゅうに見つけないともたもたしているとビザも切れそうで心配だ。ベッドに入るが「船が出てなかったらどうしよう」と寝付かれない。船も港もチケット売り場もどこにあるのかわからない。進むことも戻ることもできない袋小路に入り込んだような気持で不安はつのり……

　突然パッと停電したような八方ふさがりになってしまった感じである。最悪の場合飛行機か……でもこの国に飛行場があるのか。次々と悪い方へ悪い方に考えてしまう。なかなか寝付かれない。

泊まっているブルンジのホテル
一泊１２００円

タンガニーカ湖から脱出

2007年10月19日金曜　　　くもり風もある

　朝4時に起きて絵を描いた。タンガニーカ湖を描いて　①出発ブジュンブラの港　②到着ザンビアの港　③船を描いてオートバイを載せた絵　④日付を10月19日〜10月28日書いていつ出発するのかのつもりの絵。言葉は通じなくともこの絵を見せればわかるだろう。インターネット屋に行けば英語ができる人がいるだろう……おそらく。7時半ネット屋に向かう……そ

の途中ホテルのスタッフが3、4人テーブルに座っている。

レセプションの女性はあてにならないが、男たちに絵を見せた。

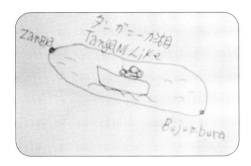

タンガニーカ湖に船を浮かぶ絵
を描いて船の港を探す

　その中に「港はホテルから5分ぐらいのところにある」「そこでチケット
も買える」と話す。さっそく港に向かった。ほんとうに5分で港に着いた。
朝は早いが地元の人たちが集まってきた。「ザンビアまでのチケット」など
と話していると……ブルーの制服を着た男の人がやってきた。「こっちにこ
い」と事務所に連れていく。税関の係官だった。自分で描いた船の絵を見せ
た。

　係官もタンガニーカ湖を描いて説明してくれる。係官二人で眼を合わせな
がら話を続ける……うん、この態度はワイロをもくろんでいる。ワイロが高
かったらどこかで開き直ろうかなど考えながら話を聞く。最後のほうで「チ
ケット売り場はどこ」係官は歩いてすぐだと、いっしょについてきてくれた。
ここではなかった。タクシーを呼んでいこうとしたのでわたしのオートバイ
行くことにした。

　係官を乗せて市内に入る。泊まっているホテルの近くに事務所はあった。
船の事務所の人はいい顔をしない。これじゃやばいぞ。10分以上話した後
10月21日から23日の間に船が出ると話す。そこへオーナーらしき人が入
ってきた彼は23日火曜に「船を出す」とわたしに話す。誠実そうなオーナ
ーの態度は信頼できる。で、運賃はいくら……本人50$6000円オートバイ
50$6000円。

　トータル1万2千円……えー高いなーとおどける。内心は300ドル3万6千円ぐらいはかかるだろうと思っていた。タンガニーカ湖は約700キロもある細長い湖だ。10月23日出発・25日ザンビア着、二泊三日の船旅になることを確認。お金はホテルに戻って午後に持ってくることにした。お金は持っていたがサイフの中を見られたくなかった。税関職員をオートバイで事務所まで送る。

　疑っていたが最後までお金の要求を彼はしなかった。彼ひとりになったところで5000BF……600円をお礼に渡す。ありがたかった。まだ安心はできないが夕べは眠れないほど不安の夜だったのだ。とりあえずホッと安心した。ホテルに戻って……歩いて5分の船会社に100$12000円もっていった。

ブルンジで暮らす人々

2007年10月20日土曜　　　朝

　夕べは不安で寝つかれなかったが、とりあえず船に乗せることができるようになったので不安も解消した。おかげでゆっくり寝ることができた。日記の下書きパソコンに入れた。写真も取り込みネット屋に午後3時過ぎに向かった。すぐに停電になったが20分ぐらいで電気は復帰。5時半にすべて終了できた。夕方6時過ぎから晩飯にして8時半にはベッドに入った。早く23日になってくれーい。

2007年10月21日日曜　　　朝から雨　　　午後から晴れた　　　昼35℃

　夕べから雨降ったりやんだりが続いている。いま、雨期に入ったのかな。まぁ23日船の出港までにやんでくれればいいや。憂鬱な気持で気分がはれ

ないなー。午後ネットカフェに行って気晴らしに便りでも読んでみようとしたが、マケドニアようこさんはわたしの掲示板に書き込みしてくれていたのでうれしかった。森山さんの分、何回も送信したが送れずやめにした。

　宿に戻りオートバイにペトロールを満タンに入れこれから向かうザンビアに備える。市内を初めてグルーっと周りタンガニーカ湖畔も走ってみる。きょうは休みで地元の人たちがくつろいでいる。

2007 年 10 月 22 日月曜　　　　くもり　　　　　はれ　　　　雨

　どうも落ち着かない……船会社 23 日出発時刻は「23 日朝 8 時から 9 時」の間にわかると話している。食事のことをいまいちわからないので様子をうかがいに船会社に向かった。「閉まっている」えーきょうは月曜じゃないか……うん、」はぐらかされたか。今 9 時だから後でまた来てみよう。ホテルに戻る。100 ドルぐらいで持ち逃げはないだろう。いろいろよからぬことが頭を駆けめぐる。

　10 時に再び船会社に行く……相変わらず閉まっている。どうしたんだー。通りかかった人に「閉まっている」と指さすと男の人は「きょうはホリディ」あした 8 時開くと話す。自信たっぷりに頼もしい話しぶりだ。同じビルで働いている人なのか、管理人なのか船会社の入っているビルに入っていった。アーこれじゃ大丈夫だ。いままでの不安は男の人の話しぶりで信用でき安心できた。

タンガニーカ湖の出国手続き
……ブルンジの税関事務所

　午後ネットカフェに行くついでに両替にいつもの銀行に……アレー閉まっている。昼休みは2時半まで……今3時を過ぎているのにおかしいな。ここらあたりは月曜休みなのか。そうすると船会社の休みも納得できる。ネットカフェの隣にヤミ両替屋があった。狭い暗い通路を通ったところにあった。1ドルいくら……電卓で「57700」とたたく。オー銀行は50000ジャストなのに7700も高い。あと一日なので50ドルだけ両替した。

　アー最初からこの両替屋を使えばよかったのになー……すでに遅しあとの祭り。ネット屋に入るが中々「つながらない」そのうち停電になってしまった。よく停電するもんだなー。しょうがないパソコンをたたんでホテルに戻る。あしたからの食糧の買い出しに出かける。パン、コーラ缶5本、ワイン、缶詰、ビールの代わりにジンは買ってある。コーラで割って飲むのだ。全部で14000BF……1700円

　最後の夜になってほしいものだ、明日23日はザンビア行きの貨物船の中に乗っていることになっていてほしい……果たしてブルンジから脱出できるのかどうか……。

2007年10月23日火曜　　　　くもり　　　　はれ　　　　はれ

　今7時だ……きょう船が出るのかどうか、朝8時に船会社で出発時刻を確認することになっている。はたして、はたしてどうなるか。ここブルンジに来てから半そでシャツで過ごせる陽気になって朝方ちょっと冷えるが太陽が出ると30度を超す暑さになっている。

　8時になったので船会社に向かう。きょうはオープンしているようだ。会社に近づくに従ってドキドキしながら…………二階に上がっていく。

　男と握手……きょうは「だめだ」えー不安的中……。で、いつ出るのか……「わからない」「あと一週間か」うーん……「ネービーわからない」やっぱり荷物が集まらなかったのだろうか。あーぁ……ホテルに戻る途中高級ホテルのレセプションによって別の船会社あるかどうか、聞いてみよう。地

図を見せながら説明した。わかったのかわからなかったのか教えてもらったチケット売り場にタクシーで行く。なんとも貧弱なチケット売り場。

タンガニーカ湖貨物船に乗せる

　なんとここはバスのチケットだけの売り場だと……。船会社にさらにタクシーで向かう。

　最初に来たことがある税関の近くの船会社……荷物が集まるまで前回は2ヵ月ぐらいかかったと船会社。実はと「予約している船会社」の「レシート」を見せた。レシートにある会社に電話してくれる。何を言ったのかわからないが朝方行った船会社に舞い戻る。オーナーらしき人が「25日木曜」に「船が出る」と話す。

2007年10月24日　水曜　　　はれ
　あてにならないがこの会社にまかせるしかないな……。今月いっぱい待って船が出なかったら悪路の道を決死の覚悟で走るしかないなーと思う……どうしても走れなかったらトラックをチャーターしてザンビアに向かうしかない。とりあえず25日木曜まで待ってみよう。憂鬱な夜の満月ブルンジ・タンガニーカ湖の夜。船が出なかったらどうしたらいいんだろう……不安の日が続く……。

湖上に真っ赤なお月さん
2007年10月25日木曜　　　はれ
　きょう船が出なかったらもう一つの港タンザニア・キゴマに向かうつもり

でオートバイに荷物を積み込みホテル7時半に出発……きょうもおそらく「ダメ」と見込んで船会社に寄ってみた。8時に開く船会社は開ける寸前だった。オーナーみたいな人が俺を見るなり「OK・4時」と言う。えー本当かよ……100%ダメと踏んでいたので信じられない気持ちだ。きょう「船が出るのか」別の男に聞いてみる。90%は大丈夫……。

事務所に上がって「手続き」についてどうなっていると聞くが港に行けばわかるとつっけんどん。あんたたちは地元だからすぐにわかるかもしれないがわたしには」わからない……あなたの車の後ろについていくから「案内してくれ」……わたしの書いた地図を見て「ここ」に行けばいいとつっけんどん。ここはどうしても粘って船付場まで連れてもらわないと困るのだ。

そうこうしているうちにあずき色のシャツを着た男の人が入ってきた。見るからに人のよさそうな顔立ち。彼に船付場まで連れて行ってくれと頼む、「OK」。事務所の車の後ろにオートバイで男の人についていく。5分で船付場、8時半についた。あずき色シャツの男の人の案内で港事務所をあっちこっちと回り手続きを済ませる10時ごろ手続きは終わった。ありがとうございました。ふーっ……。

オートバイは港構内に止めたまま……午後2時パスポート、カルネで出国手続きになるらしい。いったん泊まっていたホテルに戻り昼飯をとった。心配しているだろうからネット屋に行って「船が出る」それだけを日本に打った。オートバイタクシーで港に戻った。　これまでは船が出なかった場合支払った100ドルを戻さないことになったら、どうして取り戻そうか事務所の男の顔を思い浮かべていた……

また相当悪いタンザニアの道路のこと、もし雨でも降られてヌルヌルの道になって進めないときにはどこでトラックをチャーターするかなどと頭の中はこわさ、恐ろしさでいっぱい。何が怖いかってオートバイが転んだとき、ひとりでは起こせないのでこれが一番やっかいで怖いのだ。周りに人がいればいいが、へんぴな場所で誰もいない場所で転んだなど人が来るまで待つ

しかないのだ、考えるとなかなか寝付かれない。

日本では見たことのない赤い満
月がタンガニーカ湖に出てきた

　じゃり道はまだいいが、どろ道はちょっとしたことで「ツルっと」すべっ
てしまう。シベリアではその赤泥で転んで、車が来るまで時間がかかった
……40分ぐらい待って起こしてもらった。横転したままのオートバイを見
ながら、車が来るまで待つ時間が長く感じる。

　今も泥道を見ただけでびくっとする。泥道、砂利道を走れるオフロードの
オートバイなら平気だろうが……わたしのオートバイはアスファルト専用の
オンロードオートバイである。

　それに重量が450キロと重い、なぜそんなオートバイで走っているのか
……と言われてもこのオートバイが好きだからとしか応えようがない。午後
4時過ぎにカルネを出して出国手続きを税関事務所で済ませた。その前に包
み込まれた魚の網でオートバイをクレーン車で貨物船に積み込まれる……へ
ー……オートバイが空を飛んでいるような不思議な感じだ。4時過ぎにすべ
て終了船に乗り込む。

　4時の出発だけれども、すでに過ぎて、まだまだ時間はかかりそうだ。オ
ートバイはロープで固定しなくても大丈夫だと言うが心配だったのでロープ
をもってきてもらった。この貨物船は5時30分に動き出した。ブルンジ・
ブジュンブラ港を出る。この船はタンザニアのカサンガまで運ぶらしい。そ
のあとは乗り換えて別の船に乗り換えると船員が話す。まぁ、いいか、陸路

を走るより、こっちのほうがいい。

　途中で降ろされてからどのくらいの距離があるのか、この時点ではわかっていなかった。貨物船であるが20人ぐらいの乗客が乗り込んでいる。小さい食事室、別料金であるがベッドの部屋もある。冷蔵庫があるのかどうかわからずビールは4本だけしか買わなかった。冷蔵庫は二つあった。ワインも一緒に冷蔵庫に入れた。これがあると元気も出るぞ。

　最初食堂で寝ようと考えて荷物を運んだが5、6人になってしまい寝れない狭い状態。そうだ「テントがある」じゃないか……甲板にテント張って寝ることにした。晩めしはビール一本とジンをコーラで割って……缶詰とパンでおしまい。湖上にはこれまで見たことのない赤い満月が現れた、だいぶでかくて初めて見る赤い月、十六夜だろうか。ブルンジに来てからパッと突然停電したような……言葉が全く通じないと言っていいほどに感じた。

　お先真っ黒の気持ちになる。言葉は通じなくてもこれまで平気だったが……気持ちがもう一つ通じない。ようやく船の手配をしても「いつ出るのか」わからない。そうかといって陸路の泥の山道を走る勇気はない。船が出ない場合「泥道を走る決死の覚悟を」最後は決めた。「生きるか、死ぬか」大げさでなくて真剣に考えた。700キロの道を一ヵ月かける気持ちと予算を覚悟した。それが一転して船が出ることになったのだ。

一泊二日貨物船で細長い湖700ｋｍのタンガニーカ湖を渡る。船の真ん中にテントを張って過ごす

　身も心も震えるほど不安、心配が続いて気持ちの晴れない日が続いていたのである。船上のテントで横になった。　あぁ、よかったなーじわじわと身

体がなごんできた。じわーと身体が……頭が……解きほぐされてゆく心地よさを感じる。あぁよかったなー。船のエンジン音いつもは、うるさく感じるのだけれど今はここちよい。テントに来る前に船の食堂でいっしょになった、おばさんはどこへ行くのだろうか、実家へでも帰るのだろうか。

　おばさんに晩めしの時にパン一個、次の朝、コーラ一本差し上げた。船内には夫婦二組、若者5、6人全部で20人ぐらい乗っている。

2007 年 10 月 26 日金曜　　　はれ　　　　昼暑い
　エンジンの音が船を揺さぶる……湖のうねりはないので船の揺れもほとんどない。これじゃオートバイのロープもいらないわけだ。夕べは心おきなくゆっくり休めた。6 時前に太陽が出てきた。ありがたいことだ。冷えたビールで昼飯。船は休むことなく進んでいく。

　ブルンジ・ブジュンブラ港を出ると。右にはコンゴ民主共和国、左にタンザニアの山が近くに見えたり遠くに見えたりするだけ。

　到着予定の港はザンビアの国……四つに国に囲まれた 700 キロほどある細長い湖タンガニーカ湖である。日中は陽ざしが強い、テントの中も暑いが前後開けると風が入る。二日目の夕方も初めて見る赤い満月が出てきた……。晩飯の時間 6 時ごろになってくると腹が減ってくる。冷えたビール、玉ねぎ、缶詰、最後にパンを食おうとしたら、うぅぅ……カビが生えている。何しろ22 日に買ったものだから仕方がない。

小さい港におろされた
2007 年 10 月 27 日土曜　　　はれ
　夕べはパタパタと烈しいテントの音。強い風だった。そしてエンジンの音が止まる。激しくカラカラとイカリをおろす音に目が覚めた、4 時だ。停泊するようだ、ウツラウツラ 6 時に起き日の出を見る。目の前に小さい港、一隻分もない小さなふ頭だ。汽笛をあげて 7 時過ぎに港に近づく。カサンガ港らしい。入国のため税関が来るのを待つ。最初やってきたのは保健省？

イエローカード（黄熱病接種）の確認だった。

　国境係官が来たのは10時過ぎオートバイは港にあった荷物を降ろす、長い鉄の梯に載せて7、8人で港におろした。なんと、今頃地元のトラックは土けむりをあげながら狭い道に土砂をおろしている。港から続くすぐの登りの道に……である。ここから船を乗り換えてザンビアに運ぶことになっていた……ボートはあるがとてもわたしのオートバイを運べる船ではない。ボート以上の船はないと話す。ええーどうすんだよ……

なんと途中のタンガニーカ湖、タンザニアのこの小さい港で降ろされた

転んだらおわりダートの山道

　ならばこれから陸路を走ることになる。地元の人にここ港からザンビアまでの距離を聞く……心配で仕方がないのだ。船長や船員の話はどうもはっきりしない。地元の青年は100キロぐらいはあると話し、道はガタガタ道だと。迎えに来た国境イミグレ係官の後ろについて走り出した。さっき投げ入れた新しい土砂の土の上にはまり込んで動けなくなってしまった。

タンガニーカ湖の途中タンザニアの港で降ろされてこの港から走る。港のそばに建つ地元の民家

　船から見ていた青年が駆け寄ってきて押してくれたので脱出することができた。イミグレノ係官を追うが姿が見えない。この先で待っているのだろうと走り続けた。石ころ、じゃり道、砂道、山道はタイヤで磨かれ光っている石の道が続く。青年が話した悪路だ……息を殺して……倒れたら終わりの恐ろしい道を必死になって走る、狭い道になるところどころに集落が出てきた道と家の庭みたいな境目のないわからない道を走る。

　イミグレの係官はまだ見つからない……もしかしたら別の道だったのかもしれないな。ここまで来て引き返す余裕などはない、戻る勇気などもない。いけるとこまで走ってその時に考えよう。時にはローギヤーで 10 キロ 20 キロのスローで進む。朝から何も食ってない……水と残ったコーラだけで走ってきた。その水も残り少ない。緊張の連続でのどがカラカラ渇く。道のそばに店らしいところで水を買おう……。

ドル紙幣は見たことのないお札なので水が買えなかった。しかし路上で売っていたトマトをどうにか売ってもらった。あー助かった……

　水はあったがタンザニアのお金がない。お店の女性はいったん出したペットボトルを引き下げた……10 ドル 1000 円、100 ドル一万円でもペットボトル日本円 100 円小を買えないのだ。見たことのないお札（お金）は使えないのだ……見たことがないお金は役に立たないのである。トマトを売っている路上についた……1 ドル紙幣をしばらくながめていた。その中に英語のわかる人がいて……ようやくトマトを買うことができた。

　トマト 5 個買ってその場でほうばる……水っ気がうーんうまい。途中一台止めてあったトラック一台に出会っただけである。その運転手さんに国境

までの距離を聞いている。

「35 キロ走ってそこから右へ」すでに 35 キロはとっくに過ぎている。ちょっとした町についた。右に曲がるところまでは「何キロ」か「そこを曲がれ」と指す。アーここが突き当りの場所なのか……ホッとした。ドルの両替を集まってきた地元に人に頼んだ。「ちょっと待って」ひとりの青年。40 ドルを両替できたので水を二本買うことができて少しは安心できた。ずれてきた荷物をくくり直した。

これからは今までと違って本線になるわけだから……道は少しは良くなってくるだろう。ところがどっこい全く同じ悪路の道が続いた。いや、それ以上に砂地の道、わだち、道の真ん中が割れている。悪路にタイヤをとられてグラグラしながら……緊張が続く。直した荷物が崩れているようだったので家が集まっている村に止めた。アレーっふたつあるはずの荷物一個……寝袋の入っている黒バックがない。

ずれ落ちてしまったようだ。2、30 人集まってきた地元の人たち。もうくたくたに疲れ果てて、すぐにでも横になりたいほど疲れきっている。自分では走る気力はない。目の前に止まっているグリーンのオフロードのオートバイを見つけた。オートバイの持ち主を探して……事情を話した。「黒バックが落ちてしまった」「お金を 50 ドル払うから」戻って拾ってきてほしいと頼んだ。彼は出かけてくれた。

朝から……何せトマトだけで走ってきた。残っていたトマトをむさぶるようにほうばる。笑顔など出ない。集まっている地元の人たち 2、30 人はめずらしい人類を初めて見るというような顔でわたしを全員でじーっと見つめている。バックは大型バックと中型バックを積んで走ってきた。無くなったのは中型バックである。寝袋と資料を詰めたファイル、日記などが入っている。現金は入っていない。

探しに走ってきてくれた青年は 30 分ほどで戻ってきた。バックは積んで

いない……彼は「なかった」という。途中自転車や歩いていた人がいたので
拾って持って帰ったのだろう。50 ドル渡そうとするとタンザニアマネーと
言う。国境で両替して渡すからといっしょに走った。国境はここから 5 キ
ロぐらい先と地元の人から聞いていた……彼が国境まで一緒に走ってくれる
というのでとても心強く助かった。

もうすぐタンザニアとザンビア
の国境……ここまではバックは
あった……

くったくたザンビア国境にたどり着く

　国境まで相変わらず悪路続きだった。彼が後ろからついてきてくれている
ので気持ちは楽になって走れた。5 キロを 30 分かかって国境についた。タ
ンザニア時間 16 時半（ブルンジ時間 15 時半）150 キロを 6 時間かかった。
よく転ばなくて走ってきたものだ。国境は閑散としている。メガネをかけた
30 歳ぐらいの係官ひとり。「コンニチワ」などと日本語を話す人のよさそう
な係官だ。

　落としたバックのこと、彼に払うお金のことを話した。国境事務所にはわ
たしだけである。係官は落としたバックの型、色、中に入っている物など聞
きだした……どのあたりから走ってきたのか、地図を描きながら書き出す。
オフロードのオートバイだからかなりのスピードで走れるという。オートバ
イの彼ともう一人を乗せて再びバックを探しに走ってもらった。途中荷造り
し直した場所までは往復 2 時間はかかるだろう。

　わたしのバックを見つけに行って彼らが戻ってきてから「パスポートの手
続きをする」とメガネの係官。事務所の中に案内された。白い床タイルの事

務所イスに座れと勧められたが、「もうグロッキー」言葉も出ないどころか座れない……。失礼とは思ったがわたしは冷たいタイルに寝そべった。係官がいうに、彼らが返ってくるのは6時半ごろになる。ここザンビアの国境から次のホテルまでは21キロ30分で着くと言ってくれる。

　係官の人柄と周りの雰囲気がなんともなごやかなこの村は心休まる気がした、出来れば2、3泊してもいいところだなーと思っていた。係官に「わたしはここに泊まる」……しかしわたしのビザは今日限りである。ビザはあした出発すれば問題ないと言ってくれた。実は船から降りて入国係官を見失って入国手続きをしないでここまで来てしまったことを心配していたがメガネの係官はパスポートにスタンプを押してくれたのでホッとした。

　冷たい床タイルの横になったおかげで体は少し楽になった。近くには低い山、広い盆地のように見える場所に建っている国境事務所だ。事務所を出ると学校に行く前ではないかと思える小さい子供男女7、8人に囲まれた。最初こわごわしながらわたしを見ていたがすぐに打ちとけてくれた。なんとも心やさしい子供たちである。青空の下、白い花が咲く木の下……のどかな風景草むらに車座になった。

歌ってもらい子どもになぐさめられる

「五木の子守歌」「春の小川」日本の歌をうたった。今度は「あんたたちが歌ってよ」と日本語でたのんでみたら、はにかみながら女の子が歌いはじめて……全員で「タンザニア～タンザニア～……」と歌い始めた…………こみあげてくるのを抑えることができなかった……純真な子供たちの気持ちにありがとう……この時ほど言葉は必要ではないなーと思ったことはない。少しの時間だったが心安らぐひと時であった。

　係官はホテルまで歩いて案内してくれた。学校みたいな木造の宿は一泊2ドル240円、小さい食堂で晩めしは焼き魚、ビールも……すべて彼が注文してくれた、全部で360円。あと一泊してもいいが残念ながらビザが今日までである。宿ではお湯をバケツで運んでもらったので久しぶりにお湯を使

って頭を洗う……さっぱりした。電気は来ているらしいが……ランプで晩飯になる。電気のパワー不足でビールが常温だった。

　バックを探しに行ってくれたオートバイの二人が戻ってきた7時だ。バックは持ってない……「探したがなかった」と。ふたりに「どうもありがとう」お礼のお金はあしたの朝国境事務所で渡しますから……お礼を言った。いっしょに探しに行ってくれた一人は昼間歌ってくれた女の子のお父さんで……宿の子供だった。思い出すだけで心が震えるほどの悪路、転倒したらおしまい狭い道……必死に乗り越えてきた。

　これじゃブルンジから700キロ陸路を走ってくることは到底無理だ……トラックの運転手も走るのを嫌がるわけだ。タンガニーカ湖を途中まで船で来られてよかった。係官は国境の門を閉めてからオートバイを国境事務所に保管してくれた。歩いて宿に戻るとき星空がきれい。

2007年10月28日日曜　　　　はれ　　　　いい天気

　きょうは日曜日だと朝になって気がついた。7時にはランランと太陽の光。地元の女性達は手こぎポンプを使いワイワイ話しながら水をいくつものバケツに汲み上げていた。わたしもコップ一杯分けてもらい、歯をみがき、ひげを剃って、顔はぬらすだけ……コップ一杯で済ませた。きれいな水だった。ホテルで出発準備をしているとドアーをたたく音、開けてみるとホテルの女性とオートバイの彼が「バック・バック」と……

　靴下片方だけ、パンツ一枚で外に出た。オートバイの荷台にがっちりとくくりつけた、わたしのバックが載っている。ええーどうしたんだー。けさも彼がバックを探しに走ってくれて……見つけてくれたようだ。すっかりあきらめていたバックが戻ってきた不思議な感じである。国境事務所では、カルネの手続きが残っている。入国手続きをしていないので、どうなるのか心配していたが「入国」「出国」のスタンプ押してもらい事なきを得た。

　バックを探しに行ってくれた二人にお礼のお金を渡した。きのうから3

度も見つけに行ってくれたオートバイの彼に50ドル。きのうも50ドル渡しているから100ドル。夕べふたり乗りで見つけに行ってくれた女の子のお父さんに50ドル渡した。ほんとうに真剣に探してもらったことはお金に代えられない……タンザニアの人たちの気持ちがうれしかった。

バックは出てこなくてもよかったのだが、タンザニアの人の気持ちを忘れまい。

止まって写真を撮れるからこの道はまだいい方……汗びっしょり必死に走った

（後日メールを見た人から、50ドルなど大金は渡し過ぎじゃないかとコメントもあった。そうかもしれない、わたしにとってお金に代えがたい以上のものを感じていたのだ）

お金に囲まれて生きているより、自然に囲まれて生きている大切さをしみじみ感じる。

ほんとうにありがとうございました。国境事務所のメガネの係官は名前「ウガノ」さん。オートバイの後ろに乗ってザンビアの国境までついてきてくれた。彼は国境ザンビアの国境事務所に入っていく。わたしは国境ゲートで待っていた。手で開け閉めできるゲートである。ザンビアの地元の人たちを写真に撮ったりして待った。

地元の人たちは一部空いている国境ゲートを行ったり来たり自由に出入りできるようだ。写真を撮っていた……アレーオートバイのテールランプがぶ

ら下がっている。きのうの悪路でやられてしまったのだ。自転車のチューブ取り出して切り取り応急処置した。かんたんに締め付けることができるプラスチック製で止めた。とりあえずどうにか持ちそうだ。早く気づいてよかった。

タンザニアとザンビアの国境、これからザンビアの入国手続きに入るため一時停車

メガネのタンザニア係官ウガノさんはわたしのこと、「マツオさん」と呼ぶ。覚えが早い頭のよさだ。そのウガノさんがザンビアの係官といっしょに戻ってきた。ザンビアの国境事務所で手続きを進めるが……①次のムバラ Mbara という町のイミグレーションに行くこと　②ザンビア・ブルングの港でカルネの手続きを済ませること。メガネのウガノさんがわかりやすく紙に書いて教えてくれた。

その紙を見た……エー港のブルングへ……悪路の 40 キロいやだなー。再び暗ーい気持ちになる。とりあえず手続きを済ませた。ウガノさん助かりました……本当にありがとうございました。握手して別れる。ザンビアに入って走る。ザンビアは道がいいと聞いていたが、今までの道とさほど変わらない、道が広くなった分いくらか、走りやすいが、深いわだちの泥道、そのわだちに沿ってこわごわ、そろそろ走るしかない。

前からトラックが来たときによけることができない、その時はその時だ。21 キロでムバラについた。ムバラから舗装の道になると聴いていた……その舗装の道が見えてきた。おー……「舗装の道だー」ついに出た、アスファルトの道、あーよかった。ポリスオフェスでイミグレ（出入国事務所）の場所、ガススタンドを、ゲストハウスの場所を聞く。アーこれで道の悪い道路

は終わったのだろうなー。不安もなくなりホッとした。

　今日は日曜日イミグレ（国境事務所）あした9日月曜にオープンだと教えてくれた。この先にガススタンド、ゲストハウスもあると……ガススタンドで満タンに入れた。ザンビアのお金は一銭もない。実はドル払いでOKと聞いていたが、もし万が一ダメな場合を考えて満タンに入れたのだ。ダメの場合あした支払うつもりで黙って入れたのだった。しかしドル払いでOKだった。ホテル代含めて40ドル両替した。

　ホテルはガススタンドの目の前にあった……オートバイを置いたままホテルに行って部屋を確認、予約した。ホットシャワーも出るグッドなホテルは10ドル1200円。11時半ホテルの昼飯、チキン、トマト、玉ねぎ……冷えたビールで気持ちが落ち着く。イミグレ（出入国事務所）でカルネの手続きをしなければならないので二泊することにした。その手続きをするブルングの港までアスファルトの道と聞いて安心した。

手をあげたら笑顔で応えてくれたザンビアで暮らす人々

2007年10月29日月曜　　　　　はれ10時40℃

　夕べ激しい夕立になった。けさはカラーっとした気持ちのいい青空……温度計は40℃を指しているが、その割には暑さを感じない。200キロの悪路を走り終えた、いまでも心の震えは残っている。今日は①入国手続きのイミグレはホテルの近くで助かった……②オートバイのカルネの手続きは40キロ先の港まで行くことになる。イミグレの入国手続きは歩いて3分の場所であるが、港まで行くのでオートバイで出かける。

　8時オープンのはずだがイミグレが閉まっている。近くの人が「今日はあかない」……なにか、スリーピングの仕草をした。うん……「人が亡くなった？」開くのはあしたになる。困ったなー。とりあえず港の事務所に行けば何とかなるだろう……同じイミグレなのだろうから。港までの道が心配で、心配できのうから5、6人の人に「道はアスファルトの道か」繰り返し聞いていた。「ベリーナイス」の道だと皆さんは応えていた。

　それでも心配だ。市内の道と同じアスファルトの道は続いた。あーよかった。約40キロのアスファルトの道のり、約一時間で着いた。係官はいた、イミグレ（税関事務所）パスポートの手続き、カルネの手続きを終える。パスポートスタンプ代25ドル（USのみ）を支払う。タンガニーカ湖の港には、2、3隻停泊している。ブルンジ国のお金残っていて両替できずにいたので港の船員さんに両替してもらった。

　40ドルが30ドル分と安かったがザンビアで両替できず無駄になるよりましと考えて両替をすませる。アスファルトの道はやっぱり気持ちがいい。これまでの悪路の後遺症が残っていてスピード60キロ以上は出せないで走っている。まだ心のすみに身体の震えが残ってスピードを出すのが怖いのだ。振りかえっても、たった200キロの距離だが本当に怖かった道、雨が降ったら生きるのか死ぬかの道。雨が降らなくてよかった。

スイカのシーズン、スイカの産地なのだろうか……
道端にお店が並んでいた

　そういう意味では雨に合わなくてラッキーだった。ホテルに戻ったのは12時前、さっそくビールで昼飯。きのうの食事代も払っていなかった。銀

行で両替したので支払いを済ませる。まだ、これまでの 200 キロの悪路の後遺症が残っていて落ち着かない気持ちだ。落ち着くまでまだ時間がかかりそうだ。あしたの出発を見合わせて、しばらくここで気持ちを落ち着かせよう。

2007 年 10 月 30 日火曜　　　はれ

　一日中ネットの下書きをして終わる。あと何日か泊まってから出発しようと考えていたがレストランのコックが料金のお金をごまかしたのであした出発することに決めた。

「ジャイカ青年海外協力隊」

2007 年 10 月 31 日水曜　　　朝 20℃　　　はれ　　　昼 32℃

　朝 6 時前に起きてガス、スタンドが開いているかどうか確かめに行く、二軒目が開いていた。6 時 30 分ホテルを出るとき、お世話になったホテルのまじめ人間マンディさんが見送りに来てくれていた。道は一本道ところどころダートが出てくるがたいしたことはない、きのう四輪クルーザーのドライバーに聴いていたので、それなりの心の準備はできている。言われた通りダートが出てきたが問題はない、一回目の給油。

ザンビアは道路がいい……その道端にジャガイモを並べて売っていた

　80 キロのスピードで走ってきたがアスファルトに慣れてきたのでカサマ（kasama）以降は 100 キロ走行にした。車が走ってなくて気持ちがいい。マピカ（mpika）で給油 14 時。あと 400 キロ走れるかどうか考えたが次の町まで走ることにした。現地の民家など写真を撮りながら一気にセレンジ（serenje）町に 17 時半につく。ホテルを探していると「日本人がいる」と

ガス給油所の人が教えてくれた。

　日本人の人はジャイカ（青年海外協力隊）で働いている青年だった。その日本人にホテルを紹介してもらってそこに泊まることができホッとした、ありがとうございました。久しぶりにきょうは 600 キロぐらい走ってきただろうか、ちょっと疲れたぁなー。

ザンビア・ルサカ

2007 年 11 月 1 日木曜　　　　　朝 20℃　　　　はれ　　　　昼 32℃

　6 時 10 分、ホテルを出る、一路ザンビアの首都ルサカ（rusaka）に向かう。申し訳ないようないい道路だ。100 キロ〜 120 キロ進む。ここのあたりはスイカの産地なのだろうか……道端にスイカ売りの人たちの店が並んでいる。ルサカの町についた 11 時半。ガススタンドでゲストハウス「チャチャチャ」を聞く。意外とわかりやすい場所にあり、ホテルの塀に大きく「chachacha チャチャチャ」と覚えやすい横書き看板が出ていた。

　欧米人の泊まり客が多い。ザンビア首都ルサカについた。一泊 10 ドル＝1200 円ドミトリーにした。シングルは 25 ドル 3000 円。しばらくここで落ちつこう。

2007 年 11 月 2 日金曜　　　　　はれ　　　　昼 35℃

　ゆっくりできている。午前中ビール、肉などをマーケットに買いに行く。市内の車はそんなには多くなくて運転も慎重のように感じる。そういえばザンビアに入った北の方でもマイカーが中古でもほかの国よりもいい方の車が走っていた。ルスカに入ると四駆の車が結構走っている、経済的に豊かな国なのだろうか。日本人がオートバイで来ていると海外青年協力隊、隊員 4 人がチャチャチャゲストハウスに会いに来てくれた。

　中村あきこさん、林みきさん、黒沢はやとさんしばらく雑談して過ごす。アフリカと聞いただけで日本にいると、ビビるのに、たいした度胸だと思える。みなさん地元の人たちに親しみを持たれるように活動されているようだ。

2007 年 11 月 3 日土曜　　　　朝 9 時半 30℃　　　　はれ　　　　昼 40℃

　肉がうまかったので今日もマーケットに買いに行く。その前にドミトリー 12 ドル……1450 円からテント場に変更……5 ドル 600 円。中庭には四つのテント場そこにテントを張る。

2007 年 11 月 4 日日曜　　　　はれ

　午前中マーケットへ、午後ネットを更新して終わり。ねむの木の花が満開に咲いてきた。真っ赤な花が太陽に照らされてうつくしい……。南米でも似たような花を見たことがあるがいっしょなのかな、ちょっと違う木かもしれない。きょうは日曜なので車も一段と少ない。アイスランド出身ひとり旅女性「いいところですよ」アイスランドのことを教えてくれながら……夏はホテルも高いとも話す……行ってみたい国だなー。

ザンビアの首都ルサカ市内……真っ赤な花が街に咲いている、車は少ない

2007 年 11 月 5 日　　　　はれ　　　　午後雨

　午前中マーケットへ、午後になって雨模様 3 時ごろからザーザーの雨、夕方まで続く。あした出発する予定だが大丈夫かな……。まぁ雨だったらのばしてもいいし。

2007 年 11 月 6 日火曜　朝 20℃　くもり　昼 30℃　くもり　夕方どしゃぶり夜まで

　ビクトリアの滝がある、リビングストーン Livingstone に向かう。ホテル 6 時 50 分出発。

　市内で、2、3回聞きながら「この道まっすぐだ」一本道を教わりリビングストーンへ。平坦な道からくねくね曲がった道に入る。道はいい、わくわくしてきた。工事中で一方通行……二度目の待機の時リビングストーンあとどのくらいか……トラックの運ちゃんに聴く。

「3キロ」だ、「お前はどこに行くのか」……「リビングストーンへ行く」「この道は違う」……

「エエーッ」この道70キロバックして「左にはいれ」この道は「リビングストーンへの道じゃない」「ジンバブエの国境に向かう道だ」70キロ戻ったところの「右にペトロールスタンドがある」そこから左に曲がるんだ。そういえばへんぴなところにガス、スタンドを見て来た場所を思い出す。迂回して泥道の水たまりを走ってズボンもオートバイも真っ黒になっている。イヤーまたあの泥たまりを越えて走るのか。いやだなー。

　60キロ戻ったところに一度見てきたペトロール、スタンドがあった。満タンに給油、リビングストーンは100m先から左に入れと教わる。今までの道より狭い道がリビングストーンへの道だった。ほとんど振出しに戻ったことになる。6時50分に出て今10時半、早めに出発してよかったなぁ。13時ごろつく予定でいたがあせってもしょうがない。トラックが道端に横転しているのを2、3台見かけた……

ザンビアで暮らす人たちの住居

「なぜなのか」と思える普通の道なのにだ……。平坦な道になった。アスファルトの道ではあるが小刻みに振動が続く道だ。前方には真っ黒な雲、稲妻

の光線が走っているのが見える。アー雨の中に入っていくのかと思ったら道は右へ右へと続いて真っ黒な雲は左にそれていく……道を挟んで左は雨模様……右側は太陽が出ている。もう3時を過ぎた、再び正面は雨雲、今度はさけられそうにないな。

ズボンは泥で真っ黒に汚れている、ズボンはそのまま上着だけカッパを着て、荷物のカバーをかける。すぐに大雨になってきた。ヘルメットのフロントを開けないと走れないほど大粒の雨になってきた、痛いぐらいに顔に雨が当たるどしゃぶりになる。しかしアッというまに雨は止んだ。びしょぬれになると覚悟したがそれほどでもなくホッとした。リビングストーンについた。ペトロール、スタンドで満タンに給油。

ビクトリア滝の近くのキャンプ場までと考えていたが市内のホテルに泊まることにした。「すぐそこだ」「バックパーカー」と教えてもらったがその「すぐそこ」がわからない。二つ目を左へ、一つ目左へ……2回も3回もわかるまで教えてもらい宿に向かう。2分ぐらいで「ジョイボーイズ」バックパーカーはすぐにわかった。ここも欧米人ばかりが多く目立つ。かなりの人が泊まっているようだ。

ドミトリー8ドル1000円、シングル25ドル3000円、ダブル40ドル5000円。8人部屋のドミトリーに泊まる。テント場もあるがきょうヤメにする。約500キロ、16時30分についたので約9時間かかったことになる。荷物を部屋に運んだあとまた大雨になった。

「レインシーズン雨の時期」だからとレセプションの女性は話す。イヤー、雨のシーズンと聴いてこれから先走るのにいやな予感がしてきたなぁ。

2007年11月7日水曜　　　くもり

きのうの雨は上がって、どんよりと曇っている。これから先はこんな日が続くのだろうか。

ビクトリア滝を早く見たい気持ちはある。憧れの滝なのだ。いい天気の日にゆっくり見てみたい。

三大瀑布・三つ目・ビクトリアの滝

ジンバブエのビクトリア滝

三大瀑布。
ビクトリアの滝
イグアスの滝
ナイアガラの滝
見ることができた

2007 年 11 月 8 日木曜　　　はれ

　青空の天気「雨のシーズン」とスタッフは言っていたが、きょうはいい天気になりそうだ。待ちに待ったビクトリアの滝に行ってみよう。10 分ぐらいでビクトリア滝についた。ワクワクしながらビクトリア滝のゲートに入る……「エーこれだけ」……日本の華厳の滝、勝浦、那智の滝……よりちょっと大きさぐらいじゃないか。なんかちょろちょろと流れている感じだ、崖に沿って歩いてみる。

ビクトリア滝のまわりに咲いていた
彼岸花に似た花が咲いていた。

ヴィクトリア滝のそばに彼岸花に似た花が咲いていた。イノブタもいた

　最後に水煙のあがる滝が見えるが、水が少ない……迫力は伝わってこない。三大瀑布の滝と言われてる、ナイアガラの滝、イグアスの滝、ビクトリアの滝……これじゃビクトリア滝かわいそうなスモール滝にがっかり……。はる

か崖下には水が流れているだけ。一時間ぐらいで見学は終わった。ジンバブエ側に回ってやっぱり迫力ある滝を見てみたい。

2007 年 11 月 9 日金曜　　　　はれ

一日中ネットをやったりしてゆっくり過ごす。あしたはジンバブエ側のビクトリア滝に行くことにする。オートバイのスタンドが後ろにずれている、小さい工場みたいなところで直してもらおうと頼んだ。しかしどうもしっくりしないなー。前照灯、テールランプも直してもらった。

2007 年 11 月 10 日土曜　　　朝 20℃　　　　はれ　　　　昼 35℃　　　暑いな

ジンバブエに向かう。朝 7 時に出発。ペトロールがまったくないジンバブエなので、すこししか走っていないが満タンにした。ザンビア国境 7 時半出国……二度目のジンバブエ入国、ビザ代 30 ドル（ドルのみ）3600 円。オートバイ走行許可書代？　16 ドル……1900 円トータル 46 ドル……5500 円。ビクトリアの滝を見るために 5500 円の出費になった。見ないであとで後悔するよりも「まし」と割り切った。

ジンバブエに入ったとたん白い煙が空に向かって高々と上がっている……アー、もしかしたらあれがビクトリアの滝なのだろうか。水煙に虹もかかっている。今度は期待できそうだ。ジンバブエのキャンプサイドに 9 時半についた。さっそくテントを張ってレストランで昼飯、午後 1 時過ぎにビクトリアの滝に向かう。入場料「ジンバブエのお金じゃダメ」と来た……なぜだ、ここはアメリカじゃないじゃないかと息巻く。

ドルのお金は持ってきていない、すったもんだ……ラチが明かない。しょうがなくキャンプ場まで戻ってドルを用意して戻った。断崖に沿って観光の道が作ってある。うん、左側に、だんだんと迫力ある滝が見えてきた。中ほどに来た、とうとうと流れ落ちるメインと思われる所では水しぶきに沿って虹も二重にできている。さすが……これがビクトリアの滝なんだー。水しぶきにわたしも、観光客も濡れながら見学。

　林の中にはイノブタもいる、日本の彼岸花に似た花も咲いている。3時過ぎまで十分にビクトリアの滝を満喫、納得できた。やっぱり来てよかったなー。駐車場の広場では若い青年グループが現地の踊りを披露していた。いっしょに写真を撮らせてもらった。

　あしたは11日ボツワナに向かおう。両替でまた、だまされたような気がするなー。そういえばザンビアでのペトロール代はどうにかわかるようになった。

　しかし、お店で買うビール、玉ねぎ、トマトなどのお金、少額の紙幣はとうとうわからずじまいに終わってしまった。

ボツワナ入国
2007年11月11日日曜　　　はれ22℃　　　昼39℃

　ビクトリアの滝キャンプ場、緑の森に芝生があり、広々としたキャンプサイトは気持ちがいい。ツアー超大型トラック、キャンピングカーが数台止まっている。一台に26人乗っていて、日替わりで炊事当番が回ってくる……全員分作って過ごしていくとトラックツアー客は話していた。おもしろそうなトラックツアーだな。そのキャンプ場を6時50分出発。一路ボツワナ国境へ。平坦な道が続き70キロで国境に到着。

ジンバブエとボツワナの国境。ここはナミビア、ジンバブエ4カ国の国境が集まる所

　日曜日のせいか走っていた車は一台だけだった。ジンバブエ出国手続き終了。ボツワナ入国手続きに入る。ここではカルネは使わなくてもいいようだ。その代り走行許可500プラ……10ドル……1200円を請求された。「ボツワ

ナ・プラ」のお金はない。ドル紙幣はだめらしい……10キロ先の町まで行って両替してくるように言われる。「困ったなー」もたもたしているとマイカーで来た、男の人が両替してくれると言う。

　オーラッキー、助かった。10ドルを両替してくれた。そして残っていたジンバブエのお金も両替してくれたので助かった。ありがたい。10キロ先の町でペトロールを入れてドルで支払い。銀行内のATMで「ボツワナ・プラ」を手に入れた。このボツワナ紙幣は2倍にすると、物を買う計算ができるので楽だ。ここ「カサネ」の町は4つの国が集まる国境の町らしい。国境四つが重なる「カサネ（る）」で覚えやすい……

　緑の多い静かな町である。四つの国ザンビア、ジンバブエ、ボツワナそしてナミビアは細くつま先がここまで伸びてきているのだ。ボツワナBotswana の道が心配で、心配で……ことあるごとに国境で、町で、何人もの人に聞いてきた。ボツワナの最初の町「カサネ」でも2、3人の人に訪ねた。「大丈夫」「グッドだ」と教えてくれた。「よし」これで安心して走れる。次のペトロール、スタンドは100キロ先と300キロ先も確認した。

象が道路を横断……びっくり

　青空の広がるボツワナの道を東のナタ nata へ、そこから南に300キロ走ってマウン Maun……さらに西に向かって300キロ逆コの字型で走る予定である。今までは山が見える道だったがボツワナに入ると平坦な道になった。ちょうど若葉が芽吹き日本の4月5月頃の季節にあたるのだろうか。おー象だ……突然象の群れ4、5頭が右の草原から左の草原へ道路を横断している。

　びっくりしながらすぐに止まってオートバイのスイッチを切る。カメラを構えたときには渡りきってしまった。あぁー残念。すると、まもなく一頭の象だけ戻ってきてくれた。チャンスだ、ここぞとばかりオートバイを入れて何枚もシャッターを押した。2、30mの近さである。象とオートバイいっしょの写真を撮れればいいなとずーっと思っていたので、いい最高の記念写真

を撮れて……うれしかった。

　しかし、あとから考えてみたらもしあの時、象が襲ってきていたら逃げることができただろうかと思うとぞーとした。走り始めた右側の林の中には象4、5頭の群れがいた。ここらあたりは象のすみかなのだろうか。日差しが強く、暑い10時で35℃を指している。100キロでペトロール、スタンドについた。スタンドの女性が手を振っている……「ノウ……NO ノー」ペトロールはないという。

4,5頭突然象が横切った
カメラを出した時は渡り切った。アー惜しかったと、思っていたところ一頭が戻ってきた。夢中でオートバイといっしょに撮ることができた。うれしかった。

走り始めてまもなく突然4、5頭の象が横断していたエンジンをすぐ切ってカメラを出した時は林の中に消えた。と思ったら一頭だけ戻ってきてくれたのオートバイを入れたいい記念写真が撮れた。うれしかった。

　ええー、次のスタンドまで、あと220キロ。うーん、次までもつかなー不安になる。スタンドに来た車にペトロールを分けてもらおうと話をするが、すべてジーゼル車でダメだった。しょうがない……スピードを落として「行けるところまで」行って、ガス欠になったらオートバイを置いたままつぎのペトロール、スタンドまで後ろからくる車に乗せてもらい折り返してもらおう。走りながら……お金はかかっても……その方法しかあるまいと考えた。

　120キロのスピードで走ってきたが80キロのスピードに落として走り出す、このぐらいが経済速度と思われる。気持ちよく走ってきたが景色も見えなくなるほどの不安になってきた風よ出ないでくれーガソリンを食うから風よこれ以上強く吹くなーと祈りながら広大な平原を走る。ガソリンがまったくなかったジンバブエでは平均80キロで走って300キロちょっと走ったことがある。もしかしたらどうにか走り切れるかもしれない。

　見渡す限りの広大な平原……そこに風がある。リザーブに切り替えるまで

に 250 キロ走れたらどうにかもちそうだ……。残り、リザーブ 5 リッター × 15 キロ =75 キロ……トータルで 325 キロぎりぎりだな。これ以上風が強く吹かなければいいが。ブスブス、ガソリンが切れた……とうとうリザーブに切り替える。残り 5 リッターだ……。メーターは 270 キロ走ってきたことを指し示している。あと 50 キロだ……「よし」どうにか持ちそうだな。

スピードをさらに落としてスロースロー……ソロソロと走る。道がいいので助かっている。

マウンに向かう

「ナタ nata」まで「10 キロ」の標識が出た。もう少しだ。ナタの町についた。ついたぞー。320 キロを指している。小さい町だ。交差点を過ぎてペトロール、スタンドがすぐにあった。さっそく満タンに入れる。アー間に合ってよかったなー。冷たい水がほしいがこのスタンドにはない。反対側のペトロール、スタンドに行けと……スタッフ

シェルスタンドでガソリンを入れてショッピングとレストランが併設されている反対側のスタンドで冷たい水とコーラ買う、フー……。カメラバック、リュック、長袖シャツを脱いでひと休み。

14 時になっている。キャンプサイトは 100 キロ先「ペトロール、スタンド」もあるとスタンドの人が親切に教えてくれた。これから走って泊まるにはちょうどいい時刻になる。よし、あと、100 キロ走ってテントを張ろう。

暑い 39℃の温度計だ。ジャスト 100 キロでペトロール、スタンドはあっ

た。キャンプ場は本線から１キロ入った静かな村の中にゲストハウス＆キャンプ場はあった。目の吊り上がったレセプションのおばさん、なんか雑然としているゲストハウスだな。「テントは広場の右半分に張れ」と指示される。一泊６プラ……1400円高いな。４時になっている、太陽はまだ高い位置にある。日陰にテントを張り終えて洗濯をすませた。

ボツワナで暮らす人達

　プールもついているゲストハウス。猿股だけでプールで泳いだ。アーキモチイイ。夫婦なのか黒人の女性もはしゃいでいるが泳ぎは出来ないようで浸かっているだけのようだ。ゲストハウスはビール８プラ。ペトロール、スタンドは４プラと半額だ。陽が沈む前にスタンドまで買いに戻る。ビール、晩飯はパックに入れてもらう。地元の子供たちが塀越しに自分の書いた絵を「買ってくれ」と近寄ってきたがコインがなくてごめん。

ジンバブエ、ザンビア、ボツワナ、ナミビア四つ国が集まるカサネ地区

アッ……リュックがない
2007 年 11 月 12 日月曜　　はれ　　朝 22℃　　10 時 35℃　　12 時 39℃
　晴れわたった青空、きょうも暑そうだ。６時 30 分すべて荷物も積みこんだ。サー出発。いつものようにカメラバックをかける。すべてテントもたた

んで積み込んでいる。最後……あーリュックがない……「どうした」。リュックを最後におろしたのはきのうの100キロ手前のペトロール、スタンドだ。そこに置き忘れてきたのだろうか……。いつもはテントを張って荷物を入れるのだがテントの中には荷物の指定席を決めている。

テントの奥の方から中型バック、リュック、大型バック、右奥の方にお金の入ったジャンバー、ジャケット。入り口左にバイクのシューズ、食料食器バック、右に洗面用具と決めている。そういえば、リュックの場所が開いていて、そこへカメラバックを置いた記憶はあるが……その時もリュックのこと気づかなかった。レセプションでカメラのバッテリーを2時間ほど充電した。この時も気づかなかったなー。

「これでしょう」とペトロールの人が笑いながらリュックを差し出してくれる場面を想像しながら100キロ先まで戻る。100キロ戻ったところのペトロール、スタンドについた。「マイ、レッド、リュック」がなかったか……。スタンドの人や、お店の人に聞くが「ノウ　NO」きのう2時ごろ「ここに置いた」二度も三度も聞くが「ノーNO」。そばにいた男性が「ポリス」に「行って」みたらと助言。

500m先にあると「ポリスオフィス」を教えてくれた。そのポリスオフィスに向かった。「どうした」「リュックを忘れた」どうも言葉が通じないようだ。ゲストハウスで盗られたと思っているようだ。わたしはボツワナの国のことを思って「盗られたとは」言いたくなかった。どこかに「置き忘れた」ので……ここに届いてないのかと言いたかった。しかし最後は「盗まれた」ことになってしまい……盗難証明書を発行してもらうことになってしまった。

中にはコンピューター、パソコンなど入っていたものを書き出した。待っている間も2、3人地元の人たちが警察にやってきた。なんだ、こんだで一時間半かかった。証明書を持って、泊まっていたゲストハウスに舞い戻る。うーんパソコンがないとこれからの連絡もできないし、英語の翻訳など、誰かにしてもらうことになるなぁ。今までの写真も、記録もすべてなくなってし

まった。

　日本から南アフリカへ「だれか」旅する人はいないかなー。いたら、その人に「家のパソコン」を運んでもらうことができなのかなど……考えながら宿に引き返す。暑いが暑さを感じない……そうだよなーリュックを背負ってないとこんな風に背中がスーッと軽くなるから、すぐに気づくはず……置き忘れることはないはずだがなぁー疲れていて気付かなかったのかなーなどと考えながら走る。

　泊まっていたゲストハウスに11時過ぎについた。目の吊り上がったレセプションのおばさんクラクションを聞いてドアを開いた。「ソーリ、レッド、マイ、リュック」知らないか……棚の下など探す。なんか脈がありそうな感じだ。外に出ておばさんは大声で誰かに声をかけている……返事を聞いて奥のカギのかかった棚から「赤いリュック」を取り出して持ってきた。あぁーここに置き忘れていたのか……。あぁーよかったー。

　今までもリュックを背負わないで空身で走ろうとしたことは何回かある、しかしすぐに気づいて舞い戻ったこともある。アーこんなこと人に知られたくないなー。ボケゾーンに入ってしまったことを知られたくない。そろそろ年貢の納め時かもなー……。くすくす笑われている情景が目に浮かびはずかしい。ペトロール、スタンドで再び満タンに給油したあと、……冷えたビールで昼飯にした。気持ちがホッと落ち着く。

ボツワナの子供たち

朝6時半に出て100キロ先まで戻って……舞い戻って今12時になって

いる。5時間の彷徨……ひとり芝居になってしまった。一息入れてマウン maun に向かう 200 キロの距離だ。3 時についた……マウンはデルタ地帯と言われて砂漠の中にある湿地帯らしい。聞くところによると隣の国コンゴから流れ出した川の水はここまで来てから蒸発して水がなくなる最後の広大な湿地帯らしい。

　マウンの街に入ってペトロール、スタンドで給油、左足膝から下を失った若い青年がスタンドのスタッフ。アレックス君に銀行、安宿バックパーカーを聞くと、くわしく、ていねいに教えてくれた。アレックス君はオートバイに乗っていて事故にあい左足をなくしたと話した。わたしは「アレー」と失敗ばかりしているのでアレックス君には悪いが覚えやすい名前だ。

　アレックス君に聞いた宿のバックパーカーは 12 キロ市内から外れたところ、川のほとりにあった。途中から細い道に入っていく、あああー砂地になってきた。どうにか転ばなくて宿につく。ここも欧米人ばかり泊まっているようだ。部屋はなくてすべて常設のテントに泊まるか、自分のテントで寝ることになる。常設のテント大……120 プラ、2880 円。小テント 60 プラ、440 円。自分のテント 30 プラ、720 円にした。

2007 年 11 月 13 日火曜　　　　はれ

　森の中のキャンプ場、バー＆レストラン目の前には川にボートも浮かんでいる。芝生より砂地が多い広いゲストハウスのキャン場である。みなさん気持ちのいいスタッフの人たちである。最初は砂地でいやだなーと思ったがいごこちはいい。町まで 12 キロとはなれているが、ネットカフェも町にはあるようだ。きょうは飛行機で遊覧することになった……夕べ、突然ペアーが話しかけてきた、遊覧飛行に行かないかと……。

「300 プラ」「ツモロウー」「エアーフライト」お金を貸してくれないかと言ってるのだろうかと思った。スタッフの人に聞くと遊覧飛行機は二人だと 450 プラ・21000 円かかる、あなたが「OK」すれば一人 300 プラ・7200 円ですむと話す。あした夕方 5 時から一時間の飛行らしい。再び二人にあっ

たので OK した。ペアー二人はオーストラリア人だった。

2007 年 11 月 14 日水曜　　　はれ　　　　暑い　　　　暑い

　朝 7 時からずーと日記をパソコンに書き込む 12 時半まで。昼飯のあと昼寝 14 時から再びパソコン、写真の取り込み、縮小、だまっていると暑いな。木陰に入るとスーッと意外に涼しい。オーストラリア人ペアーと飛行遊覧のため飛行場まで行った。しかし、飛行場の入り口で待っているにもかかわらず、二人だけで飛行場の中に入っていく、迎えに来るのかと思っていたが、待てども来ない。

　しばらくして、宿に戻った。腹が立っていたので、二人が帰ってきてから夜の食事のときどうして呼びに来なかったのかと怒りを込めて話したが……話がとんちんかんで、糠に釘・ポカーン・最初から話が通じてなかったのかもしれない。

2007 年 11 月 15 日木曜　はれ　くもが多い　午後夕立かと思ったが降らなかった。

　ボツワナに入ってから民家は一定の場所に集まっていることがわかってきた。これまではポツンポツン、ひっきりなしに現れてきたように感じていた。それにアフリカの人たちは床をいつもきれいに掃いている。ちょっと汚れても、すぐにモップでふき取っていた。きれい好きなんだなーと思う。午前中町のネット屋に行き、9 時から 12 時過ぎまで過ごす。1 時間、40 プラ、960 円× 3 時間 =2880 円……高けー

2007 年 11 月 16 日金曜　　　　はれ

　午前中ネット屋に 10 時から 11 時まで、途中オートバイのオイル交換をスタンドで頼んだが「オートバイのオイルがなかった」ので、出来なかった。夕方 4 時半から一時間デルタ地帯を軽飛行機で遊覧飛行約 1 万円。どこまでも続く平原地帯……動物の群れを時々見えるが飛行機の音に必死に逃げ惑う動物の姿……家で時々テレビ見ていた同じ光景だ。なんだか悪いことをしているようで動物に申し訳ない気持ちになる。

　早く飛行機から降りたくなった。サファリー遊覧飛行にはもう二度と乗らない。できれば中止してほしい気持ちだ。自分勝手の考えだろうかな……。

白い砂がまぶしい

2007 年 11 月 17 日土曜　　　　はれ　　　　夕方から大雨

　ネット屋に行く……帰って夕方から雨になる。夜中にはカミナリが鳴って激しい雨になった。こんなにも雨が降るときもあるんだ……これで動物たちも喜んでいることだろうと思う。湿原地帯のマウンも今日でおしまい、あした 18 日なナミビアに向かおう。

ナミビア入国

2007 年 11 月 18 日日曜　　　　はれ 20℃　　　　昼 32℃

　6 日間泊まったマウン、「ブリッジゲストハウス」を離れる。しずかで居心地はよかった、ただ砂地なので「ガリっ」食事するとき砂が入らないように気を使うのでいまいちの気持ち。夕べはげしく降った雨もあがった。6 時 40 分に出発、24 時間営業ペトロール、スタンドで、満タンに給油……夕べの雨のせいか晴れているがなんとなく涼しいなー。途中から右の道路に曲がる。まっすぐ走ればナミビア、首都ウインドフックが近い。

　首都ウィンドフックに向かうのには大分遠回りになるが、まぁいいか。ボツワナとナミビアとの国境についた、子供連れの女性だけが手続きしているなんとも寂しい国境だな。ボツワナ出国手続きはスムーズ……ボツワナよ、さようなら……2、300m 走るとナミビア側は門構えの国境。入国手続き問題なし係官はこれから 123 キロダートの道が続きそれを過ぎると「ナイス

ロード」になると親切に教えてくれた。ここは「シャカウェ」。

　雨に降られるとぬかるんで難義（なんぎ）しそうなダートの道、しかし今は乾いているので心配はない。転ばないようにスローで慎重に走る。突き当りの道に出た、ザンビアから続いている道路だ。国境係官が話したように、ここから道がよくなった。もう少し走ろうかと思ったが4時になっている。きょうはここに泊まろう。ペトロールスタンドでキャンプサイドを聞く。

　ここまでくるまで途中ダチョウが4、5頭、走っているのを途中見かけた。また4か所ぐらいのキャンプ場らしき看板標識立っているのを途中見てきた。しかし本線からわき道に入る道はダート、砂地でわたしのオートバイでは無理の道だ。スタンドの近くにキャンプ場があったので泊まることにした。芝生のあるまずまずのキャンプサイト。芝生にテントを張ったあと晩飯とビールを買いにマーケットに……暗くなる前に食事を済ませる。

ボツワナの子供たち

2007年11月19日月曜　　　くもり朝22℃　　　昼35℃　　　32℃

　シャワーは「ここにある」とキャンプ場のスタッフが話す。なんで夕べ教えてくれなかったの……と思ったがもう遅い。こっちの人たちは朝シャワーを浴びる習慣なのだろうから仕方がない。どんより曇っている。今にも雨が降り出しそうだが、でも南の方は明るい。パラパラと雨が落ちてきた。そのまま走っていたら雨はやんだ。ここまで走った国はこのナミビアで96ヵ国目。

　このあと予定して走るのはレソトだけ、マダガスカルは飛行機になるだろ

うな。きょうは 600 キロ近く走り Ojiwarongo 泊まり。

「イノブタ街道」

2007 年 11 月 20 日　はれ 20℃　昼 32℃　午後 4 時ごろから夕立夕方まで

　シャカウェに泊まったあと、Groovonten を過ぎて Otjiwarongo のキャンプサイドに泊まる。Otjiwarongo は芝生のないいやなキャンプ場だったがしょうがない。キャンプサイドを 6 時 40 分位スタート。きょうナミビア首都ウィンドフックに着きたい。250 キロなので 10 時半ごろには着くだろう。突然「イノシシの標識」？　世界でここだけじゃないのか「イノブタ街道」うん、ゆっくり走ってよく見てもイノシシだ。走っていると、いる、いるイノブタ君。

　道路に建ててある金網沿って動いているイノシシじゃないイノブタだ。5、60 センチぐらいで大きくはないイノブタ君。あっちにもこっちにも走っている。さすがたのしい、イノブタ街道ナミビア政府もやりますね。小さい丘や三角形の山が並んでいる。意外と山が多い。ウィンドフックに予定通り 10 時半に着いた。市内のペトロールスタンドでバックパーカーの地図を見せてゲストハウスを訪ねる。

ナミビア、首都ウィンドフック
ゲストハウス

「すぐそこだ」またまた、ここでも言われる。戻って走ってみるがわからなくなる。再び聞いたマイカーの人に引っ張ってもらいようやく宿に着いた。ありがとうございました。この町はあか抜けした明るい街だ。ナミビアに入ってからオートバイの周りに集まってこなくなった。何となく寂しい感じだ。ここの宿ドミトリー 65N$=1100 円。テント 900 円。20 日間ここまでテント

生活してきたので値段もあまり変わらないのでドミトリー（相部屋）にした。

2007 年 11 月 21 日水曜　　　はれ朝 22℃　　　昼 32℃

　首都ウィンドフックでゆっくりできる、気持ちもリラックスする街と宿。きのう歩いてスーパーまで行ってビールを買って帰るとき重かった。10 分ほどの距離だがビールが温まるのではないかと気になる。きょうはオートバイで買いものに出かける。ネット屋を探してコネクトできるかどうか聞いてみたが二軒ともダメだった。だいぶ進んでるように見える街であるが「コネクト接続」できないんだなー。

　仕方がない宿に一台あるパソコンで読むだけにして……掲示板にはローマ字で「ナミビア・首都ウィンドフックに着きました」それだけ書き込んで知らせる。欧米人 40 人ほどが泊まっている。夜にはレストラン＆バーはにぎやかにテーブルとカウンターはいっぱいになる。テーブルの男女イングランド、金髪の女性はフランス人だろうか、そのとなり男女 7 人もフランスのグループ。

　その隣りの女性三人はオーストラリアとアメリカ、反対側のテーブルもヨーロッパの男女 8 人。その隣り女性三人はイスラエル人みたいだなー。ヨーロッパで旅行者が多いのはホーランド（またはネザーランド）オランダとは言わない、イングランド、ジャマニー（ドイツ）アイルランド、アフリカにきてフィンランド、ノルウェイの人も目につくようになった。めずらしく日本人旅行者はここでは見かけない。

　ケニア、タンザニアでは「オーいる、いる」とよく日本人を見かけたがほかの国では見かけなくなった。北の方から南に来るに従い現地の人はだんだん白人の人たちが目に付くようになってきた。

2007 年 11 月 22 日木曜　　　はれ朝 20℃　　　昼 35℃

　青空が広がるきもちのいい朝……気持ちがいい。真っ赤な花ジャラン？がきれいに映える。朝は涼しいが昼になると暑い陽ざし、しかし日影に入る

とスーとしのぎやすい気候。今日やらなければならないこと
　①オートバイエンジンオイル交換
　②日本に郵便物を送る
　③カメラのチップをCD化する

　①オートバイのオイル交換朝一番に探して4軒目にしてようやくホンダ店を見つけ、交換できた。ついでに高圧水で洗車する。オートバイも気持ちよさそうだ。オイル交換したので軽快な音になった。

　②街中にあるお土産屋によってビニールに入れたまま郵便局に持ち込んだ。段ボール箱に入れて持って来いと言われたが隣りにいた年配の女性職員が奥の方から段ボール持って差し出してくれた。いやーありがとうございます。どこにでも優しい人がいてくれる。船便で約5000円。（ちなみに航空便は15000円）船便を頼んだ約3週間で届くとのことだったが、さてどのくらいで日本に着くだろうか。

　③カメラチップスのCD化はマーケットを出た店内にあった。二枚づつ3組5000円、ちょっと高いな、でもチップを買い替えるよりましだから頼んだ。午前中で終わるだろうと思っていたが2時になってしまった。アー腹へった、冷たいビールで遅いひるめし。ナミビアにきてから南アフリカ、ダーバンと同じ安い肉をにありつけるようになった、なんか気持ちまでうきうきしてくる。

　ナミビアのビール小瓶60円、牛肉ステーキ200g340円、トマト、玉ねぎ一個20円。

2007年11月23日金曜　　　はれ

　朝6時頃明るくなり太陽が沈むのは7時頃……しかし8時ごろまで明るい。銀行カードでお金がおりなく心配した。しかしマスターカードでお金が下りたのでほっとする。

ナミビア、ウィンドフック市内

ナミビア・首都ウィンドフック市内

2007 年 11 月 24 日土曜　　　　はれ

　朝散歩のときお土産やで民芸品買って預けていた。夕方取りに行ったら閉まるところだった。街もひっそりとしていて、なんだか薄気味悪い感じ。

2007 年 11 月 25 日日曜

　ビールをスーパーに買いに行くが日曜日はアルコールは販売中止になっていることを忘れていた。ロープをアルコール売り場に張ってある。しょうがないホテルで買うしかない

　スーパーでは 51 円、ホテルでは 136 円異常に高いのだ。

2007 年 11 月 26 日月曜　　　　はれ　　　　朝 20℃　　　　昼 35℃

　土曜にお土産買ったとき 10N$ 足りなかったので払いに行ったが、きのう露店のお土産屋さんはお休みだったので今日払いに行く。

2007 年 11 月 27 日火曜　　　　はれ朝 20℃　　　　10 時 30℃

　7 日間泊まったウィンドフック、ゲストハウス 6 時 40 分に出発。カギ代（デボジット）20N$ まだフロントが開いてなくて受け取れない。警備のおじさんが立て替えてくれた。このおじさんはいつも親切に対応してくれたので、いったん受けとった 20N$ をおじさんにお礼とし渡した。ありがとうございました。これからナミビア砂漠にあるソススプレイに寄ってからケープタウンに向かおう。約 400 キロだ。

　平均 100 キロぐらいで走ってソススプレイの入り口の町にマリタンバ

ハ Malitahaha に 10 時 30 分に到着、だいたい予定通り。砂漠の中に町並みが見える 200 軒ぐらいあるだろうか民家。テレビに出てくるテキサスの町に感じる。ホテル一軒目 250N\$・3800 円、二軒目 320N\$9400 円、三軒目 100N\$1700 円。ホテルは 3 軒くらいしかないようである。一番安いゲストハウス「ベッカリ」に泊まる。

「ベッカリ」表は雑貨屋さん、裏庭に建っているのがホテル。ここまでの道はアスファルトだったがこの先はじゃりみちダート。わたしのオートバイで走るのは無理……ソススプレイまでジープツアーについて聞いてみると四駆ジープ、一日 51000 円一人だからやむを得ないのかもしれないが、ちょっと高すぎる。行くか、行かないか考える。ナミビア砂漠見てみたい気持ちは強い……しかし高すぎるな。

　この町の銀行は月曜と金曜だけ開いている。だからソススプレイに行くとしても銀行には 100 キロ戻ってこなくてはならない。自分のオートバイで行けるところまで行ってみるかなど気持ちはゆれる。それにしてもお金が足りない……。ソススプレイにいっても銀行はないと聞く。ここホテルは周りに何にもないところであるが気持ちの落ち着く町である。半月の月が出ている、静かな夜、気に入ったので連泊することにした。

ナミビアの本線の道路は素晴らしい

2007 年 11 月 28 日水曜
　静かな夜ゆっくりと眠れた。午前中日記とパソコンに下書きを入れる。10 時過ぎにオートバイでダートの道に入りどのくらい走れるのかテストしてみる。ジャリ道にタイヤをとられて 5 キロも走らないうちに……これ以

上走れないことが分かった。無理だ。下りてそろそろとUターンした。あしたから待望のケープタウンに向かうことにしよう。

南アフリカ入国
2007 年 11 月 29 日木曜

　起きたときはまだ半月が出ていた。5時半寒くはないが涼しい。広々とした砂漠の中の小さい町を6時に出発。町を囲んでいる小さい丘を越えると朝日が目に入りまぶしい。左手でかざして走る。本線に出た。ケープタウン方面に向かう。直線の道が続く……素晴らしくいい道路だ。500キロぐらいのところで泊まる予定だったが3時20分国境に着いた。

パンフレットに挟んだお札が走っている時飛んでしまい拾いに行ったが見つからなかった、しょうがない記念に花を撮る

道路に咲く花

　ナミビア出国手続き終わり……今度は緩衝地帯を1キロ走って川を渡って南アフリカの国境。南アフリカはカルネ必要なかった。ここの国境は①②と番号を大きく書いた看板を手続き事務所に掲げてありスムーズに入国手続きを終えることができた。どこでもこのようにわかりやすく番号を張り出してもらえると助かるけどねー。国境係官からひと房ブドウを頂いた。ここのあたりはブドウ酒の産地らしい。ありがとうございます。

　さっそく、むしゃむしゃいただいた。うまかった。70キロさらに走ってペトロール、スタンドと併用しているホテルに泊まる。ポルトガル出身のオーナーはゆかいな人で5100円を気持ちよく1700円にしてくれた……日本人ファンなのかな。気持ちがうれしくて思う存分レストランで食べて飲んだ。部屋は裏側に回った場所にあった。

2007 年 11 月 30 日金曜　　　はれ朝 20℃　　　　15℃　　　　昼 32℃

　きょうも早起きして 6 時前に走り出す。600 キロケープタウンまで一気に走りきろう。きのうの後半阿蘇山のような高原を走ってきた。国境を越えて南アフリカに入ったら赤い岩山に変わった。国境を越えてこんなに地形がガラッと変わるのはめずらしい。エジプトからイスラエルに国境超えて入ったとき砂漠の荒れた畑から青々とした麦畑に変わった……に続いて二回目だ。

　岩山のグランドキャニオン見たいな所もすぐに終わり平坦の道になるだろうと思ったが延々と続きブドウ畑が出てきた。川から灌漑用水を畑に引いて緑の畑が続く。湖もダムも青空が映りきれいな光景が国境から 500 キロも続いた。残り 100 キロは麦畑の続く中を走ってきた。刈り取った麦畑は模様を描いたように美しい。途中山あいでは冷却現象なのだろうかガスが突然出てきた。

ケープタウン・テーブルマウンテン

　道をガスがおおって 20℃から 15℃に気温が下がってきた。太陽の陽ざしは強いが昼間でもこれまで 35℃を超えることはなかった。午後になると風が出てきて冷たさを感じる。ケープタウンまで 20 キロのところに来た。前方に雲のかかった山が出てきた。あれがマウンテンテーブルか……あこがれのケープタウンだ。陸路を走り国境を越えてやってきたことがなんとなく自分を誇らしく感じる。

ケープタウン・テーブルマウンテンを目にした時あ～ほんとに来てしまったなーと感激した

ついに見えてきたケープタウン
……テーブルマウンテング……
気持ち浮き浮きうれしくなって
きた

　テーブルマウンテンがはっきり見える近くのところで写真におさめる。結構高い山だなー。市内に入ってすぐにホテルを探す。事前に調べていた宿は

二軒ともいっぱいでダメ……。市内のはずれ三軒目のバックパッカー「アシャンテ」部屋はいっぱいだったが一人分のテントがかろうじて空いていた。今はシーズンで混んでいるんだなぁー。オートバイも二台停めてある。庭の小さいパーキングに入れる。

　一台はナミビアのホテルで知り合ったスペイン人ライダーのオートバイ。7、8張のテントの間にテントを張り終えてすべて終わったのは5時を過ぎていた。宿のキッチンは使い勝手がよさそう。市内まで歩いて10分ぐらい……。メインストリートは世界の観光客が露店でビールなどくつろぎながら飲んでいるとてもにぎやかだ。さすがに多いなー、ハワイかマイアミの明るさに似ている感じがする。

2007年12月1日土曜

　夕べははげしい突風を伴って一晩中続いた。テント上の大木は風にあおられてヒューヒューうなりっぱなし。ここはこんなに風の強いところなんだー。テーブルマウンテンの真下だから風が強いのだろうか。隣りのテントは飛ばされそうになっている。半袖、長そで、薄手のジャンバーを着て寝ていた朝方、シュラフの上に厚手のジャンバーをかけるほど冷えた。毎日こうなのだろうかな……心配だなー。

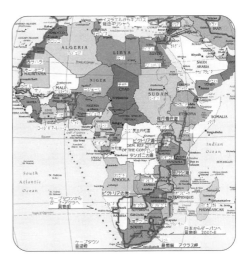

アフリカを走ったルート

しばらく滞在する予定なので今日はゆっくりしよう。インターネットの場所を確かめる。強風はおさまった。

2007 年 12 月 2 日日曜　　　はれ

久しぶりにブログの更新をした。ケープタウンのメイン、ロングストリートの中程にあるネットカフェから打つ。いつものように時間がかかった、ネットを見るとみなさんが心配してくれていたようだ。ありがとうございます。宿から歩いて 5 分ぐらい所のスーパーマーケットで食糧の買い出し……ビールはきょう日曜なので昨日買って済ませている。

2007 年 12 月 3 日月曜　　　はれ

午後からネットカフェ……残っていたメールを送る。ナミビア、ゲストハウスで一緒だった日本人 I さんも泊まっている。

2007 年 12 月 4 日火曜　　　はれ

11 時ごろから朝めし兼昼飯……昼寝。午後ネットに通う。夕方 7 時頃晩飯、21 時過ぎにはテントに入る。

2007 年 12 月 5 日水曜　　　はれ

午後宿探しに出かける。安いゲストハウスはないかとグルーっと回って海岸べりに見つけた宿。一泊 100R=1700 円 7 日間泊まると一泊分タダなるゲストハウスだった。しかしパーキングがなかったので予約はしなかった。宿に戻り食堂で日本人女性タケダさん川崎さん、男性イシダさん（山梨）三人でしゃべりながら晩飯とする。タケダさんはあした宿を出てレソトに向かい 7 日日本に帰ると話す。

2007 年 12 月 6 日木曜　　　はれ　　　　午後から風強くなる

最初の夜も激しい風だったが、夕べはそれを上回る台風並みの風にはまいった。テントの天井はメッシュになっているのでそこから砂が入り込んでくる。隣りのイギリス女性のテントテントカバーが吹き飛ばされてしまった。「砂にまみれて寝るのはもういい……」「かんべんだ……」ベッドの部屋に移

ろう。テント場 1000 円、ベッドの部屋 1900 円と高いが気持ちよく眠りたい。
さっそくレセプションで受付を済ませた。

2007 年 12 月 7 日金曜　　　　はれ

　日本人がいっぱい泊まっているロングストリートにある「キャッツ＆ム
ーン」ゲストハウスに行って部屋が空いているか、どうか確かめる。9 日か
ら 18 日まで開いていたので予約を入れた。ほかの宿は 1700 円以上になっ
ているがここの宿は 75R＝1300 円と安くなっている。わたしが宿に着くな
りキャッツ＆ムーンに泊まっている初めて見る日本の女性が「寺島さんが
12 日にケープタウン」に到着するといきなり話し始めた。

　自転車で長年旅を続けている寺島さんのことだ。ヤマグチさんという女性
だった。ヤマグチさんの友達 K さんをつうじて「バイクの松尾」がケープ
タウンにいる……会ったらよろしくとメールが来ていたらしい。寺島さんと
は南米のボリビアで出会ったと話す。わたしは寺島さんとケニア「ケニアロ
ッジ」ゲストハウスでしばらくいっしょに過ごしていた。その寺島さんが来
る、それにしてはずいぶん早いな。

　できれば、いっしょに喜望峰に行ってみたい。

NHK「地球ラジオ」みたび……出演

2007 年 12 月 8 日土曜　　　　はれ

　NHK ラジオ「地球ラジオ」「旅でござんす」の番組出演依頼がメールで
来ていた……毎週土曜・日曜世界同時放送している番組。これまで地球ラジ
オの出演したのは 2003 年 5 月パキスタンの北の北、カラコルムハイウェイ
……　フンザ〜カリマバード〜中国の国境に近い、スストから電話中継させ
てもらったのが最初である。うーんアフリカはもう終わりに近い……あとは
レソト、マダガスカルだけだ……

　もう少し早ければよかったのになぁー。とりあえずアフリカを走り終わっ
た後、東南アジアにオートバイを送る予定。それでよかったら出演 OK の

返事を出した。東アフリカを走り終わった後、最初は西アフリカ、ガーナに
オートバイを船で渡して走ろうと考えていた。道路状況をよく聞いてみると
わたしのオートバイではちょっと無理なことが分かった。これから東南アジ
アを走ってみよう。

ダーバンからバンコク、ジャカルタへの船賃の見積もりを頼んでいる。

クリスマスの飾りつけ南アフリカ・
ケープタウン市内

ケープタウン市内
クリスマスの飾りが始まってい
る

2007 年 12 月 9 日日曜　　　　はれ

　今のホテル、ドミトリー 110R=1900 円から 75R=1300 円のバックパー
カー「キャッツ & ムーン」メインストリートの端にある。そこに移る。受
け付けはきのうすませている。荷物を入れるのは午後 1 時過ぎてから……。
日本へきのうスカイプでの通話 10 時からと伝えていたが間に合わなかっ
た、すみません。オートバイの駐車は 2、3 軒先のペトロールスタンド一日
10R=170 円で駐車できるようになった。ありがたい

2007 年 12 月 10 日月曜　　　　くもり　　　　夕べ雨が降ったりやんだり

　キャッツ & ムーンの宿に越してきた。バックパーカーは日本人 4、5 人泊
まっているようだ。ケニアやザンビアで出会った旅人も泊まっている。ほか
は欧米人、身体のでかい黒人の人も 2、3 人泊まっている。このゲストハウ
スはロングストリートの外れにあって、出入りがひんぱんにある。10 時前
スカイプの予約を……きょうも約束していたのでネットカフェに行ってみる。
座ったとたんにスカイプに日本からかかってきた……。

　さいたまパソコン同好会、松本さんと 20 分ぐらい話ができた。これでも

無料だから本当にどうなっているんだろうかね……。夕方オートバイのフィルター交換に。ホンダ店の場所は地元のライダーに聞いている、日本人男性スタッフがいたホンダ店。その男性「お願いだから黒人の女性だけは連れてこないようにと」両親に強く言われていると笑いながら話していた。まだまだ差別意識が強く残っているのだなー。旅に出る前俺も同じ考えだったなぁ。フィルターを買って近くのオートバイ屋で交換してもらった。

レストラン・ケープタウン・ストリート

2007 年 12 月 11 日火曜　　　くもり

これまで南アフリカから北上して、ケニアからエチオピアは飛行機で往復。再びケニアからウガンダ、ルワンダ、ブルンジ、ザンビアなど南に向かって走ってきた。エチオピアから南に向かってくるたびに白人たちの割合が多くなり南アフリカにくると半分ぐらいではないかと思われる程白人が多くなった。

2007 年 12 月 12 日水曜　　　くもり

自転車の寺島さんが到着する予定だったがまだ来ない。

2007 年 12 月 13 日木曜　　　くもりはれ

夕方ネット屋へ……。夜風が強い

2007 年 12 月 14 日金曜　　　はれ

風もおさまり静かになったのでテーブルマウンテンに上がって見学してみよう。ケーブルカー発着所に行ったが、頂上は風強いのかケーブルカーはス

トップしている。発着所のチケット売り場の道を過ぎて走ってみる崖崩れて
ストップ。折り返してくるとケーブルは動き出していた。ケープタウンの景
色、海の青さ……テーブルマウンテンの頂上から見る展望は素晴らしい。

　時折雲が下りてくる……ごつごつした岩がどこまでも続く……広大なマウ
ンテンの頂上だ。

　風が強くジャンバーを着てきてよかった。降りる頃は寒さを感じる。13
時過ぎに宿に戻る。

「喜望峰」の場所……違っていた
2007 年 12 月 15 日土曜　　　　　はれ

　待ちに待った喜望峰に向かう。テーブルマウンテンの入り口を抜け狭い道
を通り峠を過ぎた……海岸線に出る。晴れた日の走りは気持ちがいい。カー
ブの続く海岸線有料道路になり、インド洋に海岸が見える道路になった。半
島の真ん中ほどに岬に向かう道に来た……風は強くなってきた。ケープタウ
ンから喜望峰まで 70 キロ約二時間かかって喜望峰についた。

喜望峰と思ってついたところは
違ってケープポイントだった。
後日行き直す

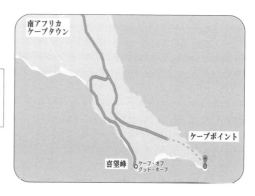

　岬には多くの観光客が来ている。灯台のある高台まで上がってその後喜望
峰の先端まで歩いた。岬の先端だけに飛ばされそうな強い風が吹きまくる。
柵につかまりながら細い道を歩きたどり着いた島の先端はレンガで囲まれて
いた。あこがれていた喜望峰の先から左にインド洋右に大西洋に分かれてい
るようだ。道がわかりづらいのか、風が強いからなのか誰もいなかった。

　しばらくして二人連れが来たので記念写真を撮ってもらった。赤い花、黄色い花など咲く喜望峰海岸線の青い海、白い波、白い砂浜は美しい。これまで高級レストランに入ったことはまずなかった。自分への褒美<ruby>褒美<rt>ほうび</rt></ruby>としてレストランに入る。ダチョウのステーキを奮発して注文したがぱさぱさした感じであまりうまくなかった。来た道を戻る、行き帰りの風景は違って、来るとき道に迷ったが無事に宿に16時についた。

　（実は今日行った喜望峰は……場所少し違っていた。本当の喜望峰は灯台のある高台ではなくて一段降りた海岸べりにあると教えてもらった……ええっそうなんだー……行き直すはめになる……残念）

　夕べ、日本人カップルにナミビア（ナミブ）砂漠について相談を受けた。トシさんとアキさんはレンタカーでナミブ砂漠を走るらしい。わたしの地図を出して説明する。コピー屋は閉まっているので手書きで写してもらう。ベッドに入ってから行きたくても行けなかったナミビア「ナミブ砂漠」そうだ、あした起きたらいっしょに連れて行ってもらえるように話してみよう。

ナミビア砂漠……レンタカー
2007年12月16日日曜　　　　雨

　8時に起きてすぐにトシさんアキさんに邪魔でなかったら一緒に「連れて行って」「ほしいんですけど」とトシさんはアキさんに伝える……「いいですよ」との返事。あーよかった。レセプションに荷物を預けて10時過ぎに出発。外は雨が降っているが……ありがたい。車はフォルクスワーゲン。二人はしばらく運転していないというので最初はわたしが運転することにした。一路ナミビア、ナミブ砂漠に向かって走る。

　雨は上がり曇り空……走る途中、お世話になった……ケープタウンに来るとき泊まったポルトガル人のホテルに泊まることにする。日本人だからと250ランドを100ランドに安くしてもらった……オーナーマナウルさんは……「オーまた来たか」という感じで宿代50ランドでいいと気前がいい。ほんとありがたい。前回と同様にビールをごちそうになりながら4人で食

事していたら自転車がついた。

　部屋に入ってくるなり「アレ……どうしてこんなところに松尾さんがいるの……」寺島さんの声。お互いにびっくり仰天。ケープタウンに向かっていることは知っていた、寺島さんとはケニア・ゲストハウス「ニューケニアロッジ」で一緒にしばらく過ごしていたことがある。寺島さんは、これまで北アメリカ〜中米〜南米と走ってきた。今回は中国からチベット、インド、パキスタン、イエメン、エチオピア、ケニアを自転車で走ってきた。

　そのケニアから3ヵ月かけてナミビア国境を越えて南アフリカに入ったばかり。この宿でばったり会ったのだ。「オーオーオー」と4人でカンパーイ。しゃべりながら過ごしたあとファミリールームに4人で泊まる。

2007年12月17日月曜　　　はれ

　わたしたちは朝7時に出発、寺島さんは8時に出ると夕べ話していた。ペトロールを満タンに入れる「あれーペトロールが漏れている」とアキコさん。ジャージャーと車の下から落ちている……これじゃやばい。スタンドと併設している自動車修理工場で直してもらおう。7時半と早い時間だったが工場の人は出勤していたのでさっそく見てもらう。あっちこっち漏れている原因を調べていたが最後は座席を外して「溶接をはじめた」

　もう12時近くになってしまった……寺島さんは出発を見合わせて付き合ってくれている。寺島さんいっしょにナミビアに行こうよ……。彼はちょっと迷った後自転車をここに預けてナミビアに行くことになった。修理を終えて13時ごろ4人で出発、前回泊まったことのあるナミブ砂漠の入り口まで走れず途中の町に泊まる。

星空見ながら寝袋だけで過ごす

2007年12月18日火曜　　　はれ

　100キロ走ったところに、前回泊まった宿でナミビア砂漠の情報をトシさんアキさんがくわしく聞いてくれている。わたしは英語がダメでポカーンと

しているだけ……。その情報をもとにナミブ砂漠の入り口ゲートの手前70
キロで泊まることになる。ゲート近くのホテルは……8500円から1万7千
円と高いらしい。泊まることになったキャンプ場の部屋120ランド2000円
と安かった。

　キャンプ場の部屋は一人120ランド、2000円と安かったが、キャンプ場
の環境が野宿するのになんとも願ってもない、またとない場所になっていた。
かまどでマキを焚きバーベーキュしながらの晩飯は最高だ。星空を見ながら、
そのまま地べたに寝袋だけで寝る。まさに最高の夜になった。寝袋だけの野
宿は初めてだ、砂漠で寝ころびながらオリオン座、北斗七星など満天の星空
を眺めながらこんな贅沢はあるまい。

　ほかの3人も初めての夜の景観に嬉しそう……わたしは夜中にごそごそ
とした何かの音を聞いたがそのまま寝入った。朝方寒さを感じるほど冷えた。

砂漠の中に「池」ができる？　ソススプレイ
2007年12月19日水曜　　　　はれ
　4人とも運転できるので100キロ走って交代をくりかえす。わたしは薬
（ビール）飲んだあとはパスさせてもらった。来てみたかったナミブ砂漠に
入った。これまで走ってきた景色はガラッと変わり、砂丘の山になってきた
……太陽の光を受けた砂丘の影は砂山を美しく見せてくれる。景色も時間と
ともに変化してゆく。午前中の方がいいと地元の人が話していた……「砂丘
の陰が美しいと……」このことだったのだ。

　45の数字、何の意味のことだろうか……道路にはゲート入り口から続い
ている数字、おそらく距離の表示だろうと思う。この45の場所には一段と
高い砂丘がある。頂上まで15分ぐらいでつきそうだ。歩いた足跡がくっき
り頂上まで続いている。3人は登って行ったがわたしは登る気力が出てこな
い下から見上げるだけ。車の終点からはサファリーカーに乗り換える。ソス
スプレイと言われるところまで2キロ歩くことになった。

　ソススプレイは砂漠の中に池ができると言われている。池は干しあがっていて水はなかった……白く乾いている砂だけ。池跡の白砂、砂漠の赤色、真っ青な空の三色のコンストランス初めて見た。今日は朝からじゃり道ばかり、がたがた……だったが、ジャリ石の上をスケートのように氷を滑る感じで走り続けてきた。ソストプレイから400キロ離れた海岸まできた。ホテル一人150ランド・2500円とちと高い……。

　周りに比べればこれでも安いほうだ。このホテルに泊まることにした。オーナーがワインを一本プレゼントしてくれた、こういう親切はほんとうれしいものだ。一時雨が降って雨漏りがしてきたが雨はすぐに止んだ。

お化け植物・1500年砂漠で生きる「ベルベッチャー」
2007年12月20日木曜　　　　はれ

　アキコさんが調べてくれていた砂漠の中にある「植物園?」イメージをつかめないまま行くことになった。海岸の町ワカコから約100キロ先の砂漠の中にある植物園?　砂漠で生きている植物「砂漠オモテ」は1500年も生きている」のがぽつんぽつん見えてきた……。あっちこっちに生えている日本で見るアエロ見たいなもの、こんなものなのか。砂漠の終点らしい場所についた。

砂漠の中で1500年も生きる
不気味なベルベッチャー

　とんでもない植物、オオーでっかい植物は柵に囲まれている……4m以上はあろうか、アエロの親分みたいなものだ。柵で囲まれているのは一つだけで、他のものは石で回りを囲まれている。1500年も砂漠の中でどうしてこんなに大きく育っていくのだろうか……不思議に感じる。不気味でお化けみ

たいな感じで食われてしまいそうな恐ろしさも感じる。

　正式の名前は「ベルベッチャー」と言うらしい。

2007 年 12 月 21 日木曜　　　　はれ
　行きも帰りも国境チェックポイントでは荷物を調べられたりした。寺島さんは 2、3 日前に通過したのに「どうした」みたいなこと言われていた。帰りもポルトガルのおじさんがいるゲストハウスに……三度泊まることになった。今回も 850 円と安くしてもらった。寺島さんはここから自転車の旅になる。車だと一日で着くがケープタウン到着には一週間ほどかかるようだ。

2007 年 12 月 22 日金曜
　ナミビアの首都ウィンドフックでは前回泊まったゲストハウスはいっぱいだった。紹介してもらったゲストハウス泊まる一人 1400 円。

2007 年 12 月 23 日土曜
　ケープタウンに着いたのは 17 時前……再びキャッツ＆ムースの宿についた。初めてのレンタル車の旅、ここまで何事なく無事に帰ってこられた……今回車での旅……オートバイでは経験できない、わたしには実に楽しい旅になった。夜はきょう食い放題をやっている寿司屋さんに三人で行ってご苦労さん会……お世話になりました。カンパーイ。南アフリカに来て初めてのすしの味、心配したがうまかった。

　レンタカー代……一人ガソリン代入れて 3800 円と意外と安かったお世話になったトシさんアキコさんに感謝に感謝です……ありがとうございました。

2007 年 12 月 24 日月曜
　ゲストハウスに一ヵ月近く泊まっている K さん 50 歳ぐらいは船のコックをしていると話す。地元アフリカの船に乗るため朝 7 時に出て行った……一ヵ月ぐらいの航海らしい。元気で帰ってきてください。ゲストハウスに情報を残すため「足跡を残す」ノートを買ってきた。日本人 4 人で作り上げた。

ゲストハウスの中庭で今晩、日本人6人でバーベーキュ、クリスマスパーティ……外国人は外に出て誰もいないようだ。

　買い込んできた肉、野菜などたっぷりの食料を備え付けのバーベーキュ台で食い放題。飲み放題……千葉の高校の先生は大道芸が大好き……お手玉、マラカス、サイコロなどで楽しませてくれた。夜に突風、大雨になった。

2007年12月25日火曜　　　はれ　　　夕方小雨
　パソコンに日記の書き込み……一日中かかった。レンタカーを借りに行った別の日本人カップルは街には誰も歩いていない……レンタカー屋も休みだったと戻ってきた。やっぱり日本のお正月と同じでクリスマスはすべて休みなのだろう。夕食は日本人5人でカレーライスを作ってたべる。

2007年12月26日水曜　　　はれ
　パソコンに書き込み……ビール飲んでおしまい。

2007年12月27日木曜　　　はれ
　パソコンに書き込み……ビール飲んでおしまい。

2007年12月28日金曜　　　はれ　　　暑い
　宿「キャッツ＆ムース」の前でオートバイのマフラーの金具を取り換えていたら話しかけてきた。日本人ライダーサトウさんだ、昨日ケープタウンについてこの宿に予約したらしい。サトウさんはウラジオストックからシベリア横断〜ヨーロッパ〜スペイン〜モロッコ〜セネガル〜アンゴラ〜を走ってケープタウンに6ヵ月でついたと話していた。

2007年12月29日土曜　　　はれ　　　おだやかないい天気
　ライオンヘッドにオートバイで向かった……あまりにいい天気、いい景色なのでカメラを取りに宿に戻った。盛んに手を振って「マツオさーん」叫んでいる二人連れ。誰だろう、こんなところでわたしを知っている人がいるなんて……なんと日本人ライダー仲間で古山隆行さん、もんがぁーさとみさん

夫婦だった。「なんでこんなところにいるの」と……お互いに声をかけ大笑い。

　二人は正月休みを利用して南アフリカまで来たばかり……二人は勤め人で休みを利用してこれまでチュニジア、オーストラリアなどその国のレンタルを借りてツーリングを続けているつわものの二人。わたしが泊まっている宿キャッツ＆ムーンは満杯でほかの宿に泊まっているらしい。夜7時にいっしょに食事をすることにしていったん分かれる。ライオンヘッドにカメラを持って走る。

　テーブルマウンテンをバックにオートバイを入れて撮った……迫力ある写真になってくれーイ。宿に戻ると「寺島さん」がつきましたよ……と日本人から聞く。オーようやくついたか……。しかしこの宿はいっぱいなので以前わたしも泊まったことのあるテントを張れるゲストハウスに向かったらしい。シャワーを浴びて戻ってくるとの話になっているようだ。7時に古山さん夫婦、寺島さんは真っ黒になった顔で戻ってきた。

テーブルマウンテンの横にそびえるライオンヘッド山

　トシさんアキコさん6人でアフリカ料理店はいっぱいで寿司屋に入った。寿司屋は「食い放題の日」でラッキー。それぞれ自己紹介しながら10時ごろまで過ごす……寺島さんはよっぽど食いたかったのだろう……うどんを追加注文した。トシさんアキコさんたちはあした30日アルゼンチン・ブエノスアイレスに飛ぶので最後の夜になった。古山さん夫婦夜遅くなったので男三人でホテルまで送ってそれぞれの自分の宿に戻った。

2007年12月30日日曜　　　うすぐもり　　　午後はれ

　トシさんアキコさんタクシーで飛行場まで行って今日アルゼンチンに飛ぶと話す、素敵なカップルにはお世話になりました。朝、日本人が「松尾さんは」「佐賀出身なんですか」九州福岡出身と長崎・平戸の近くに住む新婚旅行中の小川さん夫婦が話しかけてきた。わたしのふるさと嬉野のそば、武雄で働いていたこともあると小川さん。なつかしくなって、佐賀弁でしゃべる。

　夕べ会った古山さん夫婦は泊まっているホテルの隣がレンタルバイク屋。バイク二台を借りて一週間ほどかけて喜望峰など走ると話す。自炊できるキッチンのそばには大きなテーブルがある。外国人の人たちとの交流の場でもある。もちろんわたしも外国人だ……食事の時が一番混んで楽しい時間でもある。わたしは5時前に座って日本語英語でしゃべる……飲みながら食事時間はいつも一番なのでみんな友達になる。

　ほとんどヨーロッパの人が多いが、いまはハンガリー、アメリカ、ジャーマニー（ドイツ）人たちだが、「レーユニオン」という国、人口100万人のめずらしい島国からきている女性も。世界地図で見るとアフリカの東に位置する大きな島マダガスカルの……そのちょっと東に小さくポツンとある島だと指さして教えてくれた。その隣の小さい島はモーリシャスの国なのだ。宿泊者は女性より男性のほうが少し多いように感じる。

いつも食事が一緒だったブロンドのフランス女性。「上も下も同じなの」か5、6人の男どもは「マツオ、聞いてくれ」と……「そうよ……」お茶目に応えてくれた……ケープタウンの宿

　テーブルに来た顔見知りのすばらしいフランス金髪女性。「マツオ聞いてくれ」「なにをだ」ヨーロッパ男5、6人いるのに「なんでオレなのか」「髪

の毛と下のヘアーも同じか」と聞いてくれと……見たことないのかよ。「ソーリ、ナイスブロンズヘアー」……「アンダーヘアー」「セーム同じですか」ちゃめっけたっぷりに顔を横に「そうよ」と金髪女性……男たち通訳料よこせ。

2007 年 12 月 31 日月曜　　　　はれ

　テーブルマウンテンとライオンヘッドの山へ写真を撮りに行く。日本だと大晦日で正月を迎えるのだがこっちのほうはクリスマスが一年の区切りなのだろう……あまり華やかさを感じないけれど……ロングストリートの一部を通行止めにしてライブの & ディスコ催しが行われている……。一年の締めくくりと新年の迎えるイベントのようだ。シーサイドのほうには大掛かりな花火が上がるようだ。

　ロングストリートはぞろぞろと人の波、レストラン、飲み屋の中も道路に出しているテーブルはいっぱいでにぎわっている。さて、来年のこと……西アフリカの一部の区間「砂がある」あるとフランス人から聞いて無理だと思っていた。しかし「ガーナまでは大丈夫……」ガーナからケープタウンに車を送ったスイス人二人連れは話す。また日本人ライダー佐藤さんの話も砂ではなくて硬いダートだと走るのに問題ないとの話だった。

　これから走るルートこれまで二転三転したが確かな情報を得たので西アフリカを走ることに決めた。ガーナまでオートバイを船で送りニジェール〜セネガル〜サハラ砂漠を走る予定。現在、走行距離 27 万 3000 キロ、アフリカだけ約 2 万キロ。訪問国 98 カ国になった。

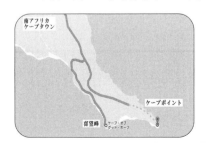

ケープポイント。喜望峰から１５０キロで最南端アグラス岬

再び「喜望峰」へ……

2008 年 1 月 1 日火曜　　　　くもり

　正規な喜望峰に向かう……12 月 15 日に着いた喜望峰は場所が違っていたのだ……ケープポイントは喜望峰とばかり思っていた。喜望峰は海岸線を降りた崖下にあることを教わった、それを聞いたとき「ええーっ」とがっかり。今回仕切り直しになったので再び喜望峰に向かった。朝 7 時に出発して 70キロ先の喜望峰についたのは 10 時だった。きのう朝から自転車で走りだしている寺島さん……ケープポイント手前で追いついた。

ここはケープポイント岬。「喜望峰」はこの右手崖下の方に看板が建っていた

「はーい、寺島さーん」写真を撮るため……先に行って待ってるよー……中国から走り通した寺島さんの到着する瞬間を撮った。一緒に灯台の周りを歩いてレストランでお祝いの食事……ご苦労様でした。そのあと喜望峰へは一キロほど戻ったところから入ってゆく……ああーここが喜望峰なんだぁ……お互いに初めての喜望峰についた。英語で看板には「最西南端」「そして「Good HOP」と書いてあるらしい。

　観光客がひっきりなしに訪れている中、皆さんにお願いして待ってもらってオートバイを看板の前に移動させて「記念の写真」を撮ったり、撮ってもらったりした。2 時過ぎに寺島さんと別れる寺島さんは自転車で明日ケープタウンに戻る予定。ケープタウンの街はイベントがきのうから続いてロングストリートは通行止めになっていたのでグルーとテーブルマウンテンの裏側から回って宿についたのは 6 時を過ぎていた。

そして最南端「アグラス岬」びっくり日本人６人

2008 年 1 月 2 日水曜　　くもり　　22℃　　小雨　　くもり　　午後　　25℃

　肌寒い中、地理的に「最南端はアグラス岬」らしい・最南端アグラス岬 Cape Agulas に……朝 7 時佐藤ライダーと出発。晴れていたケープタウンからテーブルマウンテンの裏側に回るとイヤな雲が立ち込めている。急なカーブの登りが続く……この辺りは山脈になっているのだろうか。やっぱり雨になってきた。オーバーズボンをはいて……いつでも「雨よ来い」と準備。低い雲立ち込める小雨降る中走り続ける。

　雨はすぐに止んだ、220 キロ走ったアグラス岬に 10 時半に到着。最後 1 キロは砂利道になってきた。アグラス岬の看板のある所まで乗り入れる。このあと、オートバイ二台がついた……なんと古山さん夫婦……喫茶店の駐車場から松尾さんのオートバイが見えたので「追いかけてきた」と、またまた、お互いに大笑い。それに、そこへ日本人小川さん夫婦が歩いてやってきた……ええーっ。

　レンタカーで走っている小川さんとはきのうケープポイントで会ったばかりである。偶然にも日本人 6 人だけがアフリカ最南端に集まったことになった。集合写真を撮ったり……撮られたり……記念写真を撮ったあと灯台のある喫茶店で 6 人いっしょに昼飯を食べる。そのあとそれぞれ目的地に向かって別れるバイバイ。わたしたちは佐藤さんとケープタウンに戻る。今日もロングストリート、フェスティバルで通行止めになっている。

普通はここから１分で着くのだが通行止め交差点から海岸通りに大回りして一時間もかかって夜中宿に戻る。サトウさんとははぐれてしまった。

偶然にも日本人６人が集まった……小川さんの写った写真はHDDパンクしてしまってない古山さん、佐藤さん、松尾、もんがぁさとみさん

2008 年 1 月 3 日木曜　　　　はれ

午前中パソコンに下書き、午後、見積もりを聞きに船会社に向かう。わたしは西アフリカ・ガーナまで……佐藤さんは南米・アルゼンチンまで……。アルゼンチン・ブエノスアイレス……1300$、15 万円。西アフリカ・ガーナ15000R 〜 23000R・23 万〜 38 万円　重量の違いなのだろうかなー。

うーん高すぎ。飛行機の料金を聞きにマレーシア航空まで走ってみたがオフィスは閉まっていた。夕方ネット屋へ。

2008 年 1 月 4 日金曜　　　　はれ

おだやかな天気、午前中日本からの便りにネットで返事。NHK「地球ラジオ」「旅でござんす」のレポート……6 日の電話出演にあわせて正月の模様をレポートした。夜は日本人 10 人で宿の庭でバーベーキュ、佐藤さん、寺島さん、小川夫婦、佐藤さん、脇さん、古山さん夫婦、斉藤さん、松尾、外人一人計 11 人……。7 時ごろから 11 時ごろまでワイワイガヤガヤ……楽しかった。

2008 年 1 月 5 日土曜　　　　はれ

きょうもおだやかな天気、あまりにも天気よすぎるなー。午後寺島さん、佐藤さん 3 人でネット屋へ。寺島さんに教わりパソコンがいっぱいになったので CD 化して空き領域を半分にしてもらった。また USB 使い方がわか

らなかったので寺島さんに教わる。

2008 年 1 月 6 日日曜　　　　朝から雨
　夜半から雨の音……

宿に泥棒が入った……捕まった
2008 年 1 月 7 日月曜　　　　くもり
　夕べ夜中の 3 時過ぎまで、外階段で男女の話し声が聞こえる。あまりにもうるさいのでそばまで行って「うるさいぞ」「静かにしろ」どやしつけた。ようやく静かになった。アメリカ、ニューヨークのユースホステルに次いで二回目……この時は韓国人と日本人だった。「ウルサイ」は「アウトサイド・外に出ろ」に聞こえるのかもしれないなーと自分でも笑ってしまう。

　ウトウトしていると大きな声で「チェック」と言いながら部屋にやってきた男がいた。部屋から出てみると「泥棒がつかまっていた」20 代の男だ。アレーっおれのカメラバックじゃないか……大型カメラ小型カメラが入っているバック。後ろに手を回されて手錠をかけられている。同じ部屋の人も腕時計、電子手帳、小物入れなど 3 人が被害にあっている。オー危なかったなー。そのままだったら他の人を疑ってしまうところだった。

　幸い全部戻ってきた。泥棒の周りにはポリス 7、8 人が取り調べに当たっている。なんてことだ……玄関のキーナンバーを盗み見て入ったのだろうとフロントの人は話している実はこのゲストハウスには会社のセキュリティ会社に毎日通勤している。黒人の大男がいる……その男の人が泊まっている部屋で捕まったのである。きょうはガーナのビザをとるために南アフリカ・首都ブレトリア……ガーナ大使館に向かうため 5 時半に起きた。

「ガーナ・ビザ」首都プレトリアまで 2300km
　寝不足のまま 7 時過ぎに宿キャッツ＆ムーンを出発。インド洋の海岸線を走ることにした。想像していた平坦な道ではなかった。

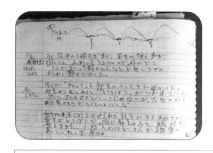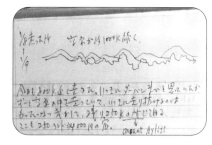

南アフリカ・ケープタウンからインド洋を走ってプレトリア・ガーナ大使館をめざす

2008 年 1 月 9 日水曜　　　　はれ

　6 時 30 分に宿を出る。きのうもそうだったがけさも肌寒さを感じる。きのう 800 キロ走り Dort Elizabeth の街に泊まった。B&B バックパーカー探すのにひと苦労。なんと 250 ランド……約 4000 円と高いのだ。どこも同じぐらいか、それ以上の料金だった。ポルトエリザベスは高いだろうと手前でホテルを探したが同じだった。

2008 年 1 月 10 日木曜　　　　はれ朝 18℃　　　　くもり　　　　昼 25℃

　今日も 800 キロ近く走った……一気にダーバンまでと思ったがずーっと高原が続き走り抜けるのにはもったいなく感じて残り 250 キロ残して泊まる宿を探した（mount aylift）。

　ここも 250 ランド 4000 円。ガススタンドと併設しているホテルだったので探す苦労はせずに済んでうれしかった。夕陽は周りの山を照らして美しい。早めの夕食を済ませて 8 時過ぎにはベッドに入る。疲れたなー

「ポリス」につかまる
2008 年 1 月 11 日金曜

　ダーバンまであと 250 キロ……朝 6 時 20 分出発。相かわらず高原地帯がまだ続いている。「朝もや」で周りの景色は見えない。しばらく走っていると太陽に照らされた山並みがきれいに見えてきた。写真を撮りたいが止めるところがなくて走るしかない。ダーバンまであと 100 キロのところで給油

して狭い道から本線に出ようとした時対向車が来た……オーッと危ない。

　なんと後ろにポリスの車がいた。クラクションを鳴らされる……しらばっくれて走ろうとしたが「車の後ろについてこい」……近くの警察署までいって免許証、パスポートを見せろ。

　これは長くかかりそうだわたしは「ダーバンに11時待ち合わせしている」これが気に障ったのか……パスポートにスタンプがないとか難くせをつけてきた。そんなことはない……ナミビアには二回も行ったり来たりしている……スタンプすぐに見つかる。

　君は「右側を走った」とボードに絵を描いて説明する。なんだかんだ調べられて……「ソーリ、キュウーズミ」「ソーリ」とあやまり、注意されただけで30分ぐらいで釈放。最初から謝っていたらよかったのに、横着の性格が出てきて……あやまりのタイミングを逃してしまった。

　ダーバン市内に入った……11時だ。前回泊まったゲストハウスはすぐにわかるだろうと思っていたが……2時間もかかってしまって「ノマズ・ゲストハウス」にようやくたどり着いた。あーやれやれ13時に10分前だった。うーん2000キロはやっぱり遠いな。でもインド洋の海岸通りは思いもしない山から急激に落ちている崖は他では見られない「オーっと」言えるような渓谷の景色を見ることができた。

　夕方ネット屋でつないでみたがつながらない。前回泊まった時はつながったのになー。宿の人に聞いてみてもわからなかった。オートバイの船輸送のこともある……NHKへのレポートも送らなければならない。気になっている便りも見られない…困ったことになった。新たにネット屋を探すしかないなー。NHKのレポートはFAXですませよう。

2008年1月12日土曜　　　　はれ
　NHKへのレポートFAX店から送ろうとするが、久しぶりで要領がわか

らない、なかなかつながらない。あーそうか、日本、東京への「03」の「ゼロ」はいらなかったのだ。

2008 年 1 月 13 日日曜　　　くもり　　　小雨

　パソコンがつながらないのでこれから不安だな……パソコンの画面に「パスワード入力」と出ている。ゆずってもらった人にどうして連絡取ろうかな……。ケープタウンにいるパソコンに詳しい寺島さんに電話してみたが留守で連絡取れず……アー弱った。佐藤さんの話によるとアルゼンチンまでのオートバイ輸送について会社から 3000 ランド……51000 円だと「連絡があった」と聴いている。

2008 年 1 月 14 日月曜　朝雨 22℃　どしゃ降り　昼 30℃これ以上にはならなかった

　ブレトリアに向かって 6 時半にゲストハウス「ノマズ」を出発。ハイウェイに乗ってからどしゃ降りの雨……スピードダウンして N3 を進む。雨は 30 分ぐらいでやんだ。結構カーブが多かった。濡れたウェアーも乾いてきた。暑い、残り 100 キロでジャンバー、オーバーズボンを脱いで走る。プレトリア市内に 14 時 30 分についた。

　約 600 キロ……を 8 時間、意外に早くついた。ユースの宿の近くまで来ているのにあっちこっち走り回るが、まったくわからず、最後は宿の人にスーパーまで迎えに来てもらった……3 時間も宿探しにかかってしまった。こっちの人は「ゲストハウス・バックパーカー」の宿のことあまり知っていないようだ。泊まるのはホテルと思っているのか、何人かはホテルを教えてくれた。ホテルの人もバックパーカーの安宿を知らないようだった。

　ある人は「B.B」をガソリンスタンド指さして教えてくれた人もいた。「プレトリア、ゲストハウス」・100 ランド……1700 円。割引カードで 1530 円。ゆで卵 2 個だけで食って走ってきたので早めの晩飯 9 時にベッドに入る。宿探しの 3 時間でくたくたになった。あしたガーナ大使館に行って「ビザ」申請する。ガーナ大使館を探すのにも苦労しそうだな。

2008 年 1 月 15 日火曜　　　　はれ　　　　　くもり　　　　　はれ

　ちょっと足を動かしただけで「ツッテ」しまいそうになる。やっぱり疲れているんだろうな。

　8 時にレセプションに行き「ガーナ大使館」の場所を地図で教えてもらう。おー近い……歩いて行ける近さにホットする、うれしい。ガーナ大使館に 9 時「10 分前についた」9 時 30 分開館。それまで中に入れてもらって申請書を 4 枚書き終わらせた。今までのようにすべて「英語オンリィ」「ひらがな」での記入はダメと先手を打たれた。

　書き方は「英語の大文字」で書くようにゲートにいた係官が教えてくれた。一番で受け付けてもらった。しかし「何かの証明書」必要と受付嬢……。どうもダメみたいに感じた。

　ここは粘るしかないな。その「証明書」など「日本に帰らなければとれぬ」そのうち大使館員がやってきた。これまでの 4 年 9 ヵ月、82 か国載せている名刺を見せて最後は OK になった。よし、よし、ビザ代郵便局での振り込みだと話す。

　えー郵便局はどこだ。地図で見ると 10 分ぐらいのところだなーと見ていたら。同じ申請に来ていた男性も行くので後ろについて行く……ありがとう。よしよしこれじゃ、今日中に申請に間に合いそうだ。10 時半に大使館に戻り再提出。250 ランド・4250 円。受け取りは三日後の金曜日 18 日だと女性係官。わたしは「ノーノー朝、大使館と話した」とき、今日はだめだけど「あした 16 日 OK と話した」とせまった。

　女性は電話して確認してもらって「あした 16 日 10 時 OK」になった。あーよかった、よかった。ここの受け付けは玄関わきの小さい小屋で受付をしていた、どこの大使館でも大使館内で受付をしているのに、ここでは用心のためなのだろうか……。

ガーナ大使館「ビザ」受け取る

2008 年 1 月 16 日水曜　　朝 25℃　　はれ　　昼 30℃　雨 20℃　　夕方 30℃

　ビザを受け取り 10 時には出発できるだろうなどと思いをめぐらして・バックパーカーの宿を 8 時 40 分に出る。ガーナ大使館 9 時前についた。今日は受付 15 分速い 9 時 15 分……いいぞいいぞ。受付嬢に「わたしのビザ OK……」とすぐに渡してくれると思ったが「ちょっと待て」と時間がたつ。9 時 40 分ごろ「館内」に行くように言われる。係官は上司と相談したあと、親指を出して「OK」の合図、アーよかった。

　申請書にはこれまでの「ひらがな」じゃなくてローマ字で書く面倒な手続きが必要だったが、二日目でビザを手にすることができてうれしい。他の人たちには「スリーディ・三日後」と申請者にさかんに話していたので、特別に配慮してくれていたことに感謝したい……勝手に領事の部屋に入っていって「どうもありがとうございました」と日本語でお礼を言って 10 時 4 分に出発することができた。600 キロの先レソト国に向かう。

ガーナのビザ取りにケープタウンから海岸通りを走ってダーバン～プレトリア折り返してケープタウン。4000km
日本本州一周ぐらいの距離、グルーっと一周走った

　途中大雨に会うが 20 分ぐらいでやんだ。大きな町に入った直後……左車線に入ろうとしたとたん……乗用車と接触した。その勢いで小さな溝に入り込んで転んだ。エンジンガードが曲がってしまったがスローで走っていたので運転に支障はないようだ。「どうして前を見てないのだ」日本語でどやした……中年の運転手はオロオロするばかり。まわりの人たちに手伝ってもらい溝から引き揚げた。レソトに向かう。国境に着いた。

レソト入国

　18 時に出国・入国を済ませる。南アフリカもレソトも記入用紙はなくてパスポートを差し出すだけで済んだ。決めていたバックパーカーまでタクシーに案内してもらった。20 ランド・340 円でついた。暗くならないうちにビールと食料の買い出しに行く、帰りは道に迷ったがかろうじて戻ることができた。

2008 年 1 月 17 日木曜　　　　はれ　　　　　　よる雨

　標高の高いレソト国は高い山が多く素晴らしいと聞いている……。途中それらしい山が出てきたが国境を越えてからどこを見ても高い山は出てこなかった。レソトの朝は静かだ。街から高い山並みが見えるのを期待して周りを見渡すが、小さい丘しか見えない……なんか期待はずれだなー。町のインターネット屋……日本語は読めるが日本語では打てなかった。一本道に沿って商店……青空市場が連なっている。

　日本の小さい町ぐらいかな。レソト市内をぐるーっと回ってみた……これからの国だろうか……一ヵ月ぐらい滞在しないと、この国のことはわからないような気がする。オートバイをガーナへの船輸送のことが気になる……あしたケープタウンに向かおう。

2008 年 1 月 18 日金曜　　　　はれ

　ケープタウンまで 1100 キロ朝 6 時 20 分に宿を出る。国境で出国手続きを終えた。最初の街を通過、予定通り 8 時だ。ケープタウンへの高速「N1」に乗る。最初のペトロール・スタンドで給油。ATM でお金をおろそうとしたら「NO　Money お金がない」の貼り紙に「へー」いやー心配になってきた。あと一回分ぐらいしか現金がない。あせってもしょうがない、途中高速からおりて小さい町の ATM でお金をおろすことができた。

　あーとりあえず、これで安心だ。高速に戻り直線が続き走りやすい。ケープタウンまで 250 キロ残したところで宿を見つけ泊まる。ここはキャンプ場付きで 90 ランド・1500 円ぐらいと安い、近くのマーケットでビール、晩

飯の食いものを買うことができた。

2008 年 1 月 19 日土曜　　　　朝 20℃　　　　はれ　　　　昼 30℃

　5 時に起きて 6 時に出発……ケープタウンまで 250 キロ。途中岩山が前面に立ちはだかっている、この先どうなっているのだろうかと考えながら走って行くと……やっぱりトンネルになった。アフリカに来て半年初めてのトンネルだ。ケープタウンまで 100 キロぐらいのところからブドウ畑が続いていた。意外と早い 9 時にケープタウンについた。そのままオートバイ屋まで走り、タイヤ交換の予約を済ませた。

　宿キャッツ＆ムースに荷物を置いて再びオートバイ屋に向かう。午後 4 時にオートバイを取りに向かう……ええー店が閉まっている。土曜日は半日で休みなのだろうか……仕方がない。そのままネット屋ロックされていたパソコンをつないでもらった。ヒヤヒヤしながら見ていたら何とパソコンが「正常に動いた」あーよかった。ほっとした。夜は日本人 3 人でアフリカ料理店へ一人 200 ランド・3400 円もかかったが時にはいいか。

　あした佐藤ライダーはアルゼンチン、ブエノスアイレスに飛ぶ。わたしは①タイヤ交換　　②オイル交換　　③オイル・フィルター購入　④プラグの交換これらを済ませなければならない。自宅に「海外旅行傷害保険」の延長手続きをメールで頼んだ。

オートバイ輸送ケープタウン～ガーナ 12 万円

2008 年 1 月 20 日日曜　　　　はれ

　船輸送の見積もりが分かった。

　ケープタウン→ガーナ（アクラ）

　　　　　　　　貨物船　25 日間……7000 ランド・約 12 万円
　　　　　　　　飛行機　　5 日間……17000 ランド約 29 万円

ケープタウン→セネガル（ダカール）

貨物船　50日間……8500ランド約15万円

飛行機　5日間……24000ランド約43万円

佐藤ライダーさんの船代

ケープタウン→アルゼンチン（ブエノスアイレス）3000ランド約5万円

（あとで聞いた話だと受け取るまで結構期間がかかったとか……）

テーブルマウンテン・夜停電で死者

2008年1月21日月曜　　　　はれ

きょうやること　①プラグの点検　②オイル・フィルターを買う　③オイルの交換

①プラグの点検……アクセルを吹かせたときどうもパワー不足を感じていた。調べてみるとやっぱり汚れていた。新品6個1700円だったので交換した。

②オイル・フィルターをホンダ店で二個買った……オイルは5000kmで交換しているがフイルターは1万kmで交換してきている。

③オイル交換2980円……5000kmで交換している。

以上気になっていたことを済ませる。オイル・フィルターは次のオイル交換で取り換える

晩飯のとき、突然停電した……ローソクですごして寝るまでに直らなくていつ直ったのかわからなかった。テーブルマウンテンに上がっていた人たち停電でパニックになったらしい。頂上は寒いので長時間になると冷え切ってしまう。ケーブルが動き出した時に殺到しての混乱したようでこれが惨事になったのではないか……朝の新聞で数人が死亡したと報じている。

2008年1月22日火曜　　　　はれ

きのうネットカフェでCD化してもらったもの、ナミビアでCD化したものをここケープタウンで日本に送る……安全のため同じ物二組に分けて自宅

と森山さん宅にがっちり段ボールで梱包して郵便局から送った。一個 70 ランド 1200 円× 2=2400 円。二週間ぐらいで日本につくとのことだった。オートバイ輸送、船舶会社に朝電話を入れた「いつケープタウンからガーナに送るのか」23 日か 24 日に迎えに行くとのこと。

　船輸送のためオートバイに積み込み荷物をどうするのか……ためしに積み込んでみる。
　靴、ジャンバー、シュラフなどこれで大体大丈夫だろう。
「記録」
　現在までの総走行距離……273,000km。
　アフリカだけでは約 2 万 km。訪問国 98 か国

2008 年 1 月 23 日水曜　　　くもり
　マフラーの穴が開いて空気漏れにチューブのゴムを当てて防いでみた……まずまずか。

「マラリア・予防」お医者さんに聞く
2008 年 1 月 24 日木曜　　　くもり
　西アフリカに向かうため「マラリア予防薬」について調べておく必要がある。オートバイ仲間や旅人は西アフリカ通過でマラリアにかかる……通過した人のほとんどではないかと思うほど……風邪の症状みたいだと聞いてきている。「事前」に「予防薬」を飲むと、ひどい、胃腸などに負担がかかる副作用が出ると聞いている。予防薬ではなくてマラリアの薬は「かかってから飲む薬」はケニアの薬局で買っている。

　しかし薬の服用がわからない。この際しっかり聞いておきたい。ケープタウンのお医者さんを探した。海岸に行って探しに探してビルの二階にあるクリニックを見つけた、お医者さんに「ソーリ、教えてください」紙に「筆談」で聞いた。納得するまで何度も聞き返した。お医者さんは嫌な顔もせずにこころよく応えてくれた。内容は「かかったなーと思ったら」まず初日 4 錠飲んで……8 時間後に 4 錠、次の日 4 錠で OK だと教えてくれた。

これでマラリア対策の不安は消えて安心した。どうもありがとうございました。

2008年1月25日金曜　　　はれ　　　夜むし暑い

　8時半にオートバイを送る船会社の人が迎えに来てくれると、きのうの朝聞いていた。その時間にゲストハウス前にオートバイを出して待っていた、9時近くなってようやく来てくれた。車の後ろについて会社まで走る。20分ぐらいで着いた。さっそくオートバイの梱包作業だ……オートバイを載せる「台車」が少し短いようだ。手伝いの二人はどう見てもわたしと同じ素人だ。どこかの国から送ってきたBMオートバイ枠を使っている。

　しばらく梱包作業を眺めていたがなかなか作業が進まない。わたしが進めるより仕方がないようだ。オートバイを固定するロープが細い、細すぎるな。大丈夫かいなこれで。段ボールの高さもちょいと足らない……それでも何とか素人集団はようやく梱包が終了した。うーん腹へったー。13時を過ぎている。検量して船事務所に戻る。輸送代金約12万円カードではだめで、3人で銀行におろしに行く。

　ATMは一回1000ランドのみ……えーそうなんだ。窓口に並んでマスターカードでおろすのに、日本に紹介してOKが出るまで待たされる。どうにかOKが出たようだ、よかった。

　いっしょに来た男たちに12万円渡した時は16時になっていた。男達ちゃんと会社に渡してくれるのだろうな、わたしたが信用するしかない。あとはオートバイがガーナに到着してほしいだけだ。

NHK地球ラジオ・レポート概略（毎週金曜日までレポートを送るようになっている）
南アフリカに周りを囲まれてその中にある小さい島のような丸いレソトの国。
レソトの国は素晴らしい山岳地帯と聞いて……国境を越えてマセル市内に入った。
周りには期待していた山そのものさえ見えなかった……山らしい山も見えなかった。
どうしたのだろうか。拍子抜けてしまった。マセル市内は日本の地方都市みたいに街は静かだった。

ケープタウン～ガーナ飛行機代 13 万 5 千円

2008 年 1 月 26 日土曜　　　はれ　　　夜も暑い

　ガーナまでの飛行機チケットを買いに行く、チケットセンターはエチオピアのチケットを取りに一回行ったことがある。しかし場所がわからずウロウロ、ようやく見つけて 1 月 28 日ケープタウン発ヨハネスブルグ～ケニア経由ガーナ行きチケット買った。9000 ランド……135000 円（レート 1.5）安くないな。チケットは 2 時間後に発行すると……ネット屋で時間を過ごしたあと再び行ったがまだ発行してなかった。

　ガーナに飛ぶ当日 28 日月曜日朝 9 時に取りに行くことにする。大丈夫かいな。

2008 年 1 月 27 日日曜

　風の強い日曜日になった。ネットカフェに行くと停電のためダメ……。夕方ようやく直ったようだ。日本人二組はナミビアに向かった。

2008 年 1 月 28 日月曜

　ガーナまで飛行機チケットフライトセンターに取りに行く。土曜日に発券できないできょうになった。9 時にセンターに行くと発券は済んでいて受け取るばかりでホッとする。

南アフリカ・ケープタウンから
ガーナまでチケット

　16 時にタクシーでケープタウン飛行場に向かう。ケープタウン 19 時出発。ヨハネスブルグ～ケニア～ガーナまで二回乗り換えになる。物騒ときいているヨハネスブルグ 21 時着……待ち合わせ大丈夫かいなと心配したが

500mほど歩くと国際空港だ。約4時間ヨハネス空港での待ち合わせ。ケニア到着朝の5時。ケニアでは6時間の待ち合わせになる。うーん疲れるなー。

　ケニア11時10分発……ガーナ・アクラ行き20分遅れただけで出発。5時間40分かかるとか……時差で到着は13時50分になっている。

西アフリカ・ガーナ到着・入国
2008年1月29日火曜
　ケニア空港ロビーの隅でタイルの上に横になる。今6時出発まで5時間ある、顔を洗い、歯磨きしたあと約一時間寝そべって身体はすこしは楽になったかな。荷物の受け取りが心配・係官に聞くと「ガーナ、アクラ」での受け取りになると説明してくれたので安心した。チケットの裏側に「Accra」とシールが貼ってあった。17時にアクラ空港に到着した。アクラ市内は飛行機から見るとどんよりとカスミがかっている。

　飛行機から見る西アフリカの地形ここを走ることになるのだ、いったい走ることができるのだろうか。道路がどうなっているのか不安がつのる……空港に到着した。

　入国時に「20ドル」と言われる……うん「ワイロの要求か」……「ノーマネー」係官「カムバック」などと言うがそのまま出口へ。あとで考えると空港利用税だったのかもしれない。何も言われなかったので荷物を受け取りアクラ市内へタクシーで向かう。

　運転手には「アドレスを見せて」乗ったのに……途中街の銀行でお金をおろした後タクシーに戻るとここから先ホテルまで行けないと運転手が言ってるようだ。「ふざけるな」「このやろう」と日本語でどやしつけるが言葉がわからず知らんぷり……。またタクシーを拾ってアクラ市内のホテルまで、一軒目、二軒目、三軒目でようやく泊まれるホテル「クラウンプリンス」についた。

　探していたホテルガイドブックにある「カリフォルニア」は空き地になっていた。どこかに移ったらしい。市内は何かごみごみした感じだなぁ。来たばかりでどこが中心なのかもわからない、ビルの並ぶガーナの中心街はどこにあるのだろうか……。泊まっているホテルの周りの家は日本の屋根に似てる、二階建てが多い。近くに露店の屋台では、トウモロコシを練ったウガリ、カレーなど売っているお店が並んでいる。

　晩飯はビニール袋に入れてもらってホテルでたべる。ビールはホテルの一角で売っていた。ここで一ヵ月も過ごすのかと思うと憂鬱（ゆううつ）になってくるなぁ。なれればいいのかもしれないが……。地元の人たちは人の好さそうな感じである。

2008 年 1 月 30 日水曜　　　　　はれ

　朝の太陽はさえぎられて月のように白い。ガイドブックを手に街がどうなっているのか、少し歩いてみよう。ネットカフェも探さなければならない。坂道になっているところを歩いていたらホテルがあった。いくらぐらいするのか聞いてみた「20 ドル」とそれなりに高いな。ついでにネットカフェを聞くと棟続きとなりに併設されていた。コネクトできるか聞いてみたら「OK」パソコン「持って来い」と……。

　こんなに早くネット屋が見つかるとはオーラッキーだ。6 台ぐらいのパソコンが並んでいた。この後あと一軒ホテルの値段を聞いてみた 21 ドルとこの部屋にしては高い、高い。銀行の場所を聞いてお金がおりるかどうか確かめてみた。きのうは「バークレイ」銀行、きょうは違う銀行だ……シティバンクのカードで下すことができたのでひとまず安心だ。

　なぜか腹へったのではやく食事をすませて 13 時過ぎネットカフェに行く。

　さっそくつないでもらい「どうだーっ」「オーつながった」よかった、よかった。これで大丈夫だ。ほっとした。ひとつの不安がなくなった。メールの確認、NHK への連絡、BS1 への連絡など、なんと 5 時間もネット屋にい

た。一時間 1 ドル × 5=5 ドル……650 円ぐらい。あさ 6 時半ごろ明るくなり夜も 6 時半ごろ暗くなるようだ。このホテルは洗面台がなくて蛇口からバケツに流しながら顔を洗う。めずらしい……ホテル、不便なことだ。

2008 年 1 月 31 日木曜　　　　はれ

　白くボヤーッとした太陽が上がっている。いつもこうなのだろうかなー。午前中写真の取り込み午後 3 時からネット屋へ。ふるさと佐賀、嬉野吉田中学校の 2 月にある「同級会」参加者の名前を送ってもらった。昭和 34 年卒業生は 120 人ぐらいだった……今回 38 人の出席。久しぶり 49 年も会ってない人たちも来るようだ。変わっているだろうな、それともそのままだろうか。やっぱり中学校の同級会は一番楽しい集まりだ。

　ウガリが売り切れないうちに 6 時前に買いに行く。少し下痢気味になり夜中にトイレ二度起きた。どうした、NHK 生中継のためテストの電話を早く入れてほしいのだが、まだ入らない。また NHK、BS1 地球アゴラと言う番組出演依頼が急に来た。こっちの方も打合せしたいと言っていたのにまだ電話が来ない。日本の感覚で事を進めようとしているのだろうか。すんなりいかないアフリカのことはわかっているはずなんだけれどな。

2008 年 2 月 1 日金曜　　　　はれ

　NHK 放送時間に合わせて電話を入れてもらえるようにメールを打った。9 時すぎにホテルに電話が入ってほっとした……通じてよかった。同じころ地球アゴラの H さんから打ち合わせの電話が入った。地球アゴラは 3 月ごろから放送予定だとのことだったが内容はその国の特別な出来事が起きた時に連絡をしてくれとのことだった。わたしは旅人だから、特派員みたいなことできないなーと思った。

　まぁどっちにしても日本からの連絡が取れてほっとした。

2008 年 2 月 2 日土曜　　　　はれ

　あいかわらず「たいかぶって」（下痢して）いる、何が原因だったのだ

ろうか……昼も夜もググーっときてトイレに駆け込む回数が増えてきた。NHK地球アゴラから頼まれていたスカイプ、カメラをネット屋に頼んでみたが土曜のため駄目だった。

NHK「地球ラジオ」ガーナ初出演

2008年2月3日日曜　　　どんよりのはれ

　NHK地球ラジオの生中継……9時過ぎにテストの電話が入った。ホテルには事前にジャパンからテレフォンが来るからと話しいていた。日本は日曜夕方18時20分くらいではないか。ガーナは月曜、朝9時20分スタート。本番5分ぐらい前に電話が来て、そのまま本番を待つ……前の出演者の声を聴きながら音楽が入って……いつものやさしさの伝わる地球ラジオ……

「音楽が終わる松尾さんの出番です」

　後藤繁栄アナウンサーと大輪香菊アナウンサーの声。日本では雪になっているとの話にびっくり。台本に自分のしゃべりを入れて5分、6分ぐらいの生放送無事に終了、ほっとした。あとはみなさんの感想を待つしかない。腹具合が悪いので、昼めしはきのう行ったレストランでスパゲティ380円、ビール2本。

2008年2月4日月曜　　　どんより　はれ

　きのうNHK地球ラジオ、電話生中継の反響が楽しみでネットカフェに行く。かなりの人たちが聴いてくれたようだ。「きゃーなえた（つかれた）」「たいかぶっている（下痢している）」佐賀、嬉野吉田弁でしゃべったので「びっくりした」と……掲示板のブログを検索して、はじめて書き込んでくれていたのは、ふるさと嬉野の隣鹿島市の人だった。うれしかった。安いホテルを見つけたので夕方タクシーで午前中移った。

「IN　GOT　HOTEL　インゴットホテル」10セディ＝今までより500円安い900円。このホテル、洗面器はついているが朝方水が出ない……コンプレッサーが弱いとかの話。

2008 年 2 月 5 日火曜　　　　どんよりくもり

　NHKBS1 の担当者からスカイプのカメラを現地で買ってほしいとのこと。ネットカフェのお兄ちゃんに頼んでいっしょに電気屋さんに行く。五種類の中から最新のカメラ 200 円負けてもらって 2000 円で買った。続いていた下痢もおさまったようだ。何が原因だったのかなー。食欲も出てきた……よかった、よかった。

2008 年 2 月 6 日水曜

　ホテル代 5、6、7、8、9、10、11 日……前払い 7 日分× 900 円 =6300 円支払いを済ませる。

2008 年 2 月 7 日木曜

　午前中ネット屋……午後も 3 時からネット屋 1 時間 60 セディ……60 円計算しやすくていい。いつも食っている、もちに似ているフーフ代金、会計の女の子にぼられているようだ。おかみさんに話したら今日は外されていた。今まで 300 円と言っていたが本当はいくらなんだろう。今日は 100 円の勘定になっている。ビール二本 240 円 +100 円 =340 円おつりが 65 セディ 650円戻ってきて初めて分かった。

　ケープタウンの船会社ペーターさんにメールを入れた。到着する会社の名前、とアドレスなど……知らせてくれるようにグーグルで翻訳したものを送った。さて通じてくれるか。

　ガーナ・アクラにきてから 10 日間過ぎた。市内の様子がようやくわかり始めた。高層ビルが立ち並ぶ中心街はポツンぽつんと建ち始めている。ほとんどは平屋か二階建ての昔のままが多い。しかし中心街はここらあたりではないようだ……

　商店街もきれいなウインドウを付けた店は少なく昔の日本の雑貨屋さんのような小さい店ばかりである。ライトバンのミニバスは市内から、市外にも走っている、このバスにも乗れるようになった。ひと区間 20 円。

2008 年 2 月 8 日、9 日、10 日

なにもなし……ガーナ、アクラ泊まっているホテル「インゴットホテル Ingot Htel」

2008 年 2 月 11 日　　　　はれ

地図をコピーしてもらったので散歩がてら歩いて日本大使館まで行ってみよう……。

約一時間かかってようやくついた。帰りはバスで帰ろうとしたが途中で降ろされてしまった。大体の方角を歩いてどうにか宿にたどり着くことができた。

「野口英世博士」ガーナ・アクラ病院に建てられていた

2008 年 2 月 12 日火曜

細菌学者・野口英世博士の胸像を見に行く。アクラ市内大きな病院に入っていく。「ソーリ・ジャパン、ノグチヒデヨ、ドクター」と聞くと……研究室まで案内してもらった。ここは狭い研究室だ。ノグチパーク……はどこですか。裏庭に回った病院の庭園の一角に野口英世博士の胸像は建てられていた。1876 年（明治 7 年）から 1928 年（昭和 3 年）博士は黄熱病を研究していて自分に感染して 54 歳で亡くなられている。

黄熱病研究でガーナに渡り自ら
黄熱病に感染し……亡くなる。
野口英世博士胸像
ガーナ・アクラ市内病院

いくつの時にアフリカに渡られたのかわからないが黄熱病の研究とはいえ、ひとりで見知らぬ土地への旅は怖くなかったのだろうか。今とは違って情報もなかっただろうし大変な勇気がいったに違いない。考えただけでもわ

たしは恐ろしくなってくる。博士の胸像はこれまでの功績と同じようにキラキラ光り輝いていた。しばらく眺めて「改めてすごい人」がいたもんだと思う。

2008年2月13日水曜　　　はれ

今までのネット屋はあまりにも遅いので近くを探してみた……1時間……10円。コネクトはコードではなくてUSB……これで開くのは初めてだ。

2008年2月14日木曜　　　はれ

遅いネット屋に行くが今まで異常なかったのにつながらなくなった。隣のネットでセッテングやり直したからなのか……。うーん困った。仕方なく隣のネット屋のUSBでつないでやることにする。最初に泊まったホテルの近くにあったネット屋ここんところ開いていない……つぶれてしまったのだろうか。そこにはセッティングできる人がいたのになー。困ったな。メールは返信になると画面が開かない。

カメラを買ってガーナまで送ってもらうように自宅に電話……そのあとファックスでも送った。かあさんは同じ病棟の人が辞めてしまって少ない人数なので仕事が大変と話していた。朝7時に行って帰りは9時を過ぎると言う。特養病院はみられるほうも大変だけど、看る看護婦さんたちも、もっと大変なんだな。忙しくヒマもないのにデジタルカメラを買って送ってくれと余計な仕事になった。帰ってから謝らなくちゃなぁー。

そういえばこの町の中ではちょっとおしゃれなお店で半ズボンを買った。

2008年2月15日金曜　　　はれ

銀行にお金をおろしに行く。一番近い銀行歩いて7、8分ぐらいかかる。その途中まさかこの辺にネットカフェなどないだろうと……思いながら歩いていると4、5人たむろしている地元の男の人たちに「ネットカフェ」はと、聞いてみた。このビルの三階にあると指さしながら教えてくれた。上がってみると、オー立派なネットカフェだった。この辺の中では一番明るい大きな

ネットカフェ。銀行から戻って……早速つないでもらった。

　最近 USB など使ってからパソコンがおかしくなってきている。どうなるのか心配したスタッフに設定してもらうとオーつながった。よかった。ガーナ、アクラにきて自分のパソコンを使えるネット屋は 4 軒目だ……。エーここもネットカフェかと思える小さいお店も 3 軒ほどあったがコネクト出来なかった。4 軒目は 30 台ほどあっていつも混んでいる。1 時間 40 円と安い……考えてみると意外とネット屋があって日本より多くあるなぁ。

「フーフ」杵<small>(きね)</small>でつく……モチに似た食べもの

　ホテルからネット屋まで毎日歩いているので顔見知りになってきた地元の人たち……露店でトウモロコシを焼いているおばさん、フーフを杵でついている食堂の人たち、露店の焼き鳥屋、露天に広げて積みあげている絨毯屋<small>(じゅうたん)</small>、電話屋さん、露天のパイナップル売り。

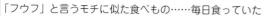

「フウフ」と言うモチに似た食べもの……毎日食っていた

2008 年 2 月 16 日土曜　　　　はれ

　キャンプに使うヘッドランプのコイン型電池……ここにはないだろうと思っていたが、あった。聞いてみるものだ。2 個……100 円。電気屋さんに行くとき、こぎれいな食堂を見つけた。フーフはあるかと聞くと「ある」……いつも通っている食堂は土曜、日曜は休みになる。今日の昼はこの食堂で食べることにした。ビールは近くのビール屋までいかないと駄目である。

ビン代を取られるので少し割高になるが仕方ないことだ。フーフ100円と今までの店より100円安い、夜も8時までやっているので、晩めしもビニール袋にフーフを入れてもらってホテルに戻る。

2008年2月17日日曜

今日はふるさと、佐賀、嬉野、吉田中学校の同級会。嬉野温泉で行われている。わたしのふるさとでは「同窓会」と言わない「同級会」なのだ。小学校から中学校まで組の入れ替えはあっても名前や顔120人すべてわかる。きょうの同級会は地元のほかに福岡、広島、大阪、東京などからも出席している。49年ぶりに顔を見せている同級生も出席。同級会は全部で40人ぐらいの出席らしい。

嬉野温泉「神泉閣」に宴会30分前に電話を入れる。まず幹事を呼び出してもらうようにフロントに頼む……アフリカからの電話にびっくりしているようだ。九重が出て、中村八八人、井上武敏が出てくれた。宴会が始まって2時間後に再びビールを飲みながら電話を入れる、野中貞澄、増田真由美、神近絹子、田代哲郎、副島賢一郎、電話の向こうから仲間の声が聞こえてきてこっちもウキウキしてくる。

二次会にも3回目の電話を入れる……入れ替わり立ち替わり電話に出てくれてうれしかった。この年じゃいつ逝くのかわからない……会える時に会って、話せるときに話しておかねばならぬ年齢になってしまった、同級生の皆さんありがとうございました。

今日はNHK地球ラジオ放送日、日本は夕方6時、こっちアフリカは朝9時だ。ネット屋で聞こうと向かったが新しく見つけたネット屋は午後3時まで休みだと……エー

近くの遅いネット屋へ、しかし中々繋がらない、どうにか聞けるようになったときは放送が終わった6時40分……アーアー胸くそ悪い。そのあと一週間分聞けるNHK録音を聞いたら「旅でござんす」コーナーでは、わたし

の「野口英世の話」のレポート……そして後藤繁栄アナウンサーが「ふるさと吉田中学校、同級生の皆さん聞いていますか」……と呼び掛けてくれていた放送だったのでうれしかった。ありがとうございました。

露店で食堂をやってる母親についてきている、なんともかわいい子供とその友達

頭に載せて運ぶ「たらいの荷物」25キロ以上の重さ
2008年2月18日月曜

　パソコンに写真の取り込み、写真の縮小、原稿下書きなど済ませて10時にネットカフェに行く。その途中電話屋（取次店）さんに寄ってオートバイを送ったケープタウン会社に電話してみた。ここの取次店は「電話番号」を店の人に見せて取り次いでもらうシステムになっている。これまでケープタウンの海上輸送会社に3、4回メールを入れているのだけれど返事のコンタクトが来ていない。

　もう半月以上になるが何の連絡もない……。不安になってきた、ガーナで受け取る、会社の名前、住所、電話もわかっていないのである。後で連絡するといっていながら何の連絡もない。最悪の場合ケープタウンまで戻って「どうなってんだ」と怒鳴りこむことになるのか……不安がつのってきたのだ。電話取次店で相手につながったようだ。片言英語で「ハローハロージャパン、マツオ」「ツディ　アクラ、シップ、アドレス」「ハリーハリー」……「メール」「OK」かすると「OK　OK」と返ってきた。まだ2、3回電話入れないとだめだろうなと思いながら夕方メールを開いてみるとついている「会社名、電話番号」が書いてあった。ケープタウンに連絡するようにメールが入っていた。（パソコンで翻訳してみてわかった）ずーっと心配して

いたので本人と話ができてとりあえずホッとした。これからアクラ港の船会社に連絡することになる……。

　①オートバイはいつ頃到着するのか　②会社の住所を……聞かなければならない。

　これが問題なのだ、どうしたら船会社に伝えられるか……パソコンで翻訳して伝えるしか方法はないだろうな……。いつも街を歩いていると地元の人たちは、靴、竹かご、くだもの抱えて売り歩いている。パイナップルなど果物、野菜など入っている大きなタライみたいなものを頭にのせて売り歩く女性を見かける。

　パイナップルを買ったついでにそのタライを持ち上げてみた。持ち上げようとするが一回目だめ、二回目腰をすえてエイッ動かない……重いなー。わたしには持ち上げられない。こんなに重いものを頭の上にのせて歩いているんだー。こんなに重いとは知らなかった……25 キロ以上ありそうだ……かって山に登るときリュックの重さ 25 キロぐらいを背負っていた時期があった、その重さ以上をずっしりと感じた。

　これは大変な重労働だなぁ。頭に上げるときは隣の人に手伝ってもらい持ちあげていた……と言うことは買った人が手伝うのだろうな。これもなれると平気になるのだろうけれどすごいことだなーとつくづく思う。

わたしが持ち上げようとしたら
動かなかった。なんと２０キロ
以上は確実にある重さを頭で運
ぶ

2008 年 2 月 19 日火曜　　　　はれ

　ケープタウンから来たメールをパソコンで翻訳（ほんやく）した。連絡先の会社、積み荷番号などが分かった。ケープタウン～ガーナ、アクラ……船の中にオートバイを描いてレセプションの受付嬢に見せた。「マイ　オートバイ　アクラ」連絡先の会社に「テレホン」してくれと頼んだ。なかなかつながらなかったが、ようやくつながった。船会社と話している。わたしと代わって「オートバイ　ナンバー」「積み荷番号」を読み上げた。

　「だめだ！その英語じゃ」と受付嬢……発音が違うらしい……すぐに受付嬢に代わる。時間はかかったがオートバイはエスタディ　18 日に到着しているようだ。受け取り費用について、あしたまた電話することになった。銀行でお金をおろして、あした 20 日アクラの港、船会社に行くことにした。

2008 年 2 月 20 日水曜　　　　はれ

　船輸送会社に向かうためレセプションへ 9 時前行って、受付嬢に費用を聞いてもらった。500 セデ約 5 万円とのこと。ダーバンでも 6 万円ぐらいかかったので同じような金額、しかしきょうでなくてもあした 21 日に支払いに来るように変わった。理由はわからないが受付嬢の話は、ホテルのスタッフ（アイロンかけている）青年バジョンさんと一緒に行くことになった。

　場所がわからないので付き添いで行ってもらうことになった。こっちも安心だ。また、オートバイの受け取りは 21 日手続きが終わった後 22 日か 23 日になると話す。いろいろと受付嬢は気を使ってくれているようだ。ここは成り行きにまかせよう。あせってもしょうがない。スイカの皮はうまかった。スイカの皮買ってきて塩漬けにして喰っている。露天商のスイカ売りの人から赤身は買わないで一個分ぐらいの皮だけ買った。

　赤身のところに歯型が残る日本の食べ方と違ってここではナイフで一口分づつ入れて最後自身にそって切り落とし別の袋に皮だけ入れてあるので清潔なのだ。もしかしたらこっちの人たちも喰っているのだろうかなー。そのスイカの皮代 20 円。ホテルで塩もみしてひとくち分に切ってどんぶり一杯冷

蔵庫に保存してもらっている。コリコリして歯ごたえがあってうまいこと、うまいこと。わたしにとっては貴重品の食べ物だ。

　幼いころから食いなれているものは、やっぱり何よりもうまい。ホテルの人たちに「うまいぞ」と進めても「ノーノー」と口にしようはしない。インドで日本人は赤身を食わないで白身を食うのかと言われたことがある……同じように思われているかもしれないな。それを見ていたスタッフの一人は「たべる分だけ」「皿にとって」「残りは冷蔵庫にいれておけ」と……これまたわたしの気持ちをくみとってくれているような気づかいはうれしい。

　おかげで朝、夜たべて三日も食べられた。好きなもの食ったので何だか元気が出てきたように感じる。

2008年2月21日木曜　　　　はれ

　ガーナのアクラ港船会社に行く日。9時に出発することになっていた。レセプションで受付嬢、スタッフのバージョンさんと打ち合わせ。バージョンは着替えてくるからと出て行った。何をしているのかなかなか出てこない。シャワーを浴びて着替えてるのかなー。9時30分ようやくバージョンがきた。電車で行くのかと思っていたらバスで行くらしい。

　10分も歩いた広い道路に出てミニバスを拾って乗った。

　15人ぐらいは乗れるミニバス……乗せたり降ろしたりしながら一時間10分ぐらいの所で降りた。今度はタクシーに乗り換える。だいぶ田舎に来た感じだ。場所がわかっていんじゃないのか……電話で確かめている。「ここに迎えに来る」と話す。反対側から声がかかった。建物はすぐそばにあった。「ここがエージェント（代理人）らしい」事務所に入ると冷房が入っている。

　なんだかんだと話して①25日に手続きをする　　②オートバイの受け取りは27日か28日なる。それは25日にはっきりする。要するにオートバイは到着しているが船から降ろしてコンテナを開けて渡せるのが27日か28

日になるとのことのようだ。なーんだ、きょうは何しに来たんだ、まったく。まぁ船の事務所だけでもわかったので「よし」としよう。ホテル近くに戻ってバージョンと昼飯をすませる。ホテルに戻ったのは14時だった。

今夜も持ち帰り「フーフー」100円。ソーセージ1本。夕べは受付嬢たち女性3人にソーセージを上げたのできょうは掃除の男たちスタッフに一本ずつあげた一本50円。

路上に広げて売っている
じゅうたん屋・ガーナ

2008年2月22日金曜　　　　はれ

見たまま映らなくなったので思い切って日本から送ってもらうことにした。日本大使館に送ってもらうように送り先をメールした。ホテルの受付嬢3人のうち一人はアクラ市内出身。二人はバスで4時間ぐらいかかる田舎から働きに来ているらしい。その田舎から来ているチリーさんという女性はあした2年ぶりに田舎に帰るとのこと。田舎には両親、兄弟姉妹4人が待っているらしい。

手取り月6000円から毎月4000円を実家に送り生活していると話してくれた。中学卒業したらすぐに都会に出た、わたしたちの集団就職時代昭和30年代頃と同じだなーと当時の頃の思いをめぐらせている。たしかに似ているように思う。もっとも着ている洋服などは今のガーナーの方が格段にいい。今夜はその彼女たちが作ってくれたスパゲティをホテルスタッフ全員と食べることになった。

お金はわたしがもちろん出した。毎日ビールを飲んでいる自分が申し訳な

い。田舎に帰る彼女には待っている両親兄弟姉妹にもと二ヵ月分と同じぐらいの餞別を渡した。

日本からのカメラ……郵便二転三転
2008 年 2 月 23 日土曜

　朝起きたらきのう帰ると話していたホテルのチリーさんは掃き掃除している。帰らなかったの「オーナーから」「ダメだと言われた」としょんぼりしている。あれだけ帰ることうれしがっていたのに「ダメ」といわれた時の悔しさはいかがなものだったろう……こっちまで気持ちが痛む。しかし近いうちに帰れると言っていたので少しほっとした。ところでコンパクトカメラなどガーナの日本大使館に郵便物を「保管」してもらうように……事前に頼んでいた方がいいだろう……とメールを入れた。大使館側は「個人」の郵便物はセキュリティの問題で郵便物は受け取りできないと返事が来た。いや―弱ったなー、困ったなー自宅には大使館のアドレスを送ってしまっている。同時進行中なのだ。すぐに自宅に「大使館への郵便物はだめ」とメールを送った。しかし日本は夜中の 1 時……ファックスでも電話の音で起こしてしまう。

　家内は郵便物カメラを持って勤務先に出かけ勤務が終わったあと 24 時間やっている浦和中央郵便局で日本大使館宛に送った。この日は春一番で風が強くて電車も止まった。家についたのは 10 時半。「なによ」FAX を見て驚いた……すぐの郵便局に電話入れて停めてもらい再び郵便局へ。寒い中家に戻ってきたときは 12 時を過ぎていた。「いいかげんにしてよ」怒り心頭「相性があわないんだね」と言葉がとびかう。

　わたしは 24 日に送ると聞いていたのでまだ間に合うだろうとガーナの朝一番に FAX を入れた。日本時間 5 時から帰宅するまでの間何回も電話をかけた、かからないわけだ、郵便局に行ってる時間だもの。行ったり来たり、怒り心頭……そりゃーそうだ。わたしが事前に大使館へ問い合わせていれば何の問題もなかったのだ。できれば大使館で預かってもらえたら問題も起こらなかった。もう―あとの祭り。

無事に郵便物が届くことを祈ろう……。かあさん……すみませんでした。

2008 年 2 月 24 日日曜　　　　はれ

NHK 地球ラジオ日本時間夕方 5 時……ガーナ、アクラの時間では朝の 8 時からになる。わたしの出番「旅でござんす」は 9 時台になる。これに合わせてネット屋に行く。残念ながら停電……午後は大丈夫とスタッフ。夕方 5 時に再びネット屋へ行って終わり。

2008 年 2 月 25 日月曜　　　　はれ

本当に二日ぐらいで日本からガーナまで郵便物が届くのかな……。気が利くホテルの受付嬢は郵便物がついたらポストオフィスからホテルに電話が来ると話す。夕方ネットから帰ってもポストオフィスからの連絡はない。ここんとこ水道の水が朝も昼も出なくて夜 9 時過ぎにチョロチョロでる。顔や身体はバケツシャワーになった。

2008 年 2 月 26 日火曜

午前中銀行で 600 ガーナセディ＝約 6 万円をおろして、両替屋（フォーレックスビュウ）で US$ と両替した。「いくらぐらいか」何軒かある両替屋を回っていた。ここは最も感じの良かった両替屋だった。両替は 600 セディ =600$= 今日本円で 7 万円だろうか。

カードは使えない国に入った時困らないように……あとユーロ紙幣少し両替していた方がいいな。銀行に行くからとネット屋にパソコンを預けた。

かえりにネット屋に寄り 1 時間ほどやってホテルに戻る。郵便局からの連絡は来ない、あしたバージョンさんが郵便局に行ってくれることになった。

2008 年 2 月 27 日水曜　　　　はれ

カメラはきのうも届いてない。郵便局に行ってくれたバジョンは何かロックされて見れなかったとか話した。

オートバイ、ガーナに到着

2008 年 2 月 28 日木曜

　オートバイ受け取りの日だ。レセプションの受付嬢いつもより 30 分早く出勤してくれている。付き添いでいっしょについてきてくれるバージョンにも 8 時 30 分に出るからと、きのう三度も頼んでいた。わかってくれて二人とも時間を守ってくれた。バージョンといつのもミニバスで船会社に向かう。予定通り 10 時に着いた。船会社の人たちと港のコンテナオフィスに向かった。よしよし順調だ。

　これじゃ 12 時まで位にはホテルに戻れそうだ。コンテナオフィスには 2、30 人ほど座って待っている。一時間で手続きは終わりオートバイ受け取り場所に移動、「オーあった、あった」。おれのオートバイだ。まだ木枠に固定されたままだ。これからカスタム（税関）の手続きを終えて受け取るらしい。固定されたオートバイのまま、すぐに出発できるように輸送するときに高さを下げるため、まずハンドルを下におろしているのを元に戻した

ガーナ・港にオートバイをホテルのスタッフ
バジョウに案内してもらい引き取ってきた。
いよいよ出発の時期がせまってきた。

ケープタウンから送ったオート
バイをようやく受け取った

　あれ一つスピードメーターが押しつぶされてガラスも割れている。弁償しろ……。フロントも取り外しているので取り付けた。トランクも取り付けて 13 時に終了。それでもカスタムの手続きは終わらない。一時間以上も暑い外で作業した。倉庫の中に入ると天井も高く風もはいり気持ちがいい。無口のバージョウも俺も腹へったが昼めし抜きになりそうだ。最後にエンジンをかけたがうんともすんともいわない

　バッテリーが上がってしまっているようだ……どうすんだい。メカニック

が近くにあるのだろうか。不安になる。カスタム（通関）から船会社の人が戻ってきたのは3時過ぎ。バッテリーの充電機はコンテナオフィスの出口にあった。アーよかったー助かった。船会社に戻るタクシーのうしろについて走る。船会社で精算している間にバッテリー会社に電話して新品と交換した。すべて終了したのは4時半になってしまった。

　今度はバージョンがタクシーに乗ってホテルに向かう。わたしはタクシーの後ろについて走る。走る前に「スロースロー」で走るように頼んでいた。渋滞を心配したがタクシーはうまく回り込んでインゴットホテル INGOT HOTEL に5時半に着いた。「マチオ、マチオ」受付嬢笑顔で迎えてくれた。バッテリーのことで今日中にホテルに戻れるかどうか一時心配したが、どうにか戻ることができてほっとした。

　バージョウと握手……ごくろうさんでした……ありがとう。バージョンにはお礼に500c お金を渡した。受付嬢にも毎日のごとく電話してもらいお世話になったので200c 渡した。同じ受付の女性にも100c を渡した。ありがとう……。あしたからスピードメーターの直し、温度計がすぐに赤色灯になるのでそれらの点検など、修理してくれるオートバイ屋」を探さなければならない。しかし最大の難関は終わった。カメラはまだついていない。

2008年2月29日金曜　　　はれ

　オートバイでネットカフェに行く。そのビルの三階がネット屋、一階はじゅうたん屋、そのじゅうたん屋前に止めていつも挨拶しているオーナーに近くに溶接屋はないかと聞いた。レソトの国でエンジンガードを引っ掛けられて外れてしまっている。それを溶接したいのだ。すぐそこにあると50m 先を教えてもらった。一時間ぐらいで治せるとの事だったので頼んで昼飯はいつのものフーフーを食いに行く。

　食事を終えて戻ると溶接は終わっていた500円。夕方ネット屋に……。郵便小包カメラはまだつかない。

ガーナ見たまま、感じたまま

　ホテルネットカフェ、両替屋、そのほかでもお金の扱いに無頓着。回りを気にしないようだ。ホテルフロントではお金を目の前に広げたままだし、両替屋お札を数える器械に入ったまま、机の上もお金置いたまま。別の両替屋もお札無造作に積み上げている。無警戒と思えるのはこれまで盗まれるようなことがなかったからだろうか。銀行のATMカードでお金をおろす時も周りを警戒するような緊張感はガーナではない。

　回りを気にしているのは時たま見かける外国人とわたしぐらいなものだ。これまでの国では見られなった光景。大声で話す人は時たまいるが、だいたいは穏やかな声で話す。「トゲのある「声」ケンカ腰で話す人は見かけなかった。

　また、わたしや外国人に対して「嘲笑笑い」「揶揄」するような言葉も、他に国に比べるとごく少ない。この前食事しているときテレビを見ていたらスタッフの一人があとから来てチャンネルを勝手に回した。カチンときて「ふざけるな」これは「お前のテレビか」と日本語でどやしつけた。

　わたしのどやし声でホテルのスタッフ、泊り客など5、6人が集まってきた。事情を話したらわかってくれた。そいつは謝りはしなかった。また、ビルの階段なんかでは譲って待っていても、サンキュウも言わず「当たり前」の顔で通り過ぎていく。これらは現地では常識なことであろう。自分の常識に当てはめようとすると無理があるから先のテレビのことと違って怒ってはいけないことなんだろうな。

　ホテルの受付嬢や両替屋では、お客が目の前にいるのに平気で長電話している。

　現地の人たちはそれは当たり前と思っているのか、話し終わるまで　じーっと待っている。「お客様は神様だ」なんて言ってる国から来た人間は「目の前のお客をすませてから」に……と腹が立つ。

　しかし、よく考えてみると、電話相手もお客さんかもしれないからなー。その常識はその国、その国にまかそう。そういえば日本人とはひとりも会ってないな……とりあえず……

　2月29日完この項おしまい。

2008年3月1日土曜　　　　　はれ

　オートバイのうしろのボックス、台車に渡している金具が片方折れてしまっている。あたらしく荷造り用のため鉄板取り付けるためにきのう行った溶接屋へ。図面を書いて持って行く。「このように造って」取り付けてほしい。ネット屋に行って戻ってみるとまだ作業中……しばらく待って30分ぐらいで終了。とりあえず気になっているところを直してもらったので気持ちが楽になった、500円で済んだ。

　ホテルのバージョンとタクシーで郵便局に行き、カメラが届いてないか確かめに行くが、ここの郵便局にはまだ届いてないと言う。電話番号を聞いて月曜日に電話してから再び向かうことにしてホテルに戻った。

バスに乗り港までついてきてくれたりオートバイ引き取りには彼バジョン君には大変お世話になった

2008年3月2日日曜

　日曜日はほとんどのお店が休みに入る。食堂、雑貨店、行商人もお休みになるようだ。安食堂のフーフも食べられないので楽しみがひとつ減る。いつものネットカフェも午後にならないとオープンしないようだ。日曜も営業している昼飯はレストランでスパゲティ……高いなぁ、400円。朝から午前中いっぱい今までのアフリカの写真を縮小したり、その国ごとに、ビザ代、ホ

テル、道路状況など整理にとりかかる。

　日記から拾いだしているが片手間で簡単には書けるものではないなぁー。走り始めると書けなくなるので……おおざっぱに、書けるものから始めよう。

カメラ到着
2008 年 3 月 3 日月曜

　ホテルの box キーをもって郵便局にバージョンとタクシーで向かう。20分かかってポストオフィスについた。個人の郵便受け箱が何十個と棚が造られたボックスに、通知状二通が入っていた。一枚はこの近くの郵便局で受け取れる薬の小包。パスポートを持って行かなかったが名詞と銀行カードで受け取ることができた。あと一個は中央郵便局で受け取ることになるとのこと。

　タクシーで 20 分また移動する。ずいぶん多くの人たちが受け取りに並んで待っている。20 〜 30 分待ってようやく受け取る窓口に来た。関税 100C-一万円がいると言う……えー「そんな金はない」60c6000 円、これでオールマネーと手を広げる。銀行で下してくるようだなと思っていると「ちょっと待て」女性係。計算しなおしているようだ、そして 5900 円にして OK にしてくれた……なんかいい加減だな。

　一緒に来ているバージョンも、どうしたものかと目を白黒させている。マツオは口がうまいのだと白い歯を見せて笑っている。その女性の前で「ガーナのフーフはおいしいな」「ハングリーハングリー早くしろ」と日本語で歌っていたのが功を奏したのだろうか……。それにしても受け取りに来ているみんなが見ている前で一万円を 6000 円に書き直すことができえるとは、どうなっているのだろうか。

　書き換えるのを見て……わたしは 3000 円しかないと言ってもよかったのかもしれないなー。何はともあれ、日本から家内に送ってもらった小包に二個届いて安心した。さっそくかぁさんに「荷物二個とも受け取った」「ありがとう」とメールを入れる。

2008 年 3 月 4 日火曜　　　はれ

　スピード、メーター修理できなかった場合日本から取り寄せることになる。家内は長女の出産手伝いのためサンフランシスコに 6 日飛ぶ。その間誰もいなくなる……誰に頼もうかなー。最悪の場合を考えると困ったことになった……。ホテルのスタッフ、バージョンをオートバイに乗せて修理屋に向う。バージョンはきのうの朝 8 時から今朝の 10 時までの仕事で泊まり勤務明けなのである。

　小さいオートバイ修理屋……大丈夫かいな……という店構えの修理屋さんだ。スピードメータ、新品は品切れ……とオーナーの話。しかし修理ができればそのほうがいい。青年店員がメーターの取り外しにかかった「どうにか修理ができますように」祈る気持ちに。最初ワーっと集まってきた地元の人たちも少なくなってきた。スピードメータをどこかに持っていき、直してもらうようだ。

ケープタウンからガーナまで船輸送時スピードメーターつぶれていた……ガーナで修理

　その間、話しながらフロントのひび割れを防いでもらった。そうだ現金を持ってきていない、先に銀行へ行って来よう。オーナーに 30 〜 50、3000 円〜 5000 円で済みそうか……オーナー 200c……2 万円ぐらいと話す。「ノーノー」日本でも新品で 1 万 5 千円ぐらいだとかます。直すだけだから 3000 円か 5000 円でいいだろうと日本語で話した。最後はオーナーも「しょうがない」という顔で OK した、よし勝った。

　銀行は 15 分ぐらいの歩いたところに「バークレイ」があった。ちょうど

5000円だけ下ろしたように見せるため……残りはポケットにしまい込んだ。オートバイ屋に戻るとメーターを直して取り付けている最中だった。テストOKか」……「OK」と返ってきた。青年店員は汗をひたいに光らせながら取り付けは終わった。3人を呼んでオーナーに3000円青年に1000円バージョウに1000円……三人の目の前で渡した。

　青年があと500円足してくれと言う・その500円はオーナーからもらうように話したらオーナーも納得した。修理できなかった時どうするのか、どうなるのか心配したが日本から取り寄せることもなくなった。あーよかった。気分がすっきりして気持ちが落ち着く。これで大きな山場を越えた。あとはオートバイのトランクキーが差し込んだ時に折れてしまったので、そのスペアーキーを作る必要がある。

　このあと、トーゴ、ベレン、ニジェール、ブルキナファソ、コートジボアール五か国共通ビザを取るだけである。ガーナにあるトーゴ大使館で五か国の共通ビザを発行してくれるようである。行って見なければわからないが……。あースピード、メーターが直ったことで何度も繰り返すが気持ちがラクーになった。

明るいガーナの子供たち
アクラ市内

2008年3月5日水曜

　オートバイのメーターを直してもらい気持ちが楽になり夜も気持ちよく眠れた。午前中トランクのスペアーキー作ってもらうために……カギ専門店で800円と高かったなー。日本のカギ屋「SOS」でも作れない特殊のカギなの

に、ここガーナでは簡単に作れた。南米のエクアドルでも同じ特殊鍵を苦労しながらも作成してもらったこともあった。ないものは作れば済むことなんだなー。

　カギ作成中……ミシン機をもって歩きながら行商しているおじさんにリュックのほころびを直してもらった。路上に手回しミシン機を置いて 100 円で縫い付けてくれた。靴を縫い付けて補修してもらったり、ジャンバーを縫い付けてもらったり。その国の人たちにお世話になってきた。太ももに虫に刺された痕（あと）がだんだん腫れあがってきたので、薬屋によって塗り薬を買う 400 円。

　オートバイを止めたとき立ちすぎるのでスタンドを溶接で調整してもらった、500 円。気になる所をひとつづつ直していくと気持ちも落ち着く。

2008 年 3 月 6 日木曜　　　　はれ
　夕べオートバイをホテルの隅に移動しようとしたらブレーキクラッチの位置がずれている。誰かがオートバイにまたがって倒したのだろうと思われる。朝涼しいうちにクラッチを直した。　髪を切りに床屋へ行こう。100 円と地元の人に聞いている。200 円 300 円と平気でぼってくる。三件目 150 円の床屋に入る。青年はなかなかていねいに散髪してくれた。バリカンで坊主頭にしてもらって……すっきりした。

「五カ国ビザ」とれた
2008 年 3 月 7 日金曜
　トーゴ大使館に五か国共通ビザ取りに行く。日本大使館の近くにあるらしい。日本大使館には散歩がてら歩いて行ったことがある。一方通行などかまわないで歩けたが、オートバイだと勝手が違う。ガーナは一方通行が多くて多くて戸惑ってしまう。途中タクシーの運ちゃんに一回聞いただけでトーゴ大使館に着くことができた。9 時の開館を待って館内に入る。日本人の男性と初めて会った……二人で申請書を提出した。

　わたしは名前とパスポートのナンバー以外すべてひらがなで記入した。こ
こでは英語でないとダメだと……係官がパスポートを見ながら書き直してく
れた。ありがとう、すみませんです。五カ国「共通ビザ」は初めてのこと。
申請書は普通と同じ。ビザ代 30000 セファ……7000 円トーゴ通貨でないと
受け付けないと言う。オートバイで銀行両替に走る。いつもの「バークレイ
銀行」カードが戻ってきて使えない。どうしてだ……。

　マスターカードを使ってみたがこれもダメ、仕方がない。アメリカドルを
使うことになる。今度は両替屋を探す。一軒目トーゴのお金がない、二軒目、
三軒目も同じ。これじゃ今日の申請は無理だわー。6 軒目でようやくトーゴ
の金を手にすることできた。一軒目でトーゴ通貨 30000 セファ、62US ドル
と教えてくれた。6 軒目では 68 ドルとレートが悪いがいたしかたない。ト
ーゴ大使館に戻ってビザ代金を支払い手続き 10 時半終了。

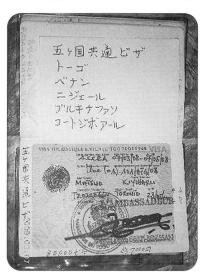

五カ国共通ビザはガーナのトーゴ大
使館でとることができた。
①トーゴ　②ベナン
③ニジェール　④ブルキナファソ
⑤コートジボアール

　受け取りは午後 2 時以降になる。ホテルに戻り再びトーゴ大使館へ道迷
って午後 2 時にちょうどトーゴ大使館に到着。トーゴ、ベナン、ニジェール、
ブルキナファソ、コートジボアール五か国共通ビザを受け取る。どこでもこ
のような共通ビザが取れると楽でいいのだがなぁー。残念ながらわたしが取
れたのはここだけが共通ビザ発行した国だった。

2008 年 3 月 8 日土曜

なにもしない日………

屈辱的「奴隷積出港」

2008 年 3 月 9 日日曜　　　　はれ

屈辱的な悲しい歴史を残す奴隷積み出し港の要塞に行った。奴隷の積出港ケープコースト、エルミナの両要塞に行ってみる。朝 7 時過ぎに出発、だいたい 100 キロぐらいかな。西アフリカの地図しか持ってないので不安だ。ケープコーストの入り口を過ぎて、最初はエルミナ要塞に向かい 10 時過ぎについた。きれいな浜辺……海岸線の突き出たところに白い建物が建っている。

入場料 6 ドル支払い中に入る。博物展示品……当時の使われていた鎖は足クサリ、首クサリも昔の実物のまま展示されている。うーん重苦しい気持ちになる。狭い土塀の部屋はいくつも分かれている。すし詰め状態で……これからどこに連れていかれるのか……どうなるのか……不安だっただろう……どんな気持ちだったのだろうかと思いをはせる。怖かったのに違いない……要塞の中にあるレストランで昼飯……。

きょうは日曜なので一般のレストランではビールは飲めないのだ。次にケープゴーストに戻る。入場料 7 ドル……同じ要塞でもここには船着き場は、岩を利用したものが埠頭になっている。地下の部屋からふ頭、船着き場につながっている。実際、大きいとは思われない船に乗せられるとき、おそろしく怖かったに違いない。それにしても首クサリ、足にもクサリ……この奴隷積出港を見るとあまりにもひどい扱いだったことがわかる。

奴隷館の中には骸骨 ☠ のマークのある部屋も見た。命令に従わなかったものは殺されたのに違いない。この奴隷館を見ると黒人の人に仕返しをされても仕方がないだろうと……わたしは思わざるをえなかった。受付の女性に海岸の船着く場の写真を撮ってもらった。建物の屋上には大砲が備えてあった。帰りには海で釣った魚を地元の人が路上で売ってたのを買い求めた。

ホテルに戻ったのは３時半。

ガーナ海岸に建てられている
「奴隷積出港」エルミナ要塞

　400 キロぐらい走ったことになったが足慣らしと言うか、これからのツーリングのためちょうどよかった。夕方真っ黒の雲になり今にも降り出しそう……しかし雲は流れてゆく。時には雨の足音も聞いてみたい気持ちになる。宿に戻ったあと 40 日ぶりの夕立に……雨の音がなつかしくうれしかった。そうだ……奴隷積出港要塞に行く途中日本人チャリダームラセ青年に会った。あしたアクラにつくと話していたがどうなるのかな……。

この岩に船を横付けしていた
ケープコースト奴隷積出港。恐
かったろう

丸焦げになる所だったオートバイ
2008 年 3 月 10 日月曜

　直したその日には気づかなかったスピード・メーター「針」が動いていないことが翌日にわかっていた。修理してくれたオートバイ屋にもっていって動くように頼んだ。色々やってくれたが針そのものが死んでぶらぶらの状態やっぱり新品と交換しないとダメらしい。針は動かないがキロ数字は動いて

いるので、ガソリン給油には問題ない。仕方ないこのまま走ろう。オートバイを停めたときスタンドが立ちすぎている。

　溶接屋にいってもう少し斜めになるようスタンドを直そうと溶接屋にもっていった。バッテリーを外して溶接しているうちに「炎が出て燃え出した」おおーっ……何事か……集まっている周りの人が水や砂をぶっかけている。時間にして 10 秒か 20 秒ぐらいだったろう、炎は消えた。オートバイが丸焦げになるところだった。しかしエンジンがかかるかどうか心配だ。メータを直したオートバイ屋ではなくて別のオートバイ屋が来てくれて砂を水で洗い流してくれた。

　そのあとバッテリーをつないでエンジンはかかってほっとした。オーよかった。今までと違い、スタンドを取り外して溶接の指示をする。やっぱり専門のオートバイ屋だ。この溶接屋は素人みたいで下手なのだろう。マフラーも穴が開いてしまっている。マフラーはここでの溶接ではだめだ……ガスを使って溶接しないとまずいらしい。オートバイの兄ちゃんは隣にあるガス溶接まで引っ張っていく。3 分で終わった。200 円。

　スタンドの位置直しは、いまひとつ気なって……何回もやり直したがここではだめのようだ。他のところでやってもらおう。オートバイの兄ちゃん500 円、溶接屋 500 円。ここの溶接やを紹介して連れてきた男はいなくなっていた。日本語で「炎が出たとき……エンジンがかからなかったら、お前が弁償しろよ」とどやしつけたら……いなくなったのだ。お金目的で連れてきたのが裏目に出てしまって怖くなって逃げかえったのだろう。

2008 年 3 月 11 日火曜
　何にもしない日……

2008 年 3 月 12 日水曜　　　　はれ
　レセプションの受付嬢がドアーをノック「ジャパンピープル（日本人）が来ている」と……レセプションに降りた。ムラセ君だ……奴隷積出港に向か

う途中、自転車で走ってきたとき会ったのだ。アクラの泊まっているとホテルの名前を知らせていたので訪ねて来たらしい。ロンドンから走り始めて西アフリカを超えてガーナまで来た。この後飛行機でエジプトまで移動、ヨルダン、シリア、トルコ、イラン方面に向かうと話す。

　ホテルのキッチンでビールを飲みながら晩飯を食いながらこれまでの旅の話を聞いた。岐阜市出身。

ガーナよ・さよーなら
2008年3月13日木曜　　　　　はれ

　43日間過ごした「ガーナよ……さようなら」あさ6時30分 INGOT HOTEL を出発、お世話になった受付嬢、バジョウと握手して別れる。ほんとお世話になりました。トーゴまで200キロぐらいだから遅くとも10時半ごろに国境につくだろう。しかし走り出して一本早く曲がってしまったようだ…………そのまま走っていれば幹線に出るだろうと思っていたが……

　渋滞に巻き込まれて幹線道路に出たのはすでに10時半。ウーンまいった。
　幹線に乗るとグーッと車が少なくなった。道路はいい。いつのまにか歌が出ている。130キロ過ぎてからダートになってスピードは出せない。えーどこまで続くのか……。ぬかるみが出てきた。道端に青年5、6人が立っている。「このノーグッド悪い道」・どのくらい続くのかと聞いた。

　この先もっと悪い道になってくると話す。あっちの回り道が「ナイスロードいい道だと教えてくれた。1500mぐらい戻って左に行け。教えてくれてありがとう。あー本当だ、アスファルトの道に出た。アー助かったなー。そのまま突き進んでいたら泥沼にはまり動けなくなっていたのかもしれない。タイミングよく地元の青年に聞いてよかったー。200キロ過ぎても国境が出てこない……

トーゴ入国　100ヵ国目
「トーゴ・ボーダー」「トーゴ・国境」と聞きながら何回も聞きながら走る。

静かな村から急ににぎやかな活況の場所についた、ここが国境らしい。230キロ走ったことになった。道に迷ったり、引き返したりしたので予定より一時間遅れて 11 時 45 分になってしまった。ガーナ出国手続き 1 時間、入国手続き 1 時間で計 2 時間……14 時ごろになるのかなと覚悟した。

ガーナ出国、ごった返している活況あるトーゴ入国手続きも以外と手続き 12 時半に早く終わってほっとした。国境から 2 キロでトーゴ市内に入ってホテルを探す。一泊 10 ドル 1200 円に負けてもらった。幹線から外れているホテルは砂地の道、ホテルを探すとき砂にタイヤを取られて転倒。地元の人に手伝ってもらい起こしてホテルついた。いやだなーこんな道は。

シャワーを浴びてホテルでビールを飲む。トーゴで 100 国目になった。アーよく走ってきたものだなー。なんだか夢のような気がする。よし今夜は豪勢に自分のお祝いとしよう。チャーハンでもと中国レストラン行ったが閉まっている。仕方がない……小さいここのホテル一階はレストランになっている。スパゲティを注文、自分に「ごくろうさん」とカンパーイ。かあさんにもありがとう。そうだオートバイにも感謝だ、ありがとう。

2008 年 3 月 14 日金曜　　　はれ

トーゴ初めての朝、ガーナと同じ 6 時半ごろ起きた。歩いて太平洋海岸まで 200m の海にさわってみる。きのうの夕方ここで子供たちは学校の行事なのか黒だかりになって遊んでいた。トーゴのお金がなくてきのうの食事代、ホテル代つけにしてもらっている。きょう銀行の ATM おろしに行く。シティバンクカードは使えなくて、VIZA（ビザ）カードで下すことが出来てほっとする。ほかにはマスターカードも持ち歩いている。

10000 セファ =25 ドル =2500 円……80000 セファ =200 ドル =2 万円を下した。ホテル代一泊 1000 円 × 7 日間 =7000 円支払う。ホテルの隣に住んでいるフランス人が遊びに来ていた。オートバイのスタンドが立ちすぎて不安定……もう少し低くしたいと相談したら自分の家に溶接道具がそろってぴったり直してくれた。代金はビールでといい言われたが 5000 セファ 1250 円

ありがとうといって渡した。

　停めるとき、あーこれで多少左が高くなっていても停めることができるのでうれしい。

2008 年 3 月 15 日土曜　　　　はれ

　夕べは生演奏ジャズが下のレストランに入って 12 時近くまで演奏していた。きのう見つけていたネットカフェに行く。ここは自分のパソコンにつなげてくれるネット屋だ。NHK へレポートを送る予定だったがネットダウンで開店休業中……タウンのネット屋にオートバイで行ってみたがここもダメだった。キュウリを塩漬けにしてフリーザーで冷やしてもらい昼のビールのつまみにする……うんうまい。

　日本の餅に似た……ガーナで毎日食べていた「フーフ」はないものなのか……ホテルの近くの路上で作っていた。またこれで元気になる。夕方再びネット屋に行ってみるがやっぱり駄目だった。仕方がない NHK には FAX で送ることにした。50 セファ =100 円ぐらい。

トーゴのホテル前は砂地の道路で走るのが怖い

2008 年 3 月 16 日日曜　　　　はれ

　ネットの下書き終わらせて……ネット屋に行くが、今日もダメ。オートバイで銀行の ATM、おカネを下ろしに行く。日曜は日本の餅に似た「フーフ」も食えないし楽しみがない。近くの屋台で鶏の手羽、ウガリを昼も夜も買ってホテルの部屋で食う。これから進む国の地図を見たりガイドブックを

読んだりして一日を過ごす。カルネが5月8日までなのでちょっと間に合うのかどうか気になるところだ。

手羽先、ヤギの肉片に塩は貴重品なので持ち歩く

　期限が切れるまえにどこかの国で新しいカルネを送ってもらうことになるのか、また、かぁちゃんに迷惑をかけるなー……いけるところまで行ってその時に考えようと思う。

網の修繕トーゴ海岸で

2008年3月17日月曜　　　　はれ　　　　夕方遅く夕立

　トーゴの国は幅200キロ縦の長さ海岸から600キロ北に細長くなっている。高層ビルホテルも2、3軒観光地らしい雰囲気は外国人を呼び込んでいるようだ。ガーナより外国人が多いように感じる。幹線道路は太平洋海岸に沿ってガーナ、トーゴ、ベナン、さらにはナイジェリアまで続いている。夜明けは6時半ごろ夜は6時を過ぎると暗くなる。ガーナと変わらない。昼間30度ぐらいだろうか、蒸し暑い。

　市内は車よりオートバイが多く走っている。タクシー代わりに誰でも載せているオートバイタクシーに早変わり。オートバイは125ccぐらいの日本製が走って大型オートバイはない。泊まっているホテルにはフランス料理もある。外国人もレストランにやってくる。わたしはメニューを見てもわからないので食ったことはない……。もっぱら屋台の手羽先、ヤギの肉、を買ってホテルの部屋で食っている。

　朝9時今日は大丈夫だろうと、ネット屋きょうも駄目のようだ。昼フーフを食って夕方再びネット屋には人が入ってネットが回復したようだ。さっそくネットをつないでもらってみた。電源のソケットの位置を何回か取り換えてようやくつながった。旧い昔のテレビ型のネットで心配したが思ったより速く、転換できて気持ちがいい。一時間300セファ＝50円ちょっと高いが仕方がない。2時間（100円）やってホテルに戻る。きょうは長男の誕生日だったな……。

2008年3月18日火曜　　　　　はれ

　夕べの夕立で涼しくなるだろうと思っていたが変わらなかった。午後オートバイでキュウリ、トマト、を買いに行く。オートバイをバザールの中に止めてにぎやかなお店を回るほんとに何でもそろっている。瞬間接着剤20円、メガネ3個持ってきたが一個どこかに忘れてしまったので予備のため一個買った、200円。帰り際とまと、きゅうり、ショウガなど買っていると生きたエビを「これはどうか」と木陰に氷が入っている布袋から取り出してみせる。

　宿に戻ってゆでて食ってみよう……数えている中型エビ20匹100円。5時過ぎにネットカフェへ、ちょうど終わったととたんに停電になる。せっかく書き込みしたのが危うく消えてしまい、がっくりするところだった。アー助かった。買ってきたエビをホテルのバルコニーでガスバーナを出して茹でる。今晩のつまみは豪華である。きゅうりの塩漬け、手羽先1本10円きょうは盛りだくさんが口に入った。

2008 年 3 月 19 日水曜　　　はれ

　ブログの下書き、銀行にお金おろしに行くがカード使えず駄目。帰りにはバザールに入り込んでしまい四苦八苦。ソケットを買って午後お金をおろしに銀行に別のビザカードで現金が下りてほっとする。あしたベナンに向かおう。

ベナン入国　101 ヵ国目

2008 年 3 月 20 日木曜

　Se OLigon オリゴンホテルを 6 時 30 分に出発ベナンに向かってゆっくりゆっくり走る。郊外に出てようやく落ち着いた走りになった。トラックが連なって停まっている。うんもう、国境か、まだ 50 キロぐらいしか走っていないのになー……やっぱり国境だった。8 時 30 分トーゴ出国手続き、カルネのスタンプなし・まぁいいや。ベナン入国手続き。ここの係官はパジャマみたいなアロハシャツ制服で仕事している。

　大丈夫かいな……と思ったがカルネの記入それなりに済ませてくれた。約一時間で出入国手続きが終了、9 時 30 分。アロハシャツの制服「国境での制服」のイメージ自分で作り上げた「信頼される、こうあるべき係官の姿」……またしても「これでなければ」との「イメージが崩れてしまった」国境係官らしい制服、服装でなくとも「ちゃんと」「仕事をキチンと済ませればそれでいいのだな」

トーゴ国境係官……
気楽な服装に大丈夫かいなと
……戸惑う

　日本人の中にはわたしと同じような格好だけをよしとする人がまだまだいるだろうな……。トーゴに入るとき 5000＝500 円徴収されたがベナンでは

なにも、払わなくて済んだ。ベナンの首都コトヌー（COTONOU）まで100キロ（Benin）コトヌー市内に入りオートバイ、タクシーにバボ（BABO）ホテルまで引っ張ってもらう。オートバイタクシー 500 セファ =100 円だった。

　ファンもなく水もなくバケツシャワー 3000 セファ =6 ドル =600 円安いから仕方ない。4 階なので風が入って気持ちがいい。スパゲティとビールで昼飯とする。夕方これからは通貨はセファ国ばかりなので銀行 ATM で下せるときにおろしておこう。思い切って 12 万セファ……24000 円引き出した。オートバイタクシーを使ったのでついでにネットカフェに寄ってコネクトできるのか確認……OK だった。

　ついでにほかのホテルに寄って値段を聞いてみた……一泊 2000 円〜9000 円とドーンと高かった。

2008 年 3 月 21 日金曜　　　はれ

　サンフランシスコに住んでいる長女から 3 月 18 日女の赤ちゃんが生まれたとメールが入っていた。よかった、よかった。親子健全であればそれでよし。「美和・みわ」と名前をつけたとあった。家内も 3 月初めにサンフランシスコに渡って手伝っていたのでさぞかし喜んでいることだろう。夕子おめでとう。美和ちゃんようこそ。

　600 円の部屋から 3 倍の 2000 円の部屋に移った。トイレの水も洗面もバケツだしそれにファンもついてない。夜は窓も開けられないし、暑苦しい。けさファン付きの部屋を聞いたら、トイレ冷房付き、旧いが冷房は効けばいい。2000 円部屋に移ったことで、とたんにリッチな気分になる。ホテル前はトーゴと同じ砂の道になっている。

　きのう見つけていたネットカフェへオートバイタクシーで向かう。30 〜40 台はある……新しいパソコンで設備も整っている。4 時間かかって書き込み終了……1 時間 200 円計 800 円と高かった。

2008 年 3 月 22 日土曜　　　はれ

あした 23 日はサハラ砂漠のニジェールに向かおう。海岸から北へ約 700 キロぐらいの距離なのでゆっくり走っても 2、3 日で着くだろう。ただ道路がどうなっているのか不安でもある。冷房の部屋でゆっくり眠れた。やっぱり値段の通り快適さだった。①いまアメリカドルが安いので両替しておこう　②モスキッド 40 円　　③赤こすりを露店で買った。

2008 年 3 月 23 日日曜　　　はれ

　どうも腹具合がよくない。ガーナでの下痢一度は治ったがトーゴ、ベナンでひどくなる。食欲もなくなった。ビールもうまくない、どうしたんだろうか。夜中に数回トイレに入る。ググーッと腹が鳴り水のような便が出る。あまり、痛みはないが……もしかしてマラリアかなーと不安になる。夕べもなかなか寝付かれなくて 2 時頃までうつろうつろ……いつのまにか寝入っていた。

　6 時前に起きて出発準備。今日はニジェールに向かって北に走るのだ。オートバイを倉庫から出そうとしたら車が邪魔でだせない。車の持ち主がようやく来て外に出すことができた。通りかかったオートバイタクシーを止めてニジェールまでの分かれ道まで引っ張ってもらうように話す。7 時 40 分バボ BABO ホテルを出発。日曜なので車は多くない。ロータリーの公園ではジョッキング姿の人たちが目に付く。道路を走っている人も多い。

ガーナからニジェール～セネガル
～西サハラ～モロッコのルート

　分かれ道まで 17 キロ走ってオートバイタクシーと別れる、140 円。この

まま、北へ、北へ一直線だとオートバイタクシーは教えてくれた……あり
がとう。道端にはビンに入ったガソリンと思われるものが並べて売ってい
る。だんだん道が狭くなってフセコケの道路に……それに穴ぼこの道になる。
20、30キロのスピード、まぁ最初から覚悟していたのであせりはない。し
かしこの先もっとひどい道になったら恐いなぁ、不安になってきた。

　初めてガススタンドが出てきた。エッセンス（Essence）と書いてある。
「なに、これ」わたしはペトロールを入れたいのだ。あれか、これか、3台
の給油機をスタッフが指さす……。わたしに分かるはずがない。オートバイ
のタンクを開けて木の棒を突っ込んで臭いをかいでペトロール（ガソリン）
と分かったらしい……。エッセンス・Essence は初めて聞く名前だな。フラ
ンス語なのかなぁー。

　ガソリンもガソリーナ、ペトロール、エッセンスなどといろいろな呼び方
があるもんだなー。次の町までの距離を聞き出して走りだす。穴ぼこ道でス
トーンと穴にはまってスタンドがおりてしまいガガーと引きずる。そのたび
に蹴り上げるが、ちょっとした衝撃でも下りてしまう。しょっちゅう蹴り上
げるのが面倒になってきた。エッセンスのスタンドで荷造り用のゴムひもで
スタンドにくくりつけ引っ張り上げて下がらないようにした。

ベナンからニジェールに向かう
道路にはガソリンはポリタンク
で売っていた

　腕と身体を上下にゆすってスタッフにこの先も「ガタガタ道か」……「ノ
ー、ナイスロード」と笑いながら応えるが信用できないナ。100キロほどガ
タガタ道が続いてきたが給油してからはスタッフが言うように本当にガラー

ッとかわり気持ちのいいアスファルト道路になった、ずーっと続いてくれるらいいのだが……。普通200キロで給油するのだが130キロで早め、早めに給油した。

　ホテルのあるところまで150キロとスタッフの話。よし4時前に着きそうだ。朝30℃、昼39℃まで上がったが又32.3℃までに下がった。道のいい状態が続き安心して走ることができる。スタンドのゴムひもも外した。うん……なんだ、道路をふさいでいる。道路にはトラック二台くの字に曲がって道路をふさいでいる。土手下にはバス一台がひっくり返っている。けが人、亡くなった人がいなければいいのだけれど……。

　救急車がけが人を運んでいる、バスの窓ガラスは割れてぐしゃぐしゃになっている。土手下の細い道を車が迂回している。わたしも土手下に降りて迂回していくしかないようだ。降りる道を目で追ってみる……急な土手を降りて……細い道を走り、最後土手を這い上がって……これじゃ2、3回転ぶに違いない。転んでも手伝ってくれる人はいっぱいいる。まず、道路から道のない土手の急斜面7、8メートルをくだる……。

　どうにか転ばずに済んだ……よし、今度は横転しているバスの横を走り抜け、最後はオートバイの向きを土手に向かって直線に直して……勢いつけて道路に向かって土手を這い上がる……マフラーがつかえるのではと心配したが……どうにかつかえなくて道路まで一気に駆け上がることができた。思った以上にスムーズに迂回することができてほっとする。あとホテルまで50キロと言うところでの事故、本当に何があるのかわからない毎日だ。

　こんな事故に巻き込まれないようにしなければなー。

　そう云えばここに来る途中民家にトラックが突っ込んだままの状態。それに道路わきから考えられないような状態で横転している小型トラックを見てきたばかりである。原因は何だろうか……人の性格からきているのかもしれない……。アフリカの運転はどうもしっくりこない、あっというまにすり寄

ってきたり、街中では慎重すぎるほどの南アフリカでも総体的には「われ先に」の気持ちが強いのかな。これはどこの国でも同じだけれども。

　事故現場で30分ほどロスしたが泊まる予定の街パラユウ Parakou に16時についた。市内に入って給油したスタンドでオートバイタクシーを頼んでホテルまで引っ張ってもらう。ホテルは冷房、ファン付、トイレ、シャワーがついて落ち着くホテルだ。多少高くても疲れが取れればいい。夕べの寝不足だったのと暑い陽ざしで熱射病にかかったようで頭が少し痛い。料金を聞くと 10500 セファ =2050 円、おーラッキー。

　さっそく冷房を入れてもらい荷物を部屋に運ぶ、シャワー浴びながらいつのもようにシャツパンツ、靴下の洗濯を済ませる。ベッドで横になる……あーいい気持ちだー。あと 320 キロぐらいだからあした午前中には国境につくかもしれない。あしたもいい道が続いてくれーい。下痢が治まらないので日本からガーナに送ってもらった赤梅シソの葉を 2 リットルのペットボトルに入れて正露丸も数粒入れてみた。

　もしかして効くかもしれない、さて効果のほどは。いくら探してもデジタルカメラがない……オートバイタクシーに荷物を運んでもらったときにウェストバックから抜き捕られたのかもしれない……。日本から送ってもらったばかりのカメラなのだ。

日本のちまきに似ているのを売り歩いていた女性。ベナン

ニジェール入国　102ヵ国目

2008年3月24日月曜　　　　朝28℃　　　　昼14時、42℃

　今まで泊まったホテルの中では一番いいホテルで本当に気持ちがよかった。そのホテルを7時40分に出発。ニジェール国境まで約300キロ。きのうと同じ前半130キロは穴ぼこが出てきた。穴ぼこを避けて走るが避けきれずガタンガタンその都度スタンドが下りてしまいガガーと引きずってしまう。途中から気持ちのいい、アスファルトの道になって気もちよく走れるようになった。まわりは原野で時たま集落の村が出てくる。

　村の入り口出口には50キロ制限の標識……スピードを抑える例の「突飛」がこしらえてある。トラックが並んでいる、国境についたようだ13時。先頭まで走ってベナン出国手続き30分ぐらいで終了。国境から橋がかかったニジェール川が見える。橋を渡るとニジェールなのだ。カルネの出国スタンプなし、トーゴもそうだった。ま、いいだろうそのまま橋を渡りニジェール国へ。

ベナン出国手続きを終えてこれからニジェール川を渡るとニジェール

　地元の人たちはリヤカーを引いて荷物を運んでいる。国境の写真はダメなところが多いがここではおとがめなし。500メートルはあるだろう、ニジェール川を渡る。渡り切ったところがニジェールの国……入国手続き20分ぐらいで終わる。小さい女の子がオレンジを売りに歩いている。止めておいたオートバイはたいした坂でもないのに二度も倒れてしまった。これまで引きずって走ってきたのですわりがよくないのだろう。

ニジェール・サハラ砂漠地帯に入るとガラッと変わった風景。暑さ対策なのだろうか床を離して建てている

　まわりに集まっている人たちに手伝ってもらって起こした。何気なくテールランプを見るとトランクとくっつきすぎてすれている。それになんとタイヤカバーがブラブラしているではないか……今にも外れそうになっている……こりゃーやばいぞ。国境係官は 2 キロ先にメカニックがあると教えてくれた。ゴムひもでとりあえず応急手当てをして走る。国境から 60 キロは悪路の道になると別の係官が話す。アスファルトの道が途切れて砂の道になる。

　ええーなんだこの道は……すぐにアスファルトの道になったがでこぼこの道はつづく。ニジェール川に沿って道が続いている。砂漠の真ん中にこんなに淡々とたたえている川、ニジェール川。こんなに水量がある川を見たのはナイル川以来である。川沿いの浅瀬には地元の大勢の人たちが集まって洗濯している。2 キロぐらいのところでタイヤカバーを直すところはないかと地元の人に聞いた。

　「オレがメカニック」だと話す……さっそく見てもらうが、ここにドリルなどの道具はないようだ。5 キロ先に溶接屋があると話したので……再びゴムひもでくくって彼のあとについて走る。

　鉄骨屋が出てきた……ここが溶接屋だ。もうすぐ 3 時になる。まさかこの小さい村に宿屋があるとは思えないが……ホテルがあるか聞いてみた。ホテルは道路の反対側にあると教えてくれる。なんとも旧い宿屋だが泊まるこ

とに決めた。

　1600円も800円も熱がこもって暑ぐるしい部屋であるが仕方がない、いくらか明るい800円の部屋に泊まることにした。荷物をホテルに運ぶ間に、一緒に付いてきてもらった気の利く青年に地面に図を描いて①「タイヤカバーのつなぎ目に表・裏・側に薄い鉄板を入れてねじで止めてもらうように……②トランクの「取って」もとれそうだったのでその修理をチェックしてもらうように……青年に頼んでホテルに荷物を運ぶ。

　とりあえず青年に責任者として1000セファ＝200円を先に渡した。まぁ今日中に出来上がればいい、でも早めに気づいてよかったなー。カバーが外れていたらどうなっていたのかわからない。隣にあるドリル屋で穴をあけて鉄板の取り付けにかかる。一枚目はうまくいったが、二枚目は穴が合わなくてネジが通らない。鉄骨屋はこれで大丈夫と話すが、「手で触って今は大丈夫でも」これから毎日毎日ガタガタ道を走る。

　すぐにダメになるから再び隣のドリル屋に行き穴を調整してやり直すように強く話した。ドリル屋に行き8本全部すべてネジを締めなおして終わった。18時前にタイヤカバー。トランクの取っての取り付けすべて終わった。溶接屋は10000セファ＝2000円を請求する。ガーナで取り付けたゴムかけの溶接を見せて5000セファ＝1000円だったから。3000セファ600円でいいと納得させた。

　しかし、一生懸命にやってくれたので1000円プラスした。ここまでついて来てくれた青年にはプラス100円渡して終了。ありがとうございました。部屋に入るとむーっと熱い。ファンは夜にならないと電気が来ないらしい。電気が来るまで外でビールを飲んでマカロニを注文。そういえばニジェールに入る手前から湿気20%だったのがお昼頃にはゼロを超えて針止めまでストンと下りてしまっていた。湿気ゼロになっている。

　湿気がないから着ているレザージャンバーとその下に着ているアクリルシ

ャツは、しなやかさがなくなり、ノリのようにバリバリになってしまっている。夜空にオリオン座が出ている。8 時過ぎにようやく電気がついた。部屋に入りシャワーを浴びる。ベッドに入っても熱さが壁に残っていて蒸し暑い、ファンを強力にして寝る。

延々と緑のない景色は続くニジェール

2008 年 3 月 25 日火曜　　　　朝 30℃　　　　昼 13 時 40℃

蒸し暑かったがいつのまにか寝入っていた。そういえば下痢のほうも治ったようだ、正露丸をやめて胃薬に変えたのがよかったのか……水をミネラルウォーターに変えたのがよかったのか、その中に正露丸を溶かしたのがよかったのか、それともシソの葉っぱが効いたのかはわからない。砂漠地帯に入ってから小便も一回もいかなかった。汗として出て行ったのだろうか。

運転台ハンドルにペットボトル 2 個備え付けている。一本はコーラ類……一本は水専用、どんどん無くなって途中つぎ足して走ってきた。乾燥しすぎてパカパカになったアクリルシャツ、レザージャンバーを着込んで 8 時前出発、ニジェールの首都ニアメ Niamey まで 300 キロ・穴ぼこの多いアスファルトだ。周りの景色が変わってきた、これまではところどころ緑のあるところもあったが今日は枯れ木と枯草ばかり、きのうとは景色が一変した。

サハラ砂漠に入ってきたなーと言う感じで心細くなってきた。家の造りもこれまでとは違ってきた。ヨシの葉で作るのは同じだが四角い屋根、ぶんぶく茶釜みたいな作りで地面から床を離して作り上げている。オートバイを止めると地元の人たちが集まって気さくに話しかけてくる。フランス語と佐賀

嬉野弁の交流、気持ちが通じる感じである。すごく部屋は暑かったがきのう
は溶接した場所で泊まってよかった……ここまで3時間もかかっている。

ニジェールの首都ニアメに着い
た。回りは黄砂でピンク色の空
は不気味に感じ……恐さが出て
きた

　国境で悪路は60キロと聞いてきたがとっくに過ぎている。70キロを過ぎ
てようやく本格的なアスファルトの道になり気持ちよく走れるようになって
気が楽になった。溶接して泊まった場所から3時間もかかってようやくスタ
ンドについた、160キロの地点だ。アニメじゃない……ニアメ……ニジェ
ールの首都ニアメについた。道路にでっかいモニューメント、ゲートの門が
出てきた。とうとう来たぞ。

　だだっ広い砂漠の木陰で一人ポツンとバス待ちなのか青年が座っている。
その青年に記念写真を撮ってもらおう。すみません写真撮ってくれませんか
……青年は快く応じてくれた。

　市内にはいりガススタンドでホテルを聞き出した「そこを曲がって」「す
ぐ」のところと教えてくれるが……「すぐそこが」わたしにはわからない。
タクシーを呼んでホテルまで引っ張ってもらった、60円。14時前にホテル
に着いた。エアーコン付きの部屋を連泊するからと2000円を1800円に負
けてもらった。クーラを入れて休む……アー着いた。

2008年3月26日水曜　　　　はれ

　きのうホテルに着いたあとホテルのビールが冷えてなかったので市内のレ
ストランまでタクシーで飲みに行く。帰りはバザールでトマト、玉ねぎ、キ

ュウリを買った。ホテルの人に頼んだのでいくらなのかわからない。夜は同じレストランにつまみのトマトと醤油をもってビールを飲みに行く。スパゲティ、チキンを注文したが「ない」とのこと、メニュー見てもわからないのでそのままホテルに戻る。このままじゃ栄養失調になるなぁ。何かを食わないと……。

肉とジャガイモを見せてこれでどうかとホテルのコックが話しかける。じゃがいもはつぶしてサラダにして持ってくるのかと思っていたらポテトチップスにして、ヤギ肉は細かく切りきざんで焼いて持ってきた。ビールは氷を入れて冷やしてあったので外に買いに行く必要はなかった。午前中から風が強くて黄砂は煙みたいになってきた。きのう探していたネット屋5時ごろ行って8時ごろまで打つ。

どーっと集まって来るニジェールの人々

2008年3月27日木曜　　　はれ　　　暑い朝28℃　　　昼42℃

エンジンオイル交換エンジンフェイルターの交換近くのスタンドに頼もう。フィルターはボックスに入れてある。ボックスの「鍵穴」そっくり外れてしまった「どうする……」何も考えないで瞬間接着剤たっぷりつけて鍵穴に取り付けたぼけ老人。ボックスのカギは差し込むことはできる開けることができなくなった、当たり前のことだ。まったくアホだなーあと先考えなくて自分ながらあきれてしまう。さて鍵穴をどうやって取り外すかだ。

9時過ぎにホテルのスタッフ二人が中庭に止めているオートバイに「どうした」と近づいてきた。「これこれ」「こうして」「こうなった」ので鍵穴を

そっくり取り外してほしい。小さいドライバーで鍵の周りを少しづつ削り鍵穴の接着剤を削り取って鍵穴に鍵を差し込んで回るようになった。あーよかった。ボックスの中のオイルフェイルターを取り出してエッセンス、スタンドにオートバイで向かう。

国境で直したボックスの取っ手が大きすぎるので半分にしてもらうように頼んだ。最初から鍵穴にかかわってきた頼りになる中年の男に頼む。角を曲がってホテルから2、3分のところのスタンンドでオイルフィルターの交換を終了。ついでに洗車を頼んでいるときボックスの取っ手が鉄骨屋から出来上がってきたと……ボックスのカギを取りに来てくれた。洗車が終了、オイル代1500円、フィルター交換代500円洗車代全部で2500円。

ホテルに戻るとボックスの取っ手が直っていた。ボックスを取り付けてそれぞれの荷物入れてすべて終了12時半。頼りになる中年の男にはタバコとビール一本。口うるさい男にはビール一本。ところがだ……ビール注文したらぬるいのなんのって暑い陽ざしの中熱燗のビールは飲めないな。地元の人は平気らしい。冷えたビールを買ってもらうように頼んだら30分以上かかって戻ってきた、レストランまでタクシーで行ってきたという。

やっと冷たいビールが飲めた。1時を過ぎてしまっている。あーぁ、でも一時どうなるのかと思った鍵穴……当たってみると地元の人たちの協力で本当にすんなり事が解決し……ほっとした。

西に行くに従っておしゃれになってきたニジェールの子供たち

2008 年 3 月 28 日金曜　　　　はれ

　ガイドブックを見ながらカナダ大使館の隣にあるタクシーで「リマ大使館」へビザ取りに向かう。タクシーはなかなか停まってくれなかった……この国では乗り合いタクシーなのだ「おーいと手をあげて」行く先を告げて OK になれば乗り込む。15 分ぐらいでカナダ大使館についた。周りにいた警備員に「リマエンバシー（リマは南米なのだ）」と聞いても反応がない。「仕方がないカナダ大使館で聞いてみよう。入口で係官らしい人。

「キュウズミーすみません」「リマ、エンバシイー大使館」その男性「わたしはマリ出身」マリ大使館は「離れた場所にある」……「マリとリマ」を間違っていることにまだ気づいてないわたしである。てっきりわたしはマリと言ってるつもりでいたのだ。マイカーで連れて行くからここで待っているようにと話して大使館の中に入っていった。10 分ほど待っていたら男性のマイカーに乗せてもらって 10 分ぐらい走ったろうか。

　舗装されていないへんぴな道に入っていく。　　これじゃわたしにはわからない……リマじゃないマリ大使館があった。砂の道に土塀がマリ大使館であった。ありがとうございましたお礼を言って別れる。手続きはすぐに済んだ。ビザ待ちだろうか館内には 3 人ほど待っている人がいた。受け取りは午後 2 時からと話す。「ソーリ、わたしはホテルから一時間歩いてきた」ホテルに戻ると「ふたたびここに来ることは」出来ないので「スタンプのビザ」「今ほしい」と日本語英語で頼んだ。すると「OK・OK」と係官。

マリのビザとりに向う。
「ホテルに戻ると来れないと言ったら即日ビザを出してくれて助かった」砂地に建っていたマリ大使館

　結局一時間待って 11 時半ビザを受け取ることが出来た。マリ、一ヵ月ビザ代 20000 セファ =4000 円だった。タクシーでホテルに戻る。ホテルの近くには広くて大きなバザールでにぎやかである。それこそ何でも売っている。タクシーの中から眺める。総体的にほこりっぽい街である、砂漠の中なのでやむをえないだろうなー。実はマリ大使館に出かける朝方 9 時ごろにオートバイのスタンドについて……

　すわりがよくないので溶接屋に見てもらうように頼んでいた。大使館から戻ってみたらスタンドの修理を済ませてくれていた。ありがたい。今日は朝から風がないから午後から 42℃になる……一番暑い 3 時過ぎにネット屋に歩いて行った。これまでも暑さを体に慣らせるために一番暑さのころ昼間ネット屋に向かうことにしている。奥に入るとほとんど途中は砂の道小さい雑貨屋さん、美容院みたいな看板を掲げている家もある。

　10 分ほど歩いてネットカフェへ。ネット屋の中はそれほどの暑さを感じない。泥壁土壁なのだ。その効果が出ているのだろうか。急に腹にぐぐーっときたのでトイレを借りに隣の民家へ「すみませんトイレを貸してください」とお願いしたら快くトイレまで案内してくれた。板をくりぬいた昔の自分の家と同じの便所であった。トイレの土壁は泥である、手を当ててもコンクリートのような暑さではない。用を足しながら文化の違いを確かめる。

うまそうな焼きもちを路上で
売っているニジェール市内

　やっぱり土壁は暑さをやわらげる効果があるようだ。コンクリートよりよっぽどいいなーと感心する。道路のわきではヨシを編む作業を続けている人

たち……陽ざしをさけるタタミ一畳ぐらいの編んだヨシを積み上げている。

ブルキナファソ入国　103ヵ国目

2008年3月30日日曜　　　　　はれ　　　　　朝25℃　　　　　昼40℃

　朝まだうす暗い、少しでも涼しいうちに出発準備。きょうはブルキナファソに向かう。ジャスト7時、「ムサシ」と聞こえるホテルを出発する。きのうのうちに地元のオートバイに乗せてもらいブルキナファソに向かう市内の出口まで道路の確認はすませている。おかげでスムーズに市内から出ることができた。ニジェール川土手の上から朝日が上がってきた。この、ケネディ橋を渡るとブルキナファソまで一本道だと教わった。

　朝早いにもかかわらず、日曜でも地元の人たちは忙しそうに動き始めている。しばらく走ったところに、道路にロープを張っている。ポリスのチェックだろうか……パスポートを差し出してすぐに終わった。ここはニジェールの出国だったことが、あとで分かった。集まってきた地元の人はブルキナファソの国境まで45キロと教えてくれた。また道路にロープを張っているだけの場所についた。

　ここは国境か……最初はポリスの検問所かと思っていた。小さい詰め所に入るとブルキナファソの地図を貼ってある。あーここは、ブルキナファソかと聞くと「そうだ」……ということは45キロ手前のロープはニジェールの出国手続きだったのだ。西アフリカに入ってガーナ、トーゴ、ベナン、ニジェールとそれなりに国境の建物があり書類に記入して出国、入国を繰り返してきた。しかし、まったく国境の雰囲気らしい雰囲気はなかった。

　ここもまったく国境らしき雰囲気はない、さらに2、3キロ走るとトラックなどが停まっている。ここで初めてオートバイの手続きの事務所、カスタムらしい。最初5000セファ1000円を要求された。「オーびっくりした」とおどけた仕草を見せてカルネを見せたらお金はいらないと言って来た。手続きは10分ぐらいで終了。さらに2キロぐらい走ったところで通行証？500セファ100円を支払う。

曲がりくねった柱にヨシを乗せただけのお店は１０キロ置きぐらいに出てくる。ジュースを買う。きれいな服を着ている女性

　次のペトロールスタンドは150キロ先だと聞いて１キロ舞い戻って給油して陽ざしの強い暑い中を走り出す。途中ポツンポツンと出てくる村。曲がった木の枝を組み合わせてヨシを載せただけのお店になっている。美しい着物を着たおしゃれの女性が店番をしていた。ジュースを買った。40℃を指している温度計……。17時にブルキナファソの首都ワガドウグ（Ouaga Dougal）のホテルに着いた。

　緑のある落ち着いた街だなー。頼んだタクシーのうしろについて走る。だんだん裏道に入っていく。ドヤ街みたいなところにホテルがあった。昼間食べた、キャベツ、ニンジン、ナス、サツマイモのいとこ……みたいなもの……切り込まないで大きいそのまま煮込んだものはうまかった。セネガル料理というらしい。夜も鍋を借りてセネガル料理を買いに行ってホテルで食べる。うまい。

いったん止まると地元の人たちはどっと集まって来る。ブルキナファソよしずに囲まれた食堂

　地元の青年二人、この食堂に案内してくれたのは、お金がほしかったのだろう。お礼にお金を請求された。少額を渡した。

2008年3月31日月曜　　　　10時　　　　50℃　　　　そのあと47℃

　ホテルはファンだけで暑かった。それに部屋が暗くて書き物もできない。ホテルを替えることにした。きのう地元の人のオートバイ乗りの案内でホテルを探した。そのうち一番安いホテルクーラー付きで2500円は見つかったので移ることにした。人柄のいいオーナーがいて親日家なのか2000円に負けてくれた、おーありがたい。部屋もタイル4階建ての立派なホテルである。ここなら気持ちよく書き物もできる。

　ビールやネット屋も近くにあるようだしゆっくりできそうだ。ここに移動する前……一段高いところに停めていたオートバイ。またがって動かそうとしていたらちょっとしたはずみで、転倒してイヤというほど手の平を打った、手の平はかすり傷になった。オートバイの下敷きにならなくてよかった。見ていた人がいたらみじめな格好で大笑いされたのに違いない。

2008年4月1日火曜　　　　はれ

　ニジェールでもブルキナファソでもノートを買いに出かけても、横線だけのものしかなかった。仕方がないブルキナファソで買うことにした。2008年3月31日60円……ちと高い気もするが、このノート「なんじゃいな」と思ったが時には見慣れないものでもいいのかもしれない、慣れればいい。このノートで旅の記録史11冊目になった。記録といっても朝起きてビール飲んで寝た……小学生以下の恥ずかしい記録が続いてる（笑い）。

　ブルキナファソに来てから3日目初めてネットカフェに行く。きのう出かけようとしたとたん停電になってしまったのでやめにした。しばらく時間を見計らって行ってみた……15台ぐらいパソコンが備わっていた。スタッフに接続を頼んで久しぶりにネットを開く。掲示板への書き込みがなくなった……もうあきちゃったのだろうな。ブログへの書き込みはそれなりに何人か書き込みもあった。やっぱり元気が出る。

2時間で750セファ150円……ネット終わらせた。ホテルに戻って走っていて途中地元の人たちに聞いても見せてもわかるようにこれから進むマリの道路の「地図手書き」をすませる。

2008年4月2日水曜　　　はれ　　　15時48℃

砂土地の道路、ホテル前路上には朝から屋台の食堂が出ている。通勤の人たちが路上のお店に立ち寄って繁盛している。ここまでくればあとは一歩一歩だ。オートバイのパスポート「カルネ」が5月初めに切れるので日本からどこの国へ送ってもらうのか考える。早くモロッコにたどり着きたいものだ。どこの国から日本へオートバイを送るのかも検討しなければならないし不安がまた出てきた。

まだまだ日本は遠いなー。あした4月3日ボボデラまでたどり着きたいものだ。街中に出て行き先の道を調べようと歩き始めたが暑すぎてやめた。ホテルのベランダにはトカゲがチョロチョロ動いている。

2008年4月3日木曜　　　はれ　　　朝25℃　　　昼40℃

ブルキナファソ首都ワガドウグからボボデラッソに向かって朝6時30分ホテルアイデアル Ideal を出発。信号二つ目を左にとホテルのマネージャに聞いていた。その通りに進むが不安になって分かれ道で聞き……途中5、6回「ボボ……デラッソ」「ボボデラッソ」「OK」かと聞きながら走る。ハイスクールのしゃれた制服着た生徒たちは自転車での通学が目立つ。ボボデラッソ12時前についた。タクシーでホテルまで引っ張ってもらった。

2軒目のホテルはクーラ付き3000円に泊まる予定だったが追い出されてしまった。ホテル代を払ったがお釣りを持ってこない。しばらくしてレセプションに「おつりは」どうしたと怒鳴り込んだら……女性二人が逃げ出してしまった。早くおつりをよこせと追いかけていった。しばらくして地元のおじさんらしい……ポリスなのかな……が来てスタッフの間に入ってビール代だけ支払ってほかのホテルに移ってくれと泊まることを断られた。

　大声を上げたので横暴な人間に見られたのだろうと思う。すみませんでした。この辺りでは大声あげて怒る人はいないのだろう……しかたがない。タクシーに頼んでルネッサンスホテルというホテルに泊まることになった。クーラはついてないが一晩だけなので我慢することにした。1500円。ホテルであした進むマリへの道をスタッフに聞くがどうもはっきりしない。英語のわかる人をホテルの人が連れてきた。

　マリへの道　①直接バコマに向かう　　②コートボジアールを経由する③北の国境を抜けていく……三つの道どれがいいのかその女性にたずねた。②の道が一番いい。③は二番目　②が一番悪い　と教えてくれた。そうこうしているうちにホテルの前にベンツが止まった。ドライバーに同じ質問をした。①と②は道が悪い……③の道を北に走ってマリに向かったほうが一番いいと教えてくれた。

　オーよしよし……あしたは③の北に向かって走ることに決めた。追い出されたホテルではこのような情報は聞くことができなかったかも……聴けて良かったな……。ここまで来るのに前半アスファルトのガタガタ道も後半はよくなった。朝25℃昼間40℃まで上がったが意外と暑さは感じなかった。ボボ、デラッソ市内はワガドウグより活気があるように感じた。夕食はホテル前のレストランでライス、ヤギ肉、ビール全部で880円高いなー。

ブルキナファソの人たちはみんなやさしい

マリ入国　104 ヵ国目

2008 年 4 月 4 日金曜　　　　はれ　　　　朝 25℃　　　昼 40℃

　朝 6 時 30 分きのうと同じ時刻にルネッサンスホテルを出発。北の国境を越えてマリの首都バコマ Bakoma に向かう。さびしい日本の地方の道みたいなところを走る。突然日本の田植え……稲を植えた水田が出てきた。よく見ると水を張って稲の苗を植えた日本の水田そっくりだ。水田のためなのか暑さを感じない少しひんやりする。2、3 キロ水田の道を走った……水田地帯では湿度計が 5% に上がって温度も 22℃になっていた。

　しかし、乾燥地帯に戻ったとたん湿度計は 0% に……温度計も 28℃に戻った。123 キロで国境に到着。手続きはするものは、わたし一人でひっそりとしている。カルネの手続きを終えて 2 キロ走ったところのカスタムで出国手続きをすませて、さらに 3 キロ走ってマリの国境で入国手続きをすませた。入国手続きは狭い古びた小屋の部屋で済ませる。

　部屋の裏手に回って小便の場所をさがす。

ブルキナファソ
とマリ。国境広場

　裏手の部屋はハンモックが下がっている国境係官の休憩室だった。カルネの手続きは 50m 先のカスタムですませた。この先バコマの途中の町へ道はどうなのかと聞いたら……「ナイスロード」と教えてくれた。予定通りセグ segu の町に 14 時前に着いた。ペトロールを給油した。その隣にホテルがあり泊まることにした。夕方 4 時過ぎニジェール川の見学をしたいと言った

らホテルのスタッフがオートバイで連れて行くと話す。

　ペトロール代入れて400円。10分ぐらいで大きなニジェール川についた。サハラ砂漠の中に水を満々と水を貯わえて流れていることがなんとも不思議でもある……目測では測れないほど、川幅は相当あるようだ……大きな大型旅客船も川岸に留まっている。川辺には貨物船に積み込む作業員たちで活気があり、その隣では洗濯するする女性たちや子供たちの水遊び声は実ににぎやかなこと……。

　ホテルスタッフの話だと川幅は2キロほどあるとのことだった。いっそのことあと1時間遅くきて夕日を眺めてみたかったなぁーと思ったがあとの祭り。家族を載せてロバ馬車が走っている町……昔の珍しい建物など見ながら街をグルーっと回ってホテルに戻った。早めの晩飯を部屋でとった。ビールは240円と他より80円も高い。マリに入ってから少し家の様式が変わってきた。

　土塀の丸いとんがりの屋根を一棟一棟5棟ぐらいをつないで丸い形になっている住居がなくなり。四角の煉瓦で造り上げた家が多くみられるようになってきた。

ブルキナファソとマリ国境マリのカスタム

2008年4月5日土曜　　　はれ　　　朝22℃　　　昼40℃

　朝22℃……涼しいくらいに感じる。ニジェールと8℃も……こんなに違うのかな。けさ6時23分にホテルを出発。きょうはマリの首都バコマまで

230キロ走る予定。市内には面白い人形のモニューメントとなどこしらえて
ほほえましい。アスファルトではあるがコトコトハンドルに振動が伝わる道
である。きのうも、おとといも村や町の入り口出口にスピードを落とす「突
飛」が出てきた。

　標識があってもわからず見逃すことがあるし、注意していても突然ガター
ンと飛び上がることもある。よく見ると大きな石を置いてあるところもある
がほとんどはないところばかりで地元の人たちはわかるだろうがわたしなど
にはまったく分からないでドンと乗り上げてしまう。空は白い……アスファ
ルト道の両サイドは赤土が続き対向車来ると路肩の赤土に入り込んでしまう
こともあるので注意が必要だ。

パオパプの樹が続く道路で地元
のおじさんんが盛んに話しかけ
てきた

　暑さを覚悟して走ってきたがそれほどでもない38℃ぐらいだろうか。バ
コマ市内についた。給油しようとした停まった途端スタンドのすわりが悪く
て転倒してしまった。危ないなー左ひじを打っただけですんだが止まるのが
怖くて仕方がない。ニジェール川を渡ってバコマ市内のホテルへタクシーに
頼んで走る。運転手はいまいちホテルがわからない模様だ。大きなホテルの
前で降りた。このホテル一泊いくらですか「9000円」と「ユーッ」。

「ソーリ」2000円ぐらいのホテルはありませんか……嫌な顔もせずに人の
よさそうな高級ホテルマンは近くにあるホテルまで歩いて案内してくれた。
ありがとうございました。2000円の部屋は天井に扇風機（ファンではな
い）暑そうだったが泊まることにした。安ホテルにはバックバッカー、日本

人女性が泊まっていて、近くにある食堂など教えてくれる。久しぶりに日本人とあった。部屋は白い蚊帳をつっているベットの一人部屋。

2008 年 4 月 6 日日曜　　　　はれ　　　　昼 12 時 31℃

　バコマ市内は大きな街に見えるがどのくらいなのか見当がまだつかない。大通りがあったりすぐに細い裏通りになったりする。ホテルのスタッフと旅人日本女性がマルシェ（バザール）に行くけど……誘われてついていく。アメ横みたいなぎっしり詰まった商店街がどこまでも。どこまでも続く。はぐれると迷子になりそうだ、必死について歩く。金物屋、雑貨や、洋服、電気器具。オートバイ屋、修理屋、ありとあらゆるものがそろっている。

　ぞろぞろ人人人……買い物客でごった返している。「帰り際にちょっと目を離したら二人が見当たらなくなってしまった」急いで追いつこうとしたがとうとう見失ってしまった。さて困った。泊まっているホテルの名前がわからない、最初大きなホテルに料金を聞いた「ホテル・リマ」の名前しかわからない。ホテルの名前を言ってもフランス語だからまったく通じない。仕方ないタクシーを拾って……ぐるぐる回って……途中おまわりさんに聞く。

　「アノ、アノ、ホテル、リマ、リマ」かしげるばかりのおまわりさん……見たことのあるモニューメント広場にきてようやくホテルを見つけることができてほっとした。この間一時間ぐらいタクシーでうろうろしたのである。今回もホテルの名前をうっかりメモしておかなかったのだ。これまでもすぐに戻るからと出て行ってイングランド、フランスなどでも宿に戻るのに戻れなくて足が棒になったこともたびたびあった。

　にもかかわらず宿の名刺をもっていかなかったりアドレスを控えていかなかったりが原因で、またもや大失敗をしてしまった。宿では先に戻っていた日本女性が迎えにまた行こうとしていたと話していた。バザールに行く前にオートバイの前ブレーキがオイル漏れしていたので修理を頼んでいた。地元のメカニックの人が部品を買ってきてブレーキ漏れを防ぐ修理をホテルの庭の片隅でしてもらっている。

　1万円以上かかるのかなーと思っていた。部品代2100円、修理代1000円の合計3100円ですんで助かった。夕方ネット屋にコネクトしてもらうのに一時間ぐらい待っていたがとうとう接続できなかった。どうした……接続できない国はエチオピア、ウガンダ、に次いでマリで3か国目になった。教えてもらった普通の家庭でつくっている食堂に買いに行く。6時頃行ったとき大きな釜が並んでマキを燃やしていてまだ出来ていなかった。

オートバイタクシーに乗ってニジェール川の見物に……突然でっかい川に出たニジェール川。川幅は2キロとか言ってたなー

　土間に並んでいる釜には丸ごとか半分に切ったままのジャガイモ、スパゲティ、炊き込みご飯、煮豆が釜別に入っている。見るからにいかにもうまそうな豪快な釜の中身である。自分の鍋を持ってきたのでおばさんは炊き込みご飯、ジャガイモ、肉二つなどたっぷり入れてくれた。これでなんと100円なのだ。冷えたビール、自分で塩漬けしたキュウリ、トマトも加わり豪華な夕食になった……アー満足だ。満腹だ。うまかった。

2008年4月7日月曜

　ニジェール、ブルキナファソに比べると暑さがやわらいでいるように感じる。陽が落ちた夕方ホテルの周りの地元の人たちは散歩したり、ほとんどの人が自宅の軒先にイスなど出してゆったりとのどかにくつろいでいるのを見るとうらやましい気持ちになってくる。これまで炎天下を走ってきた……途中で見たのは車よりロバの馬車が大活躍していた。マキの運搬が多かったなー。

　薪を自転車の荷台に山ほど積んでハンドルは木で固定して安定を保っている姿も見てきたが大変な労力だろうと思う。中にはロバ車にライトバンが追

突している事故も見た。道は広いのにどうして動きの遅いロバにぶつかるのだろうかと不思議に思った。普段のロバはまばたきだけでじーっといつまでも動かない動物なのだ。しかし荷車を引くときは力強いものだなー。

　トーゴ、ベナン、ニジェール、ブルキナファソ、マリ、5カ国はフランス領だったとか……なので、ほとんど英語は通じない、人はみんな親切な人ばかりだ。オートバイのスタンドのすわりを直した。マーシャル（バザール）の一角にオートバイ屋、溶接などが並んでいてそこに「スタンドを外して」もらい直した。今度こそスタンドはよかろう。溶接代6000セファ1200円だった。

2008年4月8日火曜　　　　はれ

　夜明けが遅いなー……6時でも薄暗い。道路マップとガイドブックの市内地図を見比べながら、市内からセネガルに向かう道路を確かめる。ホテルのスタッフの弟に方角がわからないので歩いて市内からセネガルに向かう道まで連れてもらった。ホテルから500mところにあるモニューメント広場から右に大きな道路がセネガルまで続いていると教えてもらった。あーこれで安心した。

　モニューメント広場にはマリの国旗が風になびいている。ホテルに戻り両サイドのトランクをつなげているシートベルトの帯がシートからずれ落ちないように……バザールに行って空き缶をL型に切ってもらう……40円。前ブレーキ、フロントオイル漏れ、スタンドを直したので当面は大丈夫だろう……これで気にせずに走ることができそうだ。迷子になったマーシャル（バザール）は規模のでかいこと、でかいこと……たまげる広さ。

　西アフリカでも特に規模のでかい、このマリのマーシャル（バザール）は何年たっても変わらないだろと思う。古本、ノート、釘、金具わっか、ツルハシ、ホース、マンゴの実、トマト、キュウリ、子供服、布、台所用品、便器、オートバイ屋、自動車部品、鉄くず、鉄棒加工品、何から何まで……ニワトリも、ハトもいた、ハトはどうするのだろうか……きのうロバのことに

触れたが走っていて気が付いたこと……。

土間には丸のまま、煮込んだジャガイモ、野菜煮込みがうまくて鍋もって毎晩通ったセネガル料理食堂。マリ・バコマのセネガル料理はうまかった

　トラックが道路わきに止めて修理しているのが目についた。暑い陽ざしの中できのうだけで5台ぐらい止まって修理していた。この場合追突されないようにまわりから折ってきた「木の枝」を遠くからもわかるように散りばめていた。炎天下トラックのドライバーも大変なことだと気の毒になる。アフリカの旅している日本の青年が宿にやってきた。となりの国ギニアに行ってきたと話す。そのIさんとネットカフェに行く。

　日本語で打って「コピー」して「貼り付ける」こと教わった、初めての経験だ。彼はこれから3年ぐらい旅を続けると話した。2、3年前日本人の旅人が、サハラ砂漠を横断中に亡くなった話もした。その亡くなった彼のことだいぶ気にしていたなぁー。昼はセネガル料理200円チト高い。夜は土間に鍋の並んでいえるマリ料理、食堂……自分の鍋をもって買いに行く、120円宿に戻ってきゅうり、トマト、同じパターンのおかずが続いている。

2008年4月9日水曜　　　はれ

　ビールを安く売ってる店を教えてもらった……道路を渡った反対側の奥まった場所だ。手前はテーブルがあってここでも飲めるようになっている。昼間から何人か飲んでいるお客も見かける。酒屋は隣で店主と若い青年が店番をしている。ビールの種類は3種類ぐらいだった。あしたセネガルに向かおう。

ヒツジは屋根の上家財道具など
バスには何でも載せて走るのだ。
マリ

2008年4月10日　　　　はれ

　セネガルに向かってホテルから出ようとしたが、自家用4Wが出口に止まって出ることができない。二日前からこの車があり、10日に出るとき支障のないようにとホテルのスタッフに話していたのに……大丈夫と言ってが案の定、車の持ち主に話していなかったようだ。車の持ち主のドアーをたたき「車を動かしてくれ」中から声はするが気に食わないようだ。

　管理人が出てきてようやく動かしオートバイを出すことができた。

　7時前に出発。てっきり旅人だと思っていた女性はNGOにかかわっている女性だった。その彼女も見送りに出てきてくれた。Iさんには夕べ朝早いから黙って出発するからと話していた。バコマ市内からセネガルへの道は二日目に確認している。スムーズに行くかと思いきや、すぐに違ってる……どうも違っているようだ。「KATI　カチ」は戻って右に入れと教えてくれた。オートバイ二人乗りは戻って分かれ道まで案内してくれた。ありがとう。

　2、3分行き過ぎたところで気づいてよかった。どんよりしたはっきりしない天気だ。朝早いこともあるのでスロースローで走る。最初の町「カチKATI」についた。ドラム缶で道をふさいでいる……ペトロールスタンドで聞くと「う回」するらしい……。スタンドの人が若いオートバイに向かって「つれていけ」みたいこと言ってくれているようだ。若いオートバイの後ろについて走る狭い路地裏に入っていく……これじゃわからないな。助かる。

　どうしてこんな道を迂回するのだろうか……不安になってきた。しばらく

すると本線に出でることができた。ありがとう……青年にお礼を言う。スイス人フランス人は四輪駆動で旅をしている……その二人から去年の6月に、これからの区間40キロ～60キロダートの道が続くと……地図を見ながら説明を聴いていた。サーこれからが大変な道になる。エッセンス（ガソリン）スタンドで給油。

これから「ガタガタ」の道になるのだろうか……スタンドで聞いてみる。すると「ノーノー」「ナイスロードいい道だ」と返ってきた。エーほんとかよー……「ノーガタガタ……」「ナイスロードいい道」だと自信ありげだ。不安ながら走り出す……村のはずれにあるバザールを過ぎて中央に白い線を引いている……何人かで作業しているようだ。ハハーン出来たばかりの道路なのだな……。これから本格的に白線を引くようだ。あーよかった。

あー、ついてるなーラッキーだなー、ずーっとこの区間が……これまでどうなるのだろうかと気になって不安に思って走ってきたのだ。脇には赤土の道がある……この赤土の上を走っていたんだなー……。スイスイと走れる……あー助かった。昼頃40℃に温度が上がった。ロータリーのある村で給油したあと昼飯……ビールはと……スタンドのスタッフに聞くと青年がスタンドの反対側にあるヨシの小屋で出来たレストランに案内してくれた。

ビールだけで食い物がないと言う。「ハングリー」かと、おかみさん「そうだ」するとピーナツと「イーツ」若い店員に話すとしばらくして「ヤギの焼肉だ」「オーナイス」……つまみだ。ありがたい。予定していた次の町にはホテルはなかった。さらに150キロ先の街まで走る。大きな川に橋が架かっているこの川もニジェール川なのかなー。橋を渡るとポリスが立っている。ホテルを聞くと右に100m入ったところにあると教えてくれた。

給油してホテルに入る、クーラ付きで3000円高いなー……仕方ないもうすぐ5時になる10時間も走ってきたのだ。もう疲れた。シャワー出るのだろうか……温シャワーがあった。洗濯してから身体を洗う。晩飯は早めにしよう。ビール2本とスパゲティ……ヤギの肉は昼の残り……これで充分だ。

マリの子供たち。うしろにはたきぎが積まれていた。

セネガル入国　105ヵ国目

2008年4月11日金曜　　　　　はれ30℃　　　　　昼40℃

　6時30分夜が明けきらないうちにホテルを出発。疲れていたのだろうか、夕べは夜中に起きることもなかった。宿代を払うのにもフロントに誰もいない……いや夕べ払ったのだろうか、宿代は確かついた夜に払うもの……払ったこと自分で忘れているのだろう、いや払った気はしないな。そのままスタートセネガルはどっちと走っているオートバイに聞くと男は「オレのあとをついてこい」と言ってるようだ。チイ町から一本道になった。

　ようやく太陽が空に上がってきた。きのうと同じようなサバンナの原野を走る。突然両サイド、パオパブに並木道になった。モザンビークで見たようなでっかいパオパブの木ではない。パオパブの木の写真を撮りながら走る。いつの間にかオートバイの男の人は見なくなった。橋を越えてT字路に来た。さてどっちだ……看板があった、オートバイを停めて看板の写真を撮る。そこへポリスが「パスポート」と言いながらこっちに近づいてきた。

　「こっちにこい」オートバイを回してポリスの小屋に入る。ここは「セネガル」だと話す。スタンプをカスタムで「もらってこい」エエーッ「マリの出国」も、セネガルの入国も手続しないまま走ってきたのだ。危うく通りすぎるところだった。ポリスにマリの国境カスタムの場所を聞き……舞い戻る。戻って橋を渡り本線から100mぐらい左の奥まった場所にマリカスタムはあった。これじゃわからない場所だ、マリの出国手続きを済ませる。

　カルネを出したが「ノンプレグラム」いらないと言う。「2フラン」係官、ウン、ン……人差し指で手話「なに」と聞きながら、わからないふり……それ以上は言わなかった。「ワイロの要求」だったのかな……。そういえば西アフリカに入ってからワイロらしい要求はなかったなー。マリの大使館で20000セファ＝4000円がちと高く、怪しいといえばあやしい。レシート要求しなかったからかなー。今度はセネガル入国手続きだ、橋をまた渡る。

　最初橋を渡るとき気づかなかったが橋（川）の真ん中に「セネガル」と書いた看板が立っていた。橋を渡ったすぐの道路下にセネガルのカスタムがあった。オートバイのカルネにマリの出国のところにセネガルのスタンプを押してしまったのだ。ほかの係官が次のページに書き直す手続きで終了。次はパスポート入国手続き……カスタムはここの場所より離れているようだ……町の中に入って左に入って……すぐだと……。

　地元の人はすぐにわかる場所だろうけれど……わたしはわからない。3、4回町の中で聞きながらカスタムらしい場所にたどり着いた。「セネガルはビザ」はいらないとすぐにスタンプをパスポートに押してもらった。給油スタンドを聞くために最初出会ったポリスのところに戻った。いまエッセンス（ガソリン）はないと話す。マリ側に行けと言う。ええー。

　またまた橋を渡りマリ側で給油を済ませて5回目の橋を渡りセネガル・ダカールに向かう。マリとセネガル国境の橋を行ったり来たり5回も渡ってここで1時間半もつぶしてしまった。国境カスタムは普通道路の真ん中にある……ここの国境はマリ側といい、セネガル側といい、町の中にあるのはめずらしいというか初めてのことだった。それも道路から奥まった場所にカスタムがある。知らずに通過してしまう人たちがいるのではないだろうか。わたしも不法出国、不法入国にならなくてよかった。

　最初のT字路で止まらなければ大変なことになっていただろう……これも旅の「運」のひとつと考えよう。ところで道路の看板には右も左もセネガル方面になっている。左の道に沿っていくことにした。これまでと違って、

国境近くになってから現地の人たちの着物、洋服、頭に巻くダーバンの生地があざやかな色合いになってきた。男性も女性も身に着けたものがきれいな青色、白、紫色など目に付くような色になってきた。

一度見逃して通過してしまい行ったり来たり5回。マリとセネガルの国境の標識川の真ん中に建っていた。

　ニジェールの砂漠のような風景からそんなに景色は変わらないが村の緑の木は少なくなったように思う。けさ方蒸し暑いなーと湿度計を見たら20%を指していた。湿度があるとやっぱり蒸し暑いんだなー。きょうは午前中だけ300キロ走って、道が悪いと聞いていたその手前で泊まることにした。タンバクンダ Tambacounda の町だ。ここのホテルも高いクーラ付き負けてもらって18500セファから17000セファに……3400円。

　さーあしたはアスフェルトの道だけど、デコボコの道らしい。いやなこったな……。あした中にダカールにつくのはおそらく無理だろう。460キロの内300キロが悪いらしい。マリでは写真撮るのがまず無理、むずかしい。撮ってもいいですかと聞いても、ほとんどが「ダメ」と断られる。バザールでも注意しないと抗議されることもあると聞いている。途中の村でも女性を撮ろうと「OK」かと聞いて「ノー」「ダメダメ」と断られてきた。

　子供たちも写したあと「手を出して」お金を要求して来る。子供たちには悪いけれどお金は渡さずそのまま走ってきた……ごめん。

2008 年 4 月 12 日土曜　　　　はれ

　きょうはアスファルトのはげたデコボコを走る。ダカールまで500キロ

のうち 300 キロが悪路らしい。夕べはその手前に泊まった。きょうは気合
を入れて悪路に挑戦の気持ち。

　6 時になっても夜が明けない。明るくなったらすぐに出発できるように、
荷物を積み込んだ。ホテルのスタッフとお客さんらしい人が四輪駆動で出て
行った。オートバイのカバーを外してバックしようとした。プスプス音がする。

　ウン……パンクじゃあるまい。向きを変えてうしろのタイヤを見るとペッ
チャンコにタイヤがなっている。エーパンクしている。アーこれじゃきょう
走るのはダメだ。部屋に戻ってタイヤショップがあくのを待つしかない。と
ころでタイヤがあるのかどうかもわからない。不安になってきた。8 時近く
になってフロントの人にオートバイ、パンクしていると話して、一緒にタイ
ヤショップまでついてきてもらった。

　タイヤショップの人にホテルまで来てもらってタイヤを確認……OK だと
話す。タイヤを外すのに工具がないので近くのオートバイ屋で取り替えても
らうことになった。オートバイ屋で働く人たちは中学生、高校生ぐらいの
若い人たちばかりだ「大丈夫かいな」と不安になる。どうにか両サイドの L
字型鉄板を取り外してタイヤを外した。パンクの原因は金属片が刺さってい
た。走っている途中でなくてよかった。

朝オートバイが重いなーとおも
ったらパンクしていた。幸いタ
イヤ屋は近くにあった。チュウ
ブレスはなくて普通一のタイヤ
に交換した。マリ

　途中のデコボコの道だったら途方に暮れてひどい目にあったに違いない。
タイヤはチュウブレスがあると話していたが、持ってきたのはチュウブのタ

イヤだった。仕方がない。動けばいいことだ……もう10時半になった。チュウブタイヤは幅が少し狭い、運転に支障がなければいいが……。タイヤをはめ込み鉄板を取り付けてマフラーを取り付けてトランクを取り付けてすべてが終わった、12時を回っている。

　タイヤ代5000円、オートバイ屋手数料4000円支払いを終わらせた。テスト運転してみる……どうにか走れる……問題はないようだ。あーぁ……とりあえず走れるようになってほっとした。よかった、よかった。我慢していた昼めし、近くの食堂で煮込み豆、ジャガイモを買ってホテルでビールを飲む。まぁ一日ぐらいのロスはどうでもいいことだ。見知らぬ国で……それもアフリカで思っていた以上に意外と早く解決することができたなー。

　修理が終わるまで町を散策した。ここではロバじゃなくて、馬がほとんど荷物運びの主役になっている。荷台にはあでやかな着物を着た地元の人たちが乗っている。残念ながらカメラを持ってきていない……写真に撮りたかったなー。トラックも自動車もタクシーもどれもこれもまともなものは走っていない……旧いものばかりでよくぞ走っていると感心する。それにしてもよく動くものだなと思う。

元気いっぱいどこの国の子供も同じだなーマリ

　これまで「水」のこと「ワタ」で通じてきたがセネガルにきてから「ワタ」も通じなくなった。「車は」ガーナ、トーゴ、ベナン（ベニン）ブルキナファソ、ではかなり新車が走っていた。マリではベンツのみが走っていた……ベンツは何十年でも修理ができるからと地元の人が話していた。そういえばどこかの国でも相当旧いベンツのトラックが動いていた、部品がいまで

もあるのだと話していたことを思い出す。ダカールへの出発はあしたにしよう。

2008 年 4 月 13 日日曜　　　　朝 30℃　　　　はれ　　　　昼 40℃

　連泊したホテル 6 時 30 分に出発。ライトの明かりで走れる明るさ。いきなりダートの道……アスファルトの道がはがれていると聞いていたが……ふかふかの土パウダーの道が現れた、とたんに深いパウダーに中に突っこんで転倒。服もバックもすべて真っ白。うしろから来た 3 人乗りの車の人たちに起こしてもらった。「ありがとう」。右ミラーがずれてしまっている。ええーこのパウダーのダートの道が 200 キロも続くのか……。

　右手には新しい道が造られつつあるがまだ走れない。路肩に止めてミラーを直した。道に戻ろうとしたら段差に気づかずオートバイの腹がつかえてステーンとまた転倒……。オートバイは腹を空に見せて見るのも無残な姿、今度も後ろから来た車に手伝ってもらい 3 人で起こした。「頭とか打ってないか」と気づかってくれた。知らない人たちの言葉にうれしかった。ありがとう。

　ダートからアスファルトの道になったが穴ぼこだらけ。穴を避けて走るが 10 キロ 15 キロのノロノロ運転。バスもトラックも超ノロノロ、歩く速さで走っている。走っているのか、止まっているのかはそばに近づくまでわからない。そのスピードでも穴ぼこにハンドルをとられて路肩から道路下に転落しているトラックを何台か見てきた。とにかく恐ろしい穴ぼこの道。だんだんと穴ぼこが深くなってきたダートの道。

　ローギアーで走っているが……どんどんど～んとバウンドして最後はオートバイの腹がつかえたまま、ひっくり返った。すれ違ったミートラックが止まってくれて乗客と思われる地元の人が駆け寄ってきて起こしてくれた。ありがたい。あーあースタンドが途中からポキーンと半分に折れてしまった。これでおしまいか、頭が真っ白になった。ローからセカンドまでしかギアーも入らない。さっきの衝撃でギアーボックスにあたったのだろう。

段差があるのをわからずに本線に戻ろうとした途端ひっくりかえった。うしろからきたマイカーに手伝ってもらい起した

　ま、動けばいいや……セカンド、ギャーで行けるところまで走ろう。スタンドの修理屋は何キロか先あると地元の人が教えてくれた。スピード10キロぐらいローアギア、セカンド、ギアーで走る。道が悪いのでこれで充分なのだ。走ってしばらくするうちにギアはサードまで入るようになってきた……おーよしよし。しばらく走っているとポリスのチェックポイントに……。

　ポリスは何か話しているが……「ノーノー」「降りられないのだ」「スタンドがない」のだ。事情を知らないポリスはようやく察したのか……オートバイのそばに来た「この裏に溶接屋がある」と若い人に引っ張ってもらってポリスの詰所の裏に回った。おーラッキーついてるな……。

バウンドして転倒。スタンドが折れてしまった。止まれるが降りられない。ラッキーなことに10キロほど走ったところによしずだけ建てかけてある溶接屋があった

　信じられない、ここはアフリカ、セネガルのどこか知らないが、かなり田舎の村であることは間違いない。この村に溶接屋があるということが信じられない。でもよかったな……。簡単な柱だけのヨシの小屋の溶接屋へ。荷物

のゴム紐に挟んでいた「折れたスタンド」を差し出そうとしたが無くなっている。途中で落としたのだ。溶接屋の若い二人連れは相談しながら進めている……「こんな感じでいい」のかと……地面に書いている、「OK・OK」。

　ボックスもゆがんでいる。ボックスを全部外してみるとステーが折れてずれてしまっている。これもお願いしよう。3時間でまだ100キロも走っていない。いま9時半だ。スタンドを直してボックスのステーに鉄板をつぎ足して溶接してもらった。すべて修理が終わったのは13時炎天下になってしまったが……。しかし、転倒してスタンドが折れて……オートバイの旅はもうおしまいかと覚悟してから……こんなにも早く修理を終えた。

　ふたたび乗り出すことができるとは思ってもいなかった。すべての修理代4000円ですんだ。ありがとうございました。修理を頼んでいる間に昼めしをすませていた。再び走り出す暑い、暑い給油所で冷たいコーラを飲む。きょうはこれ以上無理だなー。ホテルは500m戻ったところにあるとガススタンドのスタッフは言う。動く気がしない。給油所のお兄さんがゴザと布団を木陰に敷いてくれた。靴を脱いで横になる。

ローギアで走っていてもバウンドするほどの悪路……バウンドしたとたんスタンド折れてしまいギアーも入らなくなった。近くにあった溶接屋で直してもらい、助かった。よしずだけの溶接屋

　地面の土は暑いが風は心地よい。いつのまにか眠っていた。1時間ぐらい眠っただろうか。休憩したおかげで走る元気が出てきた。あと85キロ3、4時間走ると悪い道は終わりだと給油所のお兄ちゃん地図を描いてやさしく説明してくれた。ひっくり返ったら大変だろうけれどそれを承知でトラックの上には大勢の人たちを載せて走っているのを見た。

　休憩したあとも穴ぼこの道は続いた。お兄ちゃんが教えてくれた通り 85 キロで街についた。きょうはここに泊まることにする。6 時前だ。戸建て風のコンクリートの部屋は暑い、クーラ付きの部屋はない。扇風機だけで 2400 円もするが仕方ない。早めの夕食ビールを飲んであすに備えよう。それにしてもきょうは散々だった……よくぞ、途中で溶接できて走れるようになったなー。アー疲れた。

セネガル・首都ダカール、寒い
2008 年 4 月 14 日月曜

　夜明けの 7 時にホテルを出発。セネガル、ダカールまで 260 キロ悪路は続く。ダカールまで残り 200 キロになってからようやく穴ぼこ道路はなくなった。それでも怖くて 70 〜 80 キロのスピードしか出せない。水田？塩田からコンバインみたいな機械から白い塩を吐き出している。左に海が見えてきたもうすぐダカールのようだ。ダカールに近づくにつれて大渋滞になってきた。1 時間かけてダカール市内セントロについた。

　「セントロセンター」「セントロ」と道行く人に聞きながら走ってダカールの広場についた。広場の駐車場端に三角の空きスペースに停める。ここはダカールの中心「独立広場」らしい、これまでアフリカの首都比べて高層ビルが建ち並んでいる。集まってきた地元の人にガイドブックの地図を見せた。「ホテル○○○」を指さすとすぐそこだと若い青年……一緒に歩いてくれてホテルに 2、3 分で着いた。

　ホテルは 2000 円と市内中心にしては安い。泊まることに決める。クーラ付きにしたかったが別のホテルをあした探そう。荷物をホテルの部屋に運んで驚いた……クーラどころじゃない、ファン付きだが回す必要はない。こんなに気温が下がっているのか……毛布がベッドの上に出ている？　まさか毛布までは必要なかろう。昼間は半そでシャツでよかった。夕方半そでシャツから長そでシャツに替えた。

　それでも寒さに我慢できずジャンバーを着たり脱いだり。こんなにも気温

は違うのか、天井のファンは回すどころではなくなった。昼間独立広場の見晴らしのいいガーデンでビール小瓶240円と異常に高い。でも3本飲んだ。晩飯のビールはホテルのスタッフに頼んで大瓶200円を2本頼んだ。汚れたズボンを洗って屋上に干していたが乾きがこれまで違って遅い、部屋に取り込む。

おしゃれのセネガルと言われている首都ダカールに着いたらぱっと晴れやかな服装……

2008年4月15日火曜　　　　はれ

　こんなに寒いのかい、ダカール手前200キロのところに泊まった時「ダカールは寒いぞ」と言っていたが本当にそうだった。明け方毛布を掛けないと寒くて仕方がない。気候どうなっているのだろう。きのうネットカフェでコネクトできると聞いていたのでパソコン持って行ったがセッテングできなくてダメだった。その前カメラから取り込みをしようと電源を入れた。ランプがつかない。転倒したときに壊れてしまったのかなー。うーん。

急に涼しさより寒さを感じたセネガル・首都ダカール市内

　Ｉさんからうまくいかなかったときパソコンのことを聞いていた「裏のふたを開けて」「バッテリーを外して」みた。そして再びバッテリーを収めた。どうかうまくいきますようにと祈る。電源を入れたらランプがついた。よか

った―。一時はすべての記録がなくなってしまったのかと心配した。これで生き返った……ほー。ホテルのスタッフに頼んでモーリタニアのビザ取るのに必要な、日本大使館までレターをもらいに行くことにした。

オートバイの後ろに乗せて日本大使館まで走る。日本大使館は海岸通りにあった。13 時から 14 時まで待ってもらってモーリタニアに提出する「レター」を日本大使館からもらった。温度計夕方 22℃。

2008 年 4 月 16 日水曜   朝 21℃   昼 30℃   夕方 22℃

　ホテルのスタッフにお願いして今日はモーリタニア大使館までオートバイで行くから案内してもらうようにきのう頼んでいた。8 時半待ち合わせ、お兄ちゃんは時間を守ってくれて 9 時来てくれた、そのままモーリタニア大使館へオートバイで向かう。大使館にビザ申請を提出。ビザ代 80000 セファ =16000 円だと……。異常に高いなー。

　これまでで一番ビザ代が高かったのは確か、トルクメニスタンの 18000 円ぐらいだった（2003 年 8 月）係官は各国のビザ代一覧表を出して見せてくれた。一番高いビザ代はヨーロパ、日本などになっている。ウヘー高くとも 5000 円ぐらいだと思っていたのだ。お金を下ろしに銀行に。泊っているホテルのビジネス街にシティバンクはなかったので他の銀行の ATM で下すことができて助かった。

　利息が高いビザカード、マスターカードは使わなくてすんでよかった。写真添付 2 枚、出してビザ代 16000 円支払った。ビザ当日受け取りはさらに 1000 円いると話す。えーまたここに来るのは面倒なので 1000 円支払ってビザ即発行してもらった。16000 円のレシートも発行してもらった。日本大使館の「レター」（日本人であることの証明書かな）は必要なかった。付き添いできてくれたホテルのお兄ちゃんありがとうございました。

　ホテルに戻ってオートバイのサブスタンドを付けてもらうように頼んだ。止まって走り出すときにスタンドを蹴り上げるのがむずかしいのだ。溶接

屋を呼んできてスタンドをはずして取り付けたが取り付けた位置がまずい……二回目に溶接しなおしてスムーズに蹴り上げることができるようになった。相変わらず肌寒い、昼間 30℃ぐらいだがそれでも長袖を着ないと肌寒い。食事のサイクルがどうもうまくいかない。

　ホテルの並びにある近くの安いレストランというより食堂がぴったしの店、ライスがなかったり、魚だけだったりと一定しない食堂だ。特に夕食のとき 5 時過ぎにはおしまいと……肉だけになっていて……どうなってるんだろうかね。経済的と言えばそのとうり……。ビールは毎日ホテルの青年に頼んで酒屋まで買いに行ってもらっている。広場のレストランだと小瓶 600 円もする。彼に買ってきてもらうと大瓶 200 円を二本昼と夜頼んである。

　手間賃 4 日分 400 円渡してある。トマト、玉ねぎはバザールで買い置きがある。何もないときはパンとピーナツ、トマトですます。ここにきて一刻も早くアフリカの旅を終わらせたい気持ちになってきた……不安ばかり先立ちちっとも楽しくないのだ。これからモーリタニア、西サハラを越えるが、道路がどうなっていることやら、またガソリンスタンドのない区間もあるようだし、いろいろと不安材料ばかりだ。

2008 年 4 月 17 日木曜　　　　はれ

　夕べも毛布だけでは寒いぐらいだった。ヒューヒューゴーゴー木枯らしの音でいっそう寒さを感じさせる。ペトロールスタンドがない時を想定してポリタンクを用意しておこう。そのポリタンクを収納する、両サイドのトランク、バックをカラにしてトランクの荷物をまとめて外に積むことにした。テールランプ（方向指示器）左側が球切れなのかついてない……ホテルのアサマ青年の知り合いにたのんで直してもらった……400 円。

セネガル川渡ってモーリタニア入国

2008 年 4 月 18 日金曜　　　朝ダカール 21℃　　　はれ　　　モーリタニア昼 12 時 30℃

　一刻もはやく、西アフリカを脱出したい……不安なのだ。セネガルホテル

8時に宿を出発。市内から郊外に出るところまで案内を頼んでいたホテルの兄ちゃんは来なかった。ひとりでモーリタニアに向かう。途中のガススタンドでモーリタニアの道を聞く。「バックして……」どうもわかりにくい。給油に来ていた男の人に「「モーリタニア」に向かう高速道路まで引っ張ってもらえませんか……「OK」引っ張ってくれるという。ありがたい。

　一人では高速に乗れない複雑さだ……あっちこっち走って高速の入り口まで引張ってもらった。これで一本道になる、助かった……ありがとうございました。ボスボスとエンジンの音がよくない……「ガス欠の時の音」だ。エンジンが焼き切れたのか……うーんどうした。ガソリンタンクのつまみを、ストップにしたり、リザーブにしたり、オンにしたりしていたら元の音に戻ってホッとする。あーよかった。

　セネガル、ダカール市内に向かう反対車線は大渋滞。この頃ちょっとスローで走ると「温度計」が赤色灯になってしまう。ティス Thies サンルイスの街を過ぎた。「モーリタニア・モーリタニア」方向は分かっていても不安で仕方がない……不安を消すために何回も何回も聞きながら進む。海かいな……湖かいな……そこへポリスのチェック小屋があった。12000 セファ……2100 円を要求してきた。

砂漠の中にでっかい川が現れたこの川を渡船で渡る。近くを散策。この川はセネガル川らしい

　止められた他のドライバーも薄笑いしながら支払っていたのでハハーンこれはワイロ要求だな。マイオールマネーだと 12000 セファを見せる……すると半分の 6000 セファでいいという。あんたは「ワールド、ワーストワン、ポリスだ、世界一の悪いおまわりだ」とドヤした。すると 10000 セファを

返した……「全部返せ」と言ったら残り2000セファも全部よこした。国境
まで思っている以上に長いな……遠回りしているのか、道を間違っているの
か。

　また不安になってきた。砂漠地帯に来た。ダートの道になった、怖いな一
迂回する道がないようだったら困るな……ダートの道が出るたびにびくびく
する。車も人もいないさびしいところに来た。村人たちに会うたびに「モー
リタニア」「大丈夫」……「OK」真っすぐだ。ようやく国境「ロッソ」に
ついた。60キロほど間違って走ってきたようだ。ここも大きな川だ、ニジ
ェール川じゃなかろう。いやニジェール川かも……

（あとで調べたらセネガル川だった……ニジェール川二つの川がサハラ砂漠
を流れてる）

　かなりの人たちが集まっている。渡し船でモーリタニアに渡るようだ。渡
る人たちなのか……どうかはわからない。セネガルの出国手続きを終えた。
扉のある中に入った。ここが国境らしい。目の前には大きな川の岸に船着き
場。車10台ぐらいとわたしのオートバイ……国境・港に15時ごろついて
モーリタニアまでの船は16時15分に出た。

てっきりニジェール川と思って
いたらセネガル川。ようやくと
どりついた。セネガルからモー
リタニアにはセネガル川を船で
渡るのだ

　5分ぐらいでモーリタニア・国境港について入国手続き……指南役の若者
についてカスタムなど回って30分ぐらいで入国手続き終了。カスタムを出
たところに民間の両替所で両替して……集まってきた地元の人についてホテ
ルに向かう。殺風景なホテル、ついてきた3、4人の地元の人にビールを買

ってきてもらうようにお金を渡す。待てど、暮らせどいつまで待っても戻っ
てこない……ホテルの人に聞いてもわからないと話す……。

　ビール代金を持ち逃げされたのだ。仕方ない……ボックスに入れて保管し
ているウィスキーを飲んで夕食とした。なんとなく落ち着かない国モーリタ
ニアの国だな。

モーリタニアは
セネガル川船で渡る

世界一高いビール 1000 円・モーリタニア

2008 年 4 月 19 日土曜　　　　朝 21℃　　　　はれ　　　　32℃

　モーリタニアの初日だ、7 時 15 分モーリタニアの首都ヌアクショットま
で 200 キロ……ひび割れの道路だ……どうかパンクだけはしないように祈
って走る。まわりは砂漠の砂だけこんなところでパンクしたらどうなるのか
わからない恐ろしく感じる場所だ。11 時にヌアクショットについた……ア
ー無事についた、アーよかった。「心底」ホッとする。ガススタンドであっ
た地元のおじさんにパークホテルまで誘導してもらった。

　大通りから裏道に入ると砂の道……転ぶぞーアアッ……ヤベー、ゆっくり
そろそろと幸い転ばなくて着いた。パークホテル一泊 6000 円だった。恐ろ
しく高いけど動きたくない……もうここのホテルでよい。荷物を部屋に運ん
だあと……休憩。とうとうサハラ砂漠の国モーリタニアに来たぞ。これから
先の道路のことが心配でたまらない。ホテルにはネットはなかったがとなり
にネット使っている会社があると教えてくれた。外の陽ざしは強い。

風邪よ吹かないでくれ……
祈りながらモーリタニアから西
サハラ向かって走り出す。ラク
ダ飼の人は恐ろしい風もものと
もせずに平気で暮らしている

　図々しく、夕方ホテルの隣にある民間のオーナーと女性だけの会社にパソコンをつないでもらうようにと頼んだ。こころよく **OK** してくれてパソコンにつながった。ありがとうございます。ブログの更新をすませよう、あした、またお願いします。夕食にビールを注文した……この国はイスラムの国アルコールは売ってないがホテルにはある。なんとビール 1 本 1000 円した。エエーッツこれまで世界を走ってきた中で世界最高ビールの値段。

　しかしアル中のわたしは、しかたがない 2 本注文した、我慢できないのだ。それに焼き鳥も注文した。焼き鳥はでかい金具串刺しだった。夜はセネガルのようには寒くない。

2008 年 4 月 20 日日曜　　　朝 21℃はれ　　　昼 32℃はれ
　午前中からパソコンの下書き、写真の取り込みを終わらせた。あしたから西サハラに向かうためのヌアクショット市内から出口まで往復一時間ほど確認しに歩いた。大通りであっても、両サイドは深い砂になっている。路肩を走ることはないだろうから大丈夫だ。夕方 5 時から 7 時まで隣りの会社のネットを借りる。帰り際にオーナーはヌアデブ（ヌアジブ）までを詳しくガソリンスタンド、距離など教えてくれた。

　おかげで安心してゆっくり眠れる。

サハラ砂漠・砂嵐・こりゃー死ぬぞ

2008 年 4 月 21 日月曜　　　　はれ　　　　風強し　　　　砂嵐

　ヌアティブ（ヌアジブ）まで 470 キロ道はいいと聞いている。7 時 10 分パークホテルを出る。きのう歩いて市内からのヌアジブ方面は確認している。さすがに道はいい、片側二車線から一車線に変わる。風が出てきた……だんだん前のほうが白くなってきた。こりゃーまずいぞ。砂が舞い上がってアスファルトの上を砂が走る。正面から来たり右から来たり……こりゃー恐ろしいことに……前方は真っ白で何も見えない。

　道が消えた……風が強くなってどこが道なのかわからなくなった。ストップしてまわりを見渡す、とがったガラスのような石が顔をのぞかせている。ここは地獄かい。道が見えてきた、走り始める。砂の道は恐ろしい。右に左に砂丘が出てきた、まさか砂の道になることはないだろう。今度はどこまでもさえぎるものがない平原の砂漠が続く。生きて帰れるだろうか「万全の方法をとって帰ってくるように」家内のメールが頭に浮かぶ。

　スピードをゆるめたり、上げたり、道の両サイドには深い砂が待っている、転んだら終わりだ。時たま反対側に車が走っているが車は平気なのだろうな。中間地点 220 キロのところにガススタンドがあると聞いている。もうそろそろだ。風が強いせいなのか 250 キロでリザーブなのに 210 キロでリザーブになった。やばいな。トランクの両サイドに予備タンク 5 リッター二個積んできた。イヤー積んできてよかったなー。

朝から晩まで砂嵐は吹き付ける
……
こりゃー死ぬぞ

　砂漠の中にポツンとテント小屋が建っている。その前に止めて「ガススタ

ンド」を聞く……あと 10 キロだと話しながら、お茶でも飲んでいけみたいなことを言う……ありがたいがそんな気持ちの余裕などない。震えているのに地元の人たちはこの風は怖くないのだろうか。平気な顔をしていた。ガススタンドを見逃したら大変なことになって死ぬかもしれない。又ぽつんと出てきたテントの家の人に聞くと「すぐそこだ」

　ようやくスタンドが右側に見えてきた。あーよかった、よかった。考えられない砂漠のなかに大きなガススタンドが建っている。240 キロの地点だった。10 時半だ。砂漠の道の恐ろしさは考えもしていなかった。胸をなでおろして満タンに給油。ホテルも併設しているようだ。コーヒとチキンを注文した……気持ちが落ち着かなくてチキンは喉を通らない。食欲がない。紙袋に入れてもらいバックにしまい込んだ。

　いつもこんなに「風が吹く」のか「そうだ、毎日だ」現地の人はあっけらかんに話す。11 時 10 分あと半分 240 キロ走ることになる。気持ちは震えている。さっきの地元の人たちの話「いつもこんなもんだ」みたいな言葉に励まされたので少し気持ちが落ちつく。恐ろしさも半分になったような気分になった。しかし相変わらず風は強い真っ白で先は見えない。風は右から左から強い風が来る。怖くてしょうがない、きょうだけは生きてやる。

　パチパチと砂は当たりヘルメットに音を続けている。そのたびに首振り人形のように揺れてヘルメットの中にも砂が入り眼の中にも入ってきた。ラクダが一頭たたずんでいる・どうしたものか。ヌァテブ（ヌアジブ）まであと 100 キロぐらいのところまできた。本線から左に入り南に向かって突き出ている細い岬。背中から吹くかたちになった風は少しやわらいだ。ヌアジブについた 15 時だ。

　岬の町はずれのホテルに泊まることにする。5500 円安くはないが……高い安いなんて……そんなこと言ってられない。あー生きてる……。よかったー。あしたも今日と同じような砂嵐の砂漠の中を走るのだろうか。あしたは西サハラに入ることになる。あしたのほうがもっとおそろしいかもしれないな。

右から左から、前からはさざ波
のごとく押し寄せ、ひっきりな
しに砂嵐はヘルメットにも入っ
て来る。生きた心地がしない

西サハラ砂漠・道が消えた……

2008 年 4 月 22 日火曜　　　　はれ　　　　風強し　　　　砂嵐だ

　ヌアテェブ（ヌアジブ）のホテルを 7 時に出る。きょうは国境越えて西
サハラに入る。西サハラの帰属問題で解決しておらずモロッコの統治下にあ
るようだ。きのうポリスチェックポイントでこっちが「モロッコ」だと指さ
してくれたその方面に走る。おおーっと、砂の山が張り出している……スピー
ドを落として、落として転ばずにすんだ。アー危なかった。7、8 キロで
国境らしいところについた。手続きのためトラック、車など 5、6 台並んで
待っている。

「ボン・ボン」「地雷に気をつけろ」
と国境係官の言葉……
モーリタニアと西サハラ緩衝地帯

　待っている間にわからないだろうと思ってトラックの陰で国境の写真を撮
った。見つかってしまった。係官に「マイ、オートバイを撮っていた」と
話したらそのまま見のがしてくれた。30 分ほどで出国手続きを終えた。係
官が「ボン」「ボン」と声を上げて地雷があるから気を付けろと注意される。

砂嵐の上に地雷かよ……道の悪い国境と聞いている場所だ……そうかここが
道の悪い国境緩衝地帯なのか……

　砂地の緩衝地帯に入る……ええー道がない、わからない。岩肌、石肌が出
ている道、砂の道だ……トラックを追い越したものの、どこを走っていいの
かわからなくなった。かすかに今までは車の走ったとはあったが、消えて今
はない。ここが地雷を埋めてある緩衝地帯なのか……トラックが来るのを待
とう。ようやくトラックが来た。トラックのうしろについてガタガタの岩肌、
石ころの道が続く。息もつかせぬところだ……

　必死でついてゆく。どうしてこんなところにと思える車の残骸が山積みさ
れているのを横目で左に見て通過。犬がさかんに吠えてくる。建物らしいも
のが見えてきた。5キロぐらい走ってきただろうか。西サハラ（モロッコ）
側だ。9時になった。2、30人ぐらい手続きのためたむろしている。入国手
続きほとんどがモーリタニアに向かって止めている車ばかりだ。サハラ方面
のトラックは荷物を全部下して……検査されている。

　こりゃー見る検査の人も。みられるドライバーのほうも大変な仕事になる。
なにせ荷物の段ボールの中をいちいち開けて検査するのだ。問題は検査が終
わると再び積み替えるのだ。もっと大変なことになる。なにせトラックいっ
ぱいを見るだけでうんざりする荷物なのだ。パスポートを渡す場所には名
前を呼ばれる。そして中の事務窓口に入っていく。20人ぐらい待っている。
パスポートを受け取ったのは11時なんと2時間もかかった。

　さぁー出発……しようとしたら。「荷物検査」だと抜かす。なんでもっと
「早めに検査しておかないのだ」と怒鳴り散らす。何事かと人が集まってき
た。ひととおりトランク、バックを開けて検査、ええー麻薬犬まで連れてき
た。麻薬犬で調べられるのは南米ベネゼエラ出国以来だ。国境税関（カスタ
ム）11時45分にスタートになった。結局3時間近くかかったことになった。
しかし待っている間、あれほど吹いていた風は感じなかったなー。

　ダクラ（**Dakhla**）まで **300** キロこれじゃ **6** 時間夕方 **6** 時になってしまう
な。きのうのように……風でヘルメットの中に砂が舞い込んで先が見えなく
なるようなことがないように祈るばかりだ。風が強くなってきた……ヘルメ
ットに砂があたり顔にもあたる。こりゃー大変なことになってきた。先が見
えなくなってきた、左から右からの横の砂嵐が吹く。正面からはさざ波のご
とく砂がひっきりなしに道を這ってくる。きのう以上のすさまじい砂嵐だ。

強風で道が消えてわからなくなっ
てしまった。追い越してきたトラ
ックが来るのを待ってトラックの
あとについて走ろう……

　雲の上を走っているような錯覚になる。無謀とはこのことをいうのか、こ
こはひとりで来るところじゃないぞ。転んでしまったら命まで落とすことに
なる。眼も開けられず……慎重に走ろう。万全を期して帰らなければならな
い。途中のガススタンドについた。国境で会ったセネガル人マイカーの二人
連れ。祈る気持ちでお願いした……ダクラまでいっしょに走ってくれと頼み
込んだ。「**OKOK**」引き受けてくれた。アー助かった。ありがとう。

　80 ～ **90** キロのスピードで走る車のうしろついてゆく。少しはこれで安心
できる。しかし車の砂が後ろまで跳ね上がってきてしまうが仕方がない。ダ
クラの分かれ道まで来た、セネガル人はもっと先まで走ると話す。どうもあ
りがとうございました。アー助かった。この分岐点からホテルのある岬ま
で南に **40** キロ。今まで北に向かって走って来た、今度は南に向かって走る
……まったく風がないように感じる。南の逆方面だとこんなにも違うのか
……へー。

　ダクラのホテルに着いた、とにかく早く休もう、ホテル料金はどうでもよ
かった、確か **1000** 円ぐらいだったろうか。**US** ドルと両替してもらい支払う。

きょう朝から何も食ってない。さっそくビールを買いに行く、オートバイを
見かけたおまわりさんが近寄ってきた。ビール、ワインを売っているお店ま
で案内してくれたので助かった。親切なおまわりさんのこんたんはわかって
いる、自分もビールを飲みたいのだ。

　本当にありがたかったのでお礼に200円分ぐらい渡してありがとうござ
いました。夕食は近くの日本のお弁当屋さんみたいなお店で買ってきてホテ
ルですませる。あーきょうも生きてる……。少し眼が痛いなぁー。ノドもガ
ラガラになってきた。明日も同じだろうな気が重くなる。おそろしいなぁー。

サハラ砂漠に雪が積もっている……？
2008年4月23日　　　　はれ　　　　風強し……砂嵐

　7時にはホテルをでる。きょう500キロ Laayoune ライオンとわたしは
読んでいた。「ラーユーノ」と言う街らしい8時間か9時間かかるだろうか。
おそらくもっとかかるかもしれない。風よ吹かないでくれーいと思うが朝か
ら強い風が吹いている。やっぱりきのうと同じだなー。相変わらず前方真っ
白に近いピンク色の黄砂が舞っている。ここの黄砂はうすいピンク色になっ
ている。200キロまでスムーズに進んだ。

サハラ砂漠の黄砂はピンク色だ。
朝から吹き荒れている黄砂はヘル
メットにも容赦なく入り込んで目
にも入る

　左に時々海が見えてくるが……見る余裕はない、チラッチラッとだけ。午
後からやっぱり風が一段と強くなってきた道の上に砂のさざ波が流れてきた。
太陽が上がると風が一段と強くなるようだ。雪が積もっている……真っ白い
雪だ。どうしてだ。道路の両サイドにふわふわした雪に見える。不思議だな
ー雪など降るはずがないはずだけれどなー。錯覚でもあるまいに……。

　ヘルメットの砂が入り込まないようにサランラップを張って入り込まない
ように工夫した。まったく効果がない。余計に隙間が開いてしまったように
感じる。きれいな2車線道路に出たライオンの町だろうか……。ポリスの
検問、風が強くて止まっていてもオートバイが倒れそうになる。ラーユーノ
（Laayoune）まであと10キロとポリスは教えてくれる。町中には赤い砂丘
の山が両サイドに積もっている。あーおそろしい……。

　へーこれから……こんな砂山を走るのか、恐ろしい。整備された町ラーユ
ーノ（Laayoune）についた。16時だ。ペトロール、スタンドでホテルを聞
く。一軒目17000円もする豪華高級ホテル、いくら何でも泊まれない料金。
二軒目4200円に泊まることにした。アー生きた心地がしない……。ホテル
の窓から見ると、周りは砂山に囲まれてこの町は盆地になっているような地
形のようだ。

　ビールはあると聴いていた一軒目の高級ホテルにビールを買いに行く。そ
の前に銀行ATMでシティバンクのカードが使えるかどうかテスト、オーお
金おろすことができた、これで安心だ。残り現金はわずかなユーロとドルだ
ったのでほっとする。晩飯はホテルできのうの残りですませる。しばらくこ
こで休憩しよう。

サハラ砂漠に雪が降り積もってい
るように見える両サイド真っ白の
ところもあった。どうなっている
のだろう

2008年4月24日木曜　　　強風　　　強風
　ライオンと読んでいたが違った……（Laayoune）ラーユーノ。Laayoune
をライオンと自分なりに読みながらここまで来た。（日記を整理しているう
ちに地図を見たらラーユーノと書いてあった）ここの地で震える気持ちをお

さまるのを待とう。ゆっくり休養しよう。眼も痛んできたので休ませておこう。見えなくなったら旅もおしまいになる。ネットカフェを探して二軒行くがコネクト（接続）できず残念。モーリタニアではコネクト出来たのにどうしてだ。

　サハラ砂漠を越えるのに道路は大丈夫と聞いていた。これまで風が強いとの情報はひとつもつかんでいなかった。まさかこんなにひどい砂風が吹くとは予想だにしてなかった。もっともこれまではほとんどの人たちはスペイン・モロッコから南の方面セネガル方面に向かって走る人ライダーばかりで、南から北に上がった人の情報はなかった。だから風がこんなに強く吹くとは思ってもみなかったのである。

　さー最後のライオン Laayoune（ラーユーノ）から残りアガルまで 650 キロまでの勝負になる……どうなるか、走るしかないな。

サハラ砂漠の中のガソリンスタンド……ホッとした。
にわとりの唐揚げを買ったが砂嵐が恐ろしくてのどを通らない。

「死ぬって」こんなにこわいことなのか

2008 年 4 月 25 日金曜　　　はれ　　　休養日

　眼がちかちか痛むので街に出て目薬を買う。「きょうの今を生きる」。「あしたはない……」「きょうだけは何としても生きてみせる」。無事生きてれば「きょうのこと」ことだけを考える。これまで墓場を二度見る。道が消えて止まる……周りの石が風雪にさらされて尖ったガラスのようにとがっていた。これは地獄だ。走っている最中砂ばかり……古タイヤの端切れを見つける、コンクリートでもいい、なんでもいい。

人間が作ったもの見えればそれだけでいい……気持ちが心底一瞬安らぐ。死を意識した。こわい、恐ろしいと言うことは死ぬかもしれない、いや死ぬのだ、死ぬのは、こんなにおそろしいものなのか……。

「死を意識」もうだめだ「蛍の光」をうたう
2008年4月26日土曜　　　　はれ21℃　　　　昼30℃

きのう掃除のおばさんが「あしたはスモール、風は弱い」とおだやかな顔で話してくれる。アーうれしい。たったこれだけの言葉で気が楽になる。しかし夜中気になって二度起きて外をのぞくとヤシの木は風に大きく揺れている。やっぱり今日もだめだな。6時に起きて出発できると思ったが今はまだ暗い。6時15分ホテルを出る。おばさんが言ってたような風はおさまっているように感じる。

このまま風よ吹かないでくれと祈る。順調に走ってきた今何時だ、8時を過ぎた、二時間走ってきた。とたんに風が吹き出してきた。太陽が上がると同時にかぜも出るのだろうか。ホテルのスタッフが「フォーシーズン」「ワンディ」と言っていた。一年のうちに一日だけ風がやむ日があると口走っていたことを思い出す。ということは一年中風は吹くのだろうか……それじゃ仕方がない。

今日も生きることに専念しよう、風の具合によってタンタン（tankan）まで300キロ走ってホテルに泊まろうと考えていた。タンタン TanTan の街に11時についた……よし今日はチャンスだ、いけるところまで走ろう。ホテルのある街を確認して走り出した。きょうも水だけで昼めし抜きで走ってきた。砂嵐はヘルメットに砂をたたきつけてパチパチ音はくる。ヘルメットの中にも入って眼に入ってチカチカしてくる。

「今日だけはなんとしても生きてやる」

みなさんさようなら……蛍の光を歌いながら走る……しかし何としても今日だけは生きてやる……。きょうガマンすればあとは楽になるだろう。慎重に、慎重に走ってなんとしても生きてやろう、生きて帰ろう。今まで大西洋

の海が左手に見えてきことが何度もある。きょうもすぐそこに見えてきた、左に海が……右手に黄砂が舞う。いま走っている 650 キロ区間はトラックをチャーターしてモロッコまで運ぼうとホテルに相談してみた。

　ポリスのチェックポイントでいちいちオートバイを下すことになり手続きが面倒のことのようだ。チェックポイントがひんぱんにあるので、運送の許可がむずかしいとのことでもあった。よし「死んでもいい」最後の難関を悲壮の決意で走る覚悟を決めた。あと 150 キロになった。よしアガデリー（Agadir）まで行ける大きな町アガデリーで泊まろうと考えていた、どうもその町がわからない……。

　平原になって風の吹く中ようやくアガデリーについた 5 時だ、連続 11 時間走ってきた。ホテルは町の人たちに聞く。オートバイのおじさんが「そこだ」指さしてくれる。教えてくれたおじさんのオートバイのチエーンが外れておじさんは降りて直している。オートバイは道端に止めて歩いてホテルを探す。夕涼みで地元の人たちはゆったりきもちで座り込んでいる。二階にあったホテルは旧くてひどいが泊まれればいい 800 円。

砂漠で暮らす人たち

　オートバイ駐車は、はす向かいのガススタンドの駐車場にと教えてもらった。ホテル前に止めてはだめらしい……荷物を部屋に運んでガススタンドにオートバイのパーキングを頼むと。オーナーらしき人はブルー色のある所と教える。歩いて行ってみるがそれらしきものが見つからない……「わからなかった」……戻るとガススタンドの隅に止めてもいいとありがたい。ホテルに戻り水がない、台所もない、手洗いもない。

　トイレの汚れた蛇口の水がチョロチョロだけである。シャワーの水ももちろんない、ヘェー。まぁ仕方がない宿の椅子に座っていた中年の男の人に「ビール」を買ってきてもらうように頼んだ……「ビール、ビヤー、ビール」と何回も声を出してようやく理解してもらったようだ。彼の分のお金も渡した。その間ガススタンドの洗車の水で身体を洗おうと向かった。彼たちが使うシャワーは針金で使えないように縛ってあった。

　彼たちがその針金を解いてシャワーを使えるよいうにしてくれた。ありがといけど後から怒られないのかなー。アー気持ちがいい……ありがたい、助かる。オートバイのパーキング代もいらないとオーナーは優しい人だった。ホテルに戻ると泊まっている地元の人らしき女性のおばさんもトイレの中で野菜を洗っている。ちょろちょろと出ている水はトイレだけ……トイレの水でトマト、キュウリ、を洗った。腹へって洗わなくてもいいぐらいだ。

サハラ砂漠最後の村と思われる
バザール

　ビールを頼んだ男の人まだ戻っていない。腹減っていたので晩飯はきのう高級ホテルで買い置きしていたビール2缶ちょっとぬるいがしょうがない。あーぬるくてもうまい……生きてるぞー、生きてるぞ。もうこれでいいだろう。この国もアルコールは飲めない国だから探してくれていたのだろう。酒屋のアルコール売り場を探したのだろうかビールを買いに行ってくれた男の人2時間あとに戻ってきた。

　そうだここはイスラムの国じゃないか、アルコールよく買ってきてくれたもんだ。すみませんでした、ありがとうございました。その時晩飯終わっていた。彼にビール半分渡してあしたの分にしまい込んだ。暑い部屋汗を拭き

ふきベッドに入る。なぜだろうか、なかなか寝付けない今までが砂嵐の恐ろしさに気持ちが高ぶっているのかなー。12時過ぎても目がさえている。

どーどうした、どうして空が青いんだ

2008年4月27日日曜　　　朝26℃　　はれ　　　昼30℃

　今日からは風もやんでもう大丈夫だろう。夜が明けたのは6時前だ。ホテルを出たのは6時ジャスト。一路カサブランカまで500キロだ。砂嵐は終わりだと思っていたが、なんの、なんの……まだ砂漠の空はピンク色……黄砂は続いている。ただ、さざ波のような地べたを這って来る砂は極端に少なくなってきた。あとは風だけ注意すればいい。山の登りに入ったカーブが続く……あれーっ頭の上に青空がぽっかり出てきた。

そうか、サハラ砂漠を抜けたのか

　どうして空が青いんだー異様な感じ……「どうして空が青いんだー」「天国に来たのか」「頭がおかしくなってきたのか」……そうだ、サハラ砂漠を抜けたんだ……。10日間サハラ砂漠はずーっと黄砂のピンク色だったので青空は異様に感じられたのだ。そうかそうかサハラ砂漠を抜けたんだ。アー青いなー空がー青いな。しかしうれしさは沸いてこない、これまでメッタめたに砂嵐にやられ打ちひしがれてしまった。うれしさはない。

あぁー生きて帰れた……

　生きている……生きて帰れる。

　マラカスの町に入ったようだ、すっきり整備されたきれいな街並み。カサブランカまであと200キロまで来た。市内を抜けると高速道路に入った。オーよかった。残り200キロは高速道路を走れるようだ。ハイウェイに入る前に給油。100キロぐらいのスピードで走れる。アーこれで無事にカサブランカにつける。ハイウェイのガススタンドに入り、予備タンクの残り5リッターをタンクに移したあと給油。カサブランカまであと30キロだ。

サハラ砂漠の黄砂を抜けると青
空になった……アー生きて帰れ
る。カサブランカ市内

モロッコ・カサブランカ到着

　ついた、ついたカサブランカにについた。生きてついた。「セントラル、
セントラル」と聞きながら、大きなガススタンドに入った。13時30分。ま
ずオイル交換を頼んだ。そしてオートバイの洗車を頼んだ。うれしさはない。
ここまで来るのにあまりにもサハラ砂漠の恐ろしさを味わってきたのだ。お
そろしかった。あの激しい砂嵐の中でもよく頑張って走り続けてくれたオー
トバイにいたわりの気持ちを示したかった。

カサブランカに着いた……生き
てついた……
もの言わぬオートバイを洗車し
て感謝したい。オイル交換もし
てやった。ありがとう

　もの言わぬオートバイだけれどオイル交換、高速シャワーで洗車をすませ
る。なにか自分でも気持ちがすっきりした。よく頑張ってくれた相棒のオー
トバイ（グリズリー）よ。よく頑張ってくれてありがとう。スタンドのお兄
ちゃんにホテルを聞いたらホテルまで引っ張てくれた。ありがたかった、あ
りがとう。高級でもない、小さくもない雰囲気のいいホテルだ。温水シャワ
ーも、出る。となりはビールもあるもってこいのレストランがある。
　今3時だ。サハラ砂漠砂嵐に打ちひしがれて今の自分は植物人間のよう

にうつろ気味になってしまっている。いまいち元気が出ない……が。まず洗濯をすませよう、シャツ2枚、靴下、ズボン、長そでシャツ、これだけすませればあとは楽できる。5時半少し早いが洗濯も終えた。隣りのレストランへ直行。イタリアン風のレストランだ。ビールはヘネケンと地元のビール。わたしはヘネケンはあまり好きじゃないからなー地元のビールにしよう。ステーキを注文。

　自分にカンパイ……これで生きて帰れる。これまで地球をよく走ってきたもんだなぁ……

　アーこれで生きてほんとに帰れる。東アフリカ、西アフリカ、約一年間、無事に走ることができた。自分をほめてやりたい。2008年4月27日日曜。

サハラ砂漠を越えてカサブランカに着いた……
生きて帰れる……しかしうれしさはない

　　　　　　　　アフリカの旅……おわり

最後の御礼

　よく走ってきたなぁーとこれまで自慢げに書いた、言葉もできなくてよく戻ってこられた、信用しないと国境越えて次の国に進むことはできなかった事も書いた。ヤバイなぁーっと思った相手で「生まれた時はだれでもかわいい赤ちゃんだったはずと」いつも思い直して走っていた。

　言葉はできなかったけれど相手の目を見て話す事は「手話」を少し習ったおかげでだいぶ助かった。手話では「安心」を表わす表現を使った。トイレを借りた時「スッキリした」「ホットした」わたしの気持ちが相手に伝わり相手もニコニコ笑ってくれてわたしもうれしかった。人差し指を立てて「なに、なに」の手話表現などもわたしの気持ちの支えにもなっている。

　困ったのは地元の人に「ほらそこだよ」「見えているじゃない」みたいなこと言われたこと、どこの国でもこの言葉にはまいった。地元に住んでいる人はすぐにわかるのでしょうが、初めてのわたしにはわからない。これは最後までわからなかった。帰国した今、外国人の人がいる駅では階段あがって目的のホームまでいっしょに行くようにしている。

　地元の人、パトカー白バイなど、どこの国でもホテルなど目的地まで途中引っ張ってもらった。ほんとお世話になった。走っている最初の頃「一に謙虚・二に謙虚」などと、もっともらしく話していた。実際は「図々しく」「厚かましく」「ふてぶてしく」とんでもないことをやってのけていたのだ。性格は治らないものだ。家族にも心配と迷惑をかけた 19 年。前半は母さんに後半は長女に援助してもらい感謝している。ありがとうございました。

　それにしてもどこの国でも本当に親切にしてもらいお世話になりました。とても鶴の恩返しにはなりませんが、「国境なき医師団」や「ユニセフ」などに、年に数回、少額贈っています。

　出版の非常識と思われるわたしのわがままの要求をすんなりと受け入れて頂いた鳥影社（ちょうえいしゃ）の方々には大変お世話になりました。感謝申し上げます。私に

対してのコメントをいただきましたので最後にご紹介させていただきます。

「言葉が通じなくても日本語で交友する姿に驚嘆し、感銘を受けました。その勇気に感動です」（百瀬精一社長）

「国籍、肌の色、宗教、そして言語などの世界を隔てる壁をものともしないまさに"地球人ライダー"の松尾さんにカンパイ！」（CDの吉田格さん）

「普段はお酒が好きでとってもお茶目な方ですが、世界中をひとりで疾走する姿は大変勇ましく、憧れます」（編集の北澤晋一郎さん）

　皆さま、ありがとうございました。

2020年10年31日

無事に自宅に帰ってくることができた。アフリカの旅一年。
母さんも祝ってくれた。ありがとう。

世界の国境
アフリカ編

スペインとモロッコ

モザンビークとジンバブエ

タンザニアとケニア

ブルンジとザンビア（タンガニーカ湖）↑
タンザニアで降ろされる ↓

ブルンジとタンザニア

タンザニアとザンビア

ジンバブエとボツワナ

マラウイとタンザニア

タンザニアとザンビア

ブルキナファソとマリ

ニジェールとブルキナファソ

セネガルとモーリタニア

モーリタニアから西サハラの国境についた。
これからモーリタニアの出国手続き。待っ
ている間にわからないだろうと写真を撮っ
たら係官が見ていたようだ。ノーノー
わたしの「オートバイ」を撮っていた
説明かろうじて没収にはならなかった。
2008.04.22

モーリタニアと西サハラ

先に見えているのはルワンダの国境。ツチ族とフツ族
の民族の争いで60万人～100万人の虐殺が行われた
(1994年)と伝えられている。入国した後、親を亡くした
ツチ族の青年、女性たち何人にもあった。

ウガンダとルワンダ

国境越えてブルンジに入った直後地元の人たち

国境越えてブルンジに入った直後地元の人たち

ルワンダとブルンジ

2008・03.24

ベナン出国手続を終えてニジェール川を
渡りニジェール入国手続きに入る。
ニジェールでかわいい女の子がレモン？
を売りに来ていた。

ベナンとニジェールの国境についた。
これからベナン出国手続きをする。
見えるのはニジェール川を渡ると
ニジェール

ベナン出国手続を終えてニジェール川を
渡りニジェール入国手続きに入る

ベナンとニジェール

セネガルとマリ

タンザニアとケニア

ケニアとウガンダ

スワジランドとモザンビーク

↑↓ガーナとトーゴ↑

チュニジアとイタリア

ヨーロッパ編

国境の手続き

イタリアとアフリカ・チュニジア

アンドラとフランス

スペインとポルトガル

↑フランスとイングランド、ドーバー海峡トンネル↑

↓

中東編

イランとパキスタン

アゼルバイジャンとジョージア

イランとアルメニア

ギリシャとトルコ　　　　　　　　ジョージアとアゼルバイジャン

ジョージアとトルコ

トルクメニスタンとイラン

UAE とオマーン（飛び地）

トルコとレバノン

トルコとイラン

パキスタンとインド

トルコとシリア

パキスタンと中国 ｜ フンジュラブ峠

2003 年 10 月↑

アゼルバイジャンとジョージア

↓ 2014 年 6 月

2001 年 2 月↑

ギリシャとトルコ

↓ 2015 年 5 月

UAE とオマーン

東欧編

モルドバとルーマニア

ウクライナとモルドバ

アルバニアとモンテネグロ

モルドバとウクライナ

モルドバとルーマニア

モルドバとルーマニア

ウクライナとモルドバ

エストニアとフィンランド（フェリー）

セルビアとマケドニア

ブルガリアとセルビア

セルビアとマケドニア

ポーランドとウクライナ

マケドニアとアルバニア

マケドニアとコソボ

モルドバとルーマニア

←ユーゴスラビア（セルビア）とルーマニア

リトアニアとポーランド

北欧編

ノルウェイとスウェーデン

フィンランドとノルウェイ

ロシア・中央アジア編

がけ崩れで閉鎖していたが開通したばかりのコーカサス山脈
越えてジョージアとロシア国境。ロシア、ソチに向かう

がけ崩れで閉鎖していたが開通したばかりの
コーカサス山脈越えてジョージアとロシア国境。
これからロシア、ソチに向かう

ジョージアとロシア　コーカサス山脈

モスクワから2500km戻ってロシアとカザフスタン国境
これから中央アジアを南下していく

モスクワから2500km戻ってロシアとカザフスタン国境
これから中央アジアを南下していく

↑ ロシアとカザフスタン ↑

モスクワから2500km戻ってロシアとカザフスタン国境
これから中央アジアを南下していく

ベラルーシとリトアニア国境。ベラルーシ出国手続きを
すませている間に子供たちと記念写真

↓ ベラルーシとリトアニア ↓

ベラルーシとリトアニア国境。ベラルーシの手続きを
終えてリトアニアに入る

ベラルーシとリトアニア国境。ベラルーシの手続きを
終えてリトアニアに入る

ロシアとモンゴル

モンゴルとロシア

モンゴルとロシア

ウズベキスタンとトルクメニスタン

ウズベキスタンとトルクメニスタン

カザフスタンとキルギス

カザフスタンとキルギス

キルギスとウズベキスタン

人力ででっかいリヤカー運び K

今度は入国できそうだ‥喜んでいたが‥最後のイミグレーションでストップ・ダメになる

タイとカンボジア

タイ側の駐車場に預けて‥徒歩で入国・暑いし荷物は重いし‥気持ちが折れそうだ‥。

タイとミャンマー

タイとカンボジア

タイとミャンマー　この国境では入国できず

迷いに迷って間違って100キロも6時間かかった。ラオス国境→250cc以上でないと「入国できない」と国境係官・ええ～っ‥また戻るのかあああ

タイとラオス　入国できず

タイとラオス　入国できず

タイとラオス

タイとラオス

↑北朝鮮と韓国の「軍事境界線」（※国境ではない）↓

韓国と北朝鮮の「軍事境界線」（※国境ではない）

訪問国一覧

#	国名	日付	備考
1	日本出国 Japan Start	2000-10-10	
2	マレーシア Malaysia	10-11	
3	オランダ Netherlands	10-13	
4	ベルギー Belgium	11- 6	
5	フランス・カレー France（ドーバートンネル列車）	11- 8	
6	イギリス England	11- 8	↓ フェリー
7	フランス・パリ France-Pari	11-19	
8	スペイン Spain	12- 6	
9	ポルトガル Portugal	12-12	
10	スペイン Spain　ジブラルタル	12-24	↓ フェリー
11	アフリカ・モロッコ Africa-Morocco	12-24	↓ フェリー
12	スペイン Spain	12-26	
13	アンドラ Andorra	2001- 1- 5	
14	フランス（南フランス）France	1- 7	
15	モナコ Monaco	1-10	
16	イタリア～シシリ島 Italy ～ Siciliana　パーリ	2001- 1-10	↓ フェリー
17	ギリシア Greece（？）	2001- 1-26	↓ フェリー
18	トルコ Turkey	2- 8	
19	シリア Syria	3- 3	
20	ヨルダン Jordan　アカバ	3- 7	↓ フェリー
21	エジプト　ヌエーバ Egypt	3-12	
22	イスラエル israel　ハイファ	3-28	↓ フェリー
23	キプロス Cyprus	4- 9	↓ フェリー
24	ギリシャ Greece	4-10	
25	ブルガリア Bulgaria	4-15	
26	マケドニア Macedonia	4-22	
27	アルバニア Albania	4-24	
28	モンテネグロ Montenegro	4-25	
29	クロアチア Croatia	4-26	
30	ボスニア・ヘルツェゴビナ Bosnia and Herzegovina	4-28	
31	クロアチア Croatia	4-30	
32	ユーゴスラビア（セルビア）Yugoslavia（Serbia）	5- 1	
33	ルーマニア Romania	5- 4	
34	ウクライナ Ukraine	5-10	
35	ハンガリー Hungary	5-13	
36	クロアチア Croatia	5-18	
37	スロベニア Slovenia	5-18	
38	イタリア・ベネチア Italy	5-20	
39	オーストリア Austria	5-23	
40	スロバキア Slovakia	6- 2	
41	ポーランド Porland	6- 4	
42	リトアニア Lithuania	6- 8	
43	ラトビア Latvia	6-10	

44	ロシア・モスクワ Russia サンクトペテルブルグ	6-14	
45	エストニア Estonia　タリン	6-22	↓ フェリー
46	フィンランド・ヘルシンキ Finland	6-23	
47	ノルウェー Norway	6-28	
48	スウェーデン Sweden	7-14	
49	デンマーク Denmark	7-27	
50	ドイツ Germany	7-30	
51	オランダ Holland Netherlands	8- 1	
52	ルクセンブルグ Luxembourg	8- 5	
53	ドイツ Germany	8- 6	
54	チェコ Czech	8- 7	
55	ドイツ Germany	8- 9	
56	オーストリア Austria	8-10	
57	スイス Swiss	8-10	
58	リヒテンシュタイン Liechtenstein	8-11	
59	スイス Swiss	8-14	
60	フランス・リヨン France	8-26	
61	オランダ Holland Netherlands	9- 5	
62	アメリカ・ニューヨーク America USA	9- 6	
63	マンハッタン Manhattan 同時ビル爆破事件	9-11	
64	日本帰国 Japan Back	9-17	
65	アメリカ USA　ニューヨーク・キーウェスト	10-15	
66	メキシコ Mexico	11-20	
67	グアテマラ Guatemala	11-28	
68	エルサルバドル El Salvador	11-29	
69	ホンジュラス Honduras	12- 1	
70	ニカラグア Nicaragua	12- 2	
71	コスタリカ Costa rica	12- 3	
72	パナマ Panama	12- 6	
73	コロンビア Colombia	12-11	
74	エクアドル Ecuador	12-15	
75	ペルー Peru　クスコ、1/1 マチュピチュ	12-22	
76	ボリビア Bolivia　チチカカ湖	2002- 1- 7	↓ フェリー
77	ペルー Peru　チチカカ湖	1-10	
78	チリ Chile	1-10	
79	アルゼンチン Argentina　1/25 ウシュアイア	1-21	↓ フェリー
80	チリ・プエルトウィリアムス Cheli	2- 3	↓ フェリー
81	アルゼンチン Argentina	2- 7	↓ フェリー
82	ウルグアイ Uruguay	2-27	
83	ブラジル Brazil	3- 2	
84	パラグアイ Paraguay	3- 3	
85	ブラジル イグアスの滝 Brazil ブラジリア、アマゾン川	3-14	
86	ベネズエラ　カラカス Venezuela	5-11	
87	コロンビア　ボゴタ Colombia	5-17	

88	メキシコ　メキシコ Mexco　カリフォルニア半島	5-17	
89	アメリカ　サンディエゴ USA	6- 8	
90	カナダ　トロント Canada　ニューファンドランド	7- 2	
91	アメリカ　アラスカ USA（交通事故）～ハワイ	7-27	
92	日本帰国 Japan Back	10-10	
93	日本→トルコ Japan → Turkey	2003- 3- 4	
94	トルコ→ヨルダン Turkey → Jordan	3- 5	
95	ヨルダン→イラク Jordan → Iraq	3- 9	
96	イラク→ヨルダン Iraq → Jordan	3-11	
97	日本帰国 Japan Back	3-12	
98	日本出国 Japan Start 富山・伏木港	6-19	
99	ロシア　ウラジオストク Russia Vladivostok	6-22	↓
100	モンゴル Mongolia Ulan Bator	7- 6	
101	ロシア　ウランウデ Russia Moscow	7-15	
102	カザフスタン　アルマティ Kazakhstan	8-12	
103	キルギス　ビシュケク Kirghiz	8-21	
104	ウズベキスタン　サマルカンド Uzbekistan	8-27	
105	タジキスタン　ドゥシャンベ Tajikistan	9-19	
106	ウズベキスタン　ブハラ Uzbekistan Bukhara	9-21	
107	トルクメニスタン Turkmenistan アシガバード	9-25	
108	イラン　テヘラン Iran Tehran	9-29	
109	アゼルバイジャン　バクー Azerbaijan Baku	10- 5	
110	グルジア（ジョージア）Georgia	10- 9	
111	トルコ Turkey	10-11	
112	イラン　タブリーズ Iran teheran	10-14	
113	パキスタン Pakistan　イスラマバード	10-20	
114	中国・北京 China Beijing	12-15	
115	日本帰国 Japan Back	2004-3-22	
116	日本→中国北京 China Beijing	3-22	
117	パキスタン Pakistan	3-22	
118	インド India	5-13	
119	ネパール Nepal Kathmandu	5-22	
120	中国　チベット（西蔵）China Tibet	9-1 ～ 9-30	
121	ネパール Nepal Kathmandu	9-30	
122	インド India	10-26	
123	タイ　バンコク Thailand Bangkok	12-12	
124	日本帰国 Japan Back	12-18	
125	タイ Thailand Bangkok	2005- 2- 2	
126	ブルネイ Brunei	2- 9	
127	オーストラリア Australia Perth	2-10	
128	ニュージランド New Zealand	3-21	
129	オーストラリア Australia	4- 5	
130	ブルネイ Brunei	6- 9	
131	タイ　バンコク Thailand Bangkok	6- 9	
132	日本帰国 Japan Back　次期待機中	2005- 6-17	

133	日本出発　Japan Start(P.16)	2007- 6-19	
134	中国　上海 China Shanghaig(P.18)	6-19	
135	モルジブ Maldives(P.19)	6-20	
136	南アフリカ　ダーバン South Africa Durban(P.20)	6-20	
137	スワジランド Swaziland(P.42)	7-12	
138	モザンビーク Mozambique(P.60)	7-25	
139	ジンバブエ Zimbabwe(P.72)	8- 2	
140	モザンビーク Mozambique(P.79)	8- 7	
141	マラウイ Malawi(P.83)	8- 8	
142	タンザニア Tanzania(P.93)	8-16	
143	ケニア Kenya(P.109)	8-31	
144	エチオピア Ethiopia(P.116)	9-12	
145	ケニア Kenya(P.122)	9-21	
146	ウガンダ Uganda(P.129)	10- 3	
147	ルワンダ Rwanda(P.140)	10-10	
148	ブルンジ Burundi　タンガニーカ湖 (P.147)	10-16	↓ フェリー
149	タンザニア Tanzania(P.160)	10-27	
150	ザンビア Zambia(P.167)	10-28	
151	ジンバブエ Zimbabwe(P.176)	11-10	
152	ボツワナ Botswana(P.177)	11-11	
153	ナミビア Namibia(P.186)	11-18	
154	南アフリカ　喜望峰 South Africa ケープタウン (P.193)	11-29	
155	ナミビア Namibia　ナミブ砂漠(P.202)	12-16	
156	南アフリカ アグラス岬 South Africa ケープタウン(P.205)	12-23	
157	レソト Lesotho(P.219)	2008- 1-16	
158	南アフリカ South Africa(P.219)	1-18	
159	ヨハネスブルグ～ケニア～ガーナ (P.224-225)	1-28 / 1-29	
160	ガーナ Ghana Accra(P.225)	1-29	
161	トーゴ Togo(P.253)	3-13	
162	ベナン Benin(P.258)	3-20	
163	ニジェール Niger(P.264)	3-24	
164	ブルキナファソ Burkina Faso(P.273)	3-30	
165	マリ　バマコ Mali Bamako(P.278)	4- 4	
166	セネガル Senegal Dakar(P.287)	4-11	
167	モーリタニア Mauritania　ヌアクショット (P.300)	4-18	
168	西サハラ Western Sahara(P.305)	4-22	
169	モロッコ　カサブランカ Morocco Casablanca(P.314)	4-27	
170	スペイン　バルセロナ Spain Barcelona	4-30	
171	スイス Swiss	5-11	
172	タイ　バンコク Thailand Bangkok	5-12	
173	ベトナム Vietnam	5-25	
174	日本帰国 Japan Back	5-26	
175	日本出発 Japan Start　下関港	11- 4	↓
176	韓国プサン Korea　一周	11-5 ～ 11-22	↓

177	日本帰国 Japan Back 次期待機中	2008-11-22	
178	日本出国 Japan Start	2011- 8-22	
179	中国　北京 China Beijing 経由	8-23	
180	朝鮮民主主義人民共和国（北朝鮮）North Korea	8-23	
181	日本帰国 Japan Back　次期待機中	2011- 8-27	
182	日本出国 Japan Start	2014- 2-16	
183	中国　南京 China Nanjing	2-16	
184	中国　昆明 China Kunming	2-17	
185	アラブ首長国連邦 United Arab Emirates (UAE)	2-18	
186	オマーン Oman	3- 1	
187	アラブ首長国連邦　ドバイ United Arab Emirates (UAE)	3- 3	
188	オマーン Oman Muscat	3- 5	
189	アラブ首長国連邦　ドバイ United Arab Emirates (UAE)	4-27	↓ フェリー
190	イラン Iran	5- 3	
191	アルメニア Armenia	5-16	
192	ジョージア（グルジア）Georgia	5-26	
193	アゼルバイジャン Azerbaijan	6-20	
194	ジョージア（グルジア）Georgia	6-24	
195	ロシア　コーカサス山脈 Russia Sochi Musscat	6-29	
196	ベラルーシ Belarus	7-22	
197	リトアニア Lithuania	7-27	
198	ポーランド Porland アウシュビッツ	7-30	
199	ウクライナ Ukraine チェルノブイリ	8- 6	
200	モルドバ Moldova	8-13	
201	ハンガリー Hungary ブダペスト	8-20	
202	オーストリア Austria	8-26	
203	ドイツ Germany	8-29	
204	ベルギー・フランス Belgium-France	8-30	
205	イギリス England	8-31	↓ フェリー
206	アイルランド Ireland	9- 1	
207	イギリス・スコットランド Scotland	9-17	
208	フランス France	9-21	
209	ベルギー Belgium	9-21	
210	ドイツ　ミュンヘン Germany	9-23	
211	スイス Swiss	9-29	
212	イタリア　ミラノ Italy Milan	10-10	
213	モナコ Monaco	10-13	
214	フランス・ニース France Nice	10-13	
215	イタリア　ミラノ Italy Milan	10-29	
216	日本帰国 Japan Back	2014-11- 4	
217	日本出国 Japan Start	2015- 2- 2	
218	イタリア　ミラノ Italy Milan	2- 3	
219	アフリカ・チュニジア Africa Tunisia	2-22	
220	イタリア　シシリ島 Italy Sicily	5- 8	
221	ギリシャ Greece	5-10	

222	トルコ Turkey	5-12	↓フェリー
223	レバノン Lebanon	5-22	↓フェリー
224	トルコ Turkey	6-11	↓
225	ブルガリア Bulgaria	6-25	
226	マケドニア Macedonia	6-26	
227	コソボ Kosovo	6-26	
228	セルビア Serbia	6-28	
229	ボスニア・ヘルツェゴビナ Bosnia and Herzegovina	7- 1	
230	クロアチア Croatia	7- 3	
231	スロベニア Slovenia	7- 3	
232	ハンガリー Hungary	7- 5	
233	スロバキア Slovakia	7- 5	
234	ポーランド Porland	7- 6	
235	リトアニア Lithuania	7- 7	
236	ラトビア Latvia	7-18	
237	ロシア　モスクワ Russia	7-19	
238	モンゴル Mongolia	8- 4	
239	日本帰国 Japan Back	8-11	
240	モンゴル Mongolia	8-18	
241	ロシア　サハリン Russia Sakhalin	8-20	
242	日本帰国　稚内 Japan Back	2015- 9- 8	
243	日本出国 Japan Start	2017- 4-26	
244	タイ　バンコク Thailand Bangkok	4-26	
245	ミャンマー Myanmar	5-19	
246	タイ　タチレク Thailand	6- 6	
247	ラオス Laos	6-19	
248	カンボジア Cambodia	7- 3	
249	ベトナム Vietnam	7- 6	
250	カンボジア Cambodia	8- 7	
251	タイ Thailand	8- 8	
252	日本帰国 Japan Back	8-20	
253	日本出国 Japan Start	9- 1	
254	フィリピン Philippines Manila	9- 1	
255	パプアニューギニア Papua New Guinea	9- 3	
256	フィリピン Philippines Manila	9- 9	
257	マレーシア Malaysia	9- 9	
258	シンガポール Singapore	9-11	
259	スリランカ Sri Lanka	9-14	
260	マレーシア Malaysia	9-22	
261	タイ　バンコク Thailand Bangkok	9-29	
262	ネパール Nepal	10- 4	
263	ブータン Bhutan	10- 7	
264	ネパール Nepal	10-12	
265	マレーシア Malaysia	10-12	
266	日本帰国 Japan Back	2017-10-13	

267	日本出国 Japan Start	2019- 6-27	
268	メキシコ Mexico	6-27	
269	ドミニカ Dominican	6-28	
270	スパニオラ Hispaniola	6-29	
271	ジャマイカ Jamaica	6-30	
272	パナマ Panama	7- 2	
273	キューバ Cuba	7- 2	
274	メキシコ Mexico	7- 9	
275	日本帰国 Japan Back	2019- 7-11	
276	日本出国 Japan Start	2019- 9-10	
277	タイ　バンコク Thailand Bangkok	9-11	
278	カタール Qatar	9-12	
279	クウェート Kuwait	9-13	
280	バーレーン Bahrain	9-15	
281	トルコ　イスタンブール Turkey Istanbul	9-15	
282	スウェーデン　ストックホルム Sweden Stockholm	9-15	
283	ノルウェイ　オスロ Norway Oslo	9-15	
284	アイスランド Iceland	9-15	
285	チェコ Czech	9-20	
286	ロシア　モスクワ Russia Moskva	9-20	
287	タイ　バンコク Thailand Bangkok	9-22	
288	日本帰国 Japan Back	2019- 9-23	

〈著者紹介〉

松尾清晴（まつお　きよはる）

1943 年（昭和 18）10 月 15 日

佐賀県嬉野市嬉野町吉田両岩生まれ

鹿島実業高校（定時制）卒業

国鉄・肥前鹿島駅・東京駅・浦和車掌区・上野要員機動センター
などを経て、2000 年 10 月退職

家族：妻・長女・長男・次男

住所：熱海市下多賀 431－3－805 号

メール：bikenomatsuo@gmail.com

オートバイ地球ひとり旅
アフリカ編

定価（本体1600円＋税）

乱丁・落丁はお取り替えします。

2020年11月 6日初版第1刷印刷
2020年11月12日初版第1刷発行

著　者　松尾清晴
発行者　百瀬精一
発行所　鳥影社 (www.choeisha.com)
〒160-0023 東京都新宿区西新宿3-5-12トーカン新宿7F
電話 03-5948-6470, FAX 03-5948-6471
〒392-0012 長野県諏訪市四賀229-1(本社・編集室)
電話 0266-53-2903, FAX 0266-58-6771
印刷・製本　シナノ印刷
© MATSUO Kiyoharu 2020 printed in Japan
ISBN978-4-86265-842-5　C0095

鳥影社